EL
PODER DEL
YO SOY

Otros libros de Joel Osteen

¡Dé el salto!
Cada día es viernes
Yo declaro
Usted puede, y lo hará
Su mejor vida ahora
Lecturas diarias de Su mejor vida ahora
Su mejor vida comienza cada mañana
Su mejor vida ahora: Guía de estudio
Su mejor vida ahora para las madres
Su mejor vida ahora: Diario de oración y reflexión

EL
PODER DEL
YO SOY

JOEL OSTEEN

Faith
Words

NEW YORK · BOSTON · NASHVILLE

AGRADECIMIENTOS

En este libro presento muchas historias que me han compartido amigos, miembros de nuestra congregación y personas que he conocido alrededor del mundo. Aprecio y reconozco sus aportaciones y su apoyo. Algunos de los mencionados en el libro son personas que no he conocido personalmente y, en algunos casos, hemos cambiado los nombres para proteger la privacidad de los individuos. Les doy honor a todos a los que les debo honra. Como hijo del líder de una iglesia y siendo pastor yo mismo, he escuchado incontables sermones y presentaciones, así que en algunos casos no puedo recordar la fuente exacta de una historia.

Me siento en deuda con el maravilloso personal de la iglesia Lakewood, con los maravillosos miembros de Lakewood quienes comparten sus historias conmigo y con aquellos alrededor del mundo que le brindan apoyo a nuestro ministerio y que hacen posible traer esperanza a un mundo en necesidad. Estoy agradecido con todos los que siguen nuestros servicios por televisión, la internet y a través de los podcasts. Todos ustedes son parte de nuestra familia en Lakewood.

También les agradezco especialmente a todos los pastores a lo largo del país que son miembros de nuestra Red de Campeones.

Una vez más estoy agradecido por el maravilloso equipo de profesionales que me ayudaron a armar este libro para usted. A su cabeza está mi editor de FaithWords/Hachette, Rolf Zettersten, junto con los miembros del equipo, Patsy Jones, Billy Clark, Becky Hughes y Megan Gerrity. Verdaderamente aprecio las aportaciones editoriales del escritor profesional Lance Wubbels.

También estoy agradecido con mis agentes literarios, Jan Miller Rich y Shannon Marven, de Dupree Miller & Associates.

Y finalmente, aunque no por eso menos importante, gracias a

mi esposa, Victoria, y a nuestros hijos, Jonathan y Alexandra, quienes son mis fuentes de inspiración diaria, así como a nuestros familiares más cercanos que sirven día a día como líderes de nuestro ministerio, incluyendo a mi hermano, Paul, y a su esposa, Jennifer; mi hermana, Lisa, y su marido, Kevin; y mi cuñado, Don, y su esposa, Jackelyn.

CONTENIDO

CAPÍTULO UNO

El poder del "Yo soy"

Lacy era una hermosa joven a quien al parecer todo le iba bien. Era inteligente, atractiva y provenía de una familia amorosa. Mientras convivíamos en el vestíbulo después de un servicio, ella era amigable y tenía una personalidad agradable. Yo pensaba que si alguien podría ser feliz, debería ser ella. Pero pronto me di cuenta de que era justo lo opuesto de lo que yo pensaba. Lacy comenzó a describir cómo no estaba satisfecha; ella se sentía sola y percibía que sus compañeros de trabajo eran más talentosos. Hizo declaraciones como: "Soy poco atractiva. No tengo mucha suerte. Soy de lento aprendizaje. Y siempre estoy cansada".

Después de cinco minutos de escuchar a Lacy, supe exactamente lo que la estaba deteniendo. Sus "yo soy". Lo que sigue esas dos palabras sencillas determinará el tipo de vida que usted viva. "Yo soy bendecido. Yo soy fuerte. Yo soy una persona saludable". O: "Yo soy lento. Yo soy poco atractivo. Yo soy una madre terrible". Los "yo soy" que salgan de su boca le traerán ya sea éxito o fracaso.

A lo largo de todo el día el poder del "yo soy" está en operación. Cometemos un error y de nuestra boca se escapa: "Soy tan torpe". Nos vemos en el espejo, meneamos la cabeza y decimos: "Estoy tan viejo". Vemos a alguien que pensamos que tiene más talento y murmuramos para nosotros mismos: "Soy tan mediocre". Quedamos atrapados en el tráfico y nos quejamos: "Soy una persona con tan poca suerte". Muchas veces hacemos uso del el poder del "yo soy" en contra nuestra. No nos damos cuenta cómo está afectando nuestro futuro.

Este es el principio: *Lo que sea que siga al "yo soy" finalmente lo alcanzará.* Cuando usted dice: "Soy tan torpe", la torpeza viene a buscarlo; "Estoy tan viejo", las arrugas vienen a buscarlo; "Estoy tan gordo", las calorías vienen a perseguirlo. Es como si las estuviera invitando. Usted le está extendiendo una invitación a lo que sea que siga al "yo soy", le está abriendo la puerta y le está dando permiso de estar en su vida.

> *Lo que sea que siga al "yo soy" finalmente lo alcanzará.*

Las buenas noticias son que usted puede escoger lo que le siga al "yo soy". Cuando usted pasa el día diciendo: "Yo soy bendecido", las bendiciones vienen a buscarlo; "Soy talentoso", el talento viene a buscarlo; usted quizá no se sienta a la altura, pero cuando dice: "Soy saludable", la salud comienza a avanzar en su dirección; "Soy fuerte", la fuerza comienza a perseguirlo. Usted está invitando esas cosas a su vida. Por eso es que usted necesita tener cuidado con lo que dice después de "yo soy". Jamás diga: "Soy tan poco afortunado. Nunca recibo buenas oportunidades", usted está haciéndole una invitación a las decepciones. "Yo soy una persona en quiebra. Estoy muy endeudado", usted está extendiéndole una invitación a la dificultad, está invitando a la escasez.

> *Las buenas noticias son que usted puede escoger lo que le siga al "yo soy".*

Usted necesita enviar algunas nuevas invitaciones. Levántese por la mañana e invite cosas buenas a su vida. "Yo soy bendecido. Yo soy fuerte. Yo soy talentoso. Yo soy sabio. Yo soy disciplinado. Yo estoy enfocado. Yo soy próspero". Cuando usted habla así, el Dios todopoderoso manda llamar al talento: "Ve y encuentra a esa persona". La salud, la fuerza, la abundancia y la disciplina comienzan a avanzar en su dirección.

Pero, ¿cuántos de nosotros, cuando nos levantamos en la mañana, nos vemos en el espejo y lo primero que decimos es: "Estoy tan viejo. Estoy tan arrugado. Estoy muy desgastado"? Usted está invitando a la ancianidad. Está invitando a la fatiga. Háganos a todos un favor: deje de estar invitando eso. Atrévase a decir: "Yo soy joven. Estoy lleno de energía. Soy vibrante. Estoy radiante. Soy fresco. Yo soy una obra formidable y maravillosa". Ese es uno de los mejores tratamientos antiedad que podría tomar, ¡y no le cuesta nada!

Usted es una obra maestra sorprendente y maravillosa

Algunas personas jamás han dicho: "Yo soy hermosa", o: "Yo soy bien parecido". Están más enfocados en sus defectos y en lo que no les gusta de sí mismos y en cómo les gustaría tener más acá y menos allá. Cuando usted dice: "Yo soy hermosa", o: "Yo soy bien parecido", la belleza viene a buscarlo. La juventud viene a buscarlo. La frescura viene a buscarlo. ¡Nadie más puede hacer esto por usted! Tiene que salir de su propia boca.

Señoras, no sigan diciéndole a su marido lo poco atractivas que ustedes son. Usted nunca debe criticarse, y especialmente no se critique frente a su marido. Usted es su presea. Para él usted es la mujer más hermosa en el mundo. ¿Por qué le quiere decir algo distinto? Lo último que él necesita escuchar es lo mal que usted piensa que se ve. No ponga esos pensamientos negativos en su mente. Desacreditarse a sí misma no le va a hacer ningún bien a él o a usted. Si le sigue diciendo lo mal que usted se ve, un día podría creerle.

Pero cuando usted dice: "Yo soy hermosa", no solo la belleza, la juventud y la frescura comienzan a ir hacia usted, sino que dentro de usted su espíritu cobra vida. Su autoimagen comienza a mejorar, y usted empezará a desenvolverse como si fuera alguien especial. Usted no se arrastrará a través del día sintiéndose menos o inferior. Usted tendrá esa viveza al caminar, esa actitud que dice: "¡Vas bien, amiga!". La belleza no se encuentra en lo delgado o alto que sea, o en cuan perfecto luzca. La belleza se encuentra en ser quien Dios lo creó con confianza. Si usted es

> *La belleza se encuentra en ser quien Dios lo creó con confianza.*

talla 4, excelente. Si es talla 24, excelente. Tome lo que tenga y sáquele el mayor partido.

Dios lo hizo como es a propósito. Él le dio su aspecto, su altura, el color de su piel, su nariz, su personalidad. Nada acerca de usted es por accidente. Usted no se traspapeló. Usted no se quedó fuera. Dios lo llama su obra maestra. En lugar de ir por la vida sintiéndose mal por ser quién es, poco atractivo, demasiado alto, muy bajo, no suficiente de esto o demasiado de eso, atrévase a levantarse en la mañana y decir: "Yo soy una obra maestra. He sido creado a la imagen del Dios todopoderoso".

David dijo en el Salmo 139: "¡Gracias por hacerme tan maravillosamente complejo! Tu fino trabajo es maravilloso, lo sé muy bien". Observe los "yo soy". Él estaba diciendo, no por orgullo, sino en alabanza a Dios: "Soy maravilloso. Soy asombroso. Soy una obra maestra". Eso va en contra de la naturaleza humana. La mayoría de nosotros piensa: *No hay nada asombroso en mí. Nada maravilloso. Soy simplemente promedio. Solo soy ordinario.* Pero el hecho es que no hay nada ordinario acerca de usted. Usted tiene una huella digital que nadie más tiene. Nunca va a haber otro usted. Incluso si usted tuviera un gemelo idéntico, alguien que luciera exactamente como usted, no tendría su misma personalidad, sus mismas metas o incluso sus mismas huellas dactilares. Usted es una obra original. Cuando Dios lo hizo tiró el molde. Pero mientras usted vaya por la vida pensando: *Solo soy promedio: Únicamente soy una de las siete millardos de personas en la Tierra: No hay nada especial acerca de mí,* el "yo soy" equivocado evitará que se levante más alto.

En lugar de estarnos criticando y desacreditando quiénes somos y de enfocarnos en todos nuestros defectos, me pregunto qué sucedería si durante todo el día—no frente a otras personas, sino en privado, en la ducha, conduciendo al trabajo o para usted mismo—fuéramos tan audaces como David y dijéramos: "Yo soy asombroso. Soy maravilloso. Soy valioso. Soy una obra maestra. ¡Soy un hijo del Dios altísimo!".

Si usted habla así, lo fabuloso comienza a perseguirlo. Lo asombroso comienza a avanzar en su dirección. Usted no tendrá esa mentalidad débil, derrotada de: "Solo soy promedio". Usted se desenvolverá como un rey, como una reina. No en orgullo. No siendo mejor

> *Sea tan audaz como David y diga: "Soy asombroso. Soy maravilloso. Yo soy valioso. Soy una obra maestra. ¡Soy un hijo del Dios Altísimo!".*

que alguien, sino con una confianza apacible, con el conocimiento de que usted ha sido seleccionado a mano por el Creador del universo y que usted tiene algo maravilloso que ofrecerle a este mundo.

Dios hasta puede cambiar su nombre

Eso fue lo que le sucedió en la Escritura a una mujer llamada Sarai. Tuvo que cambiar su "yo soy". Dios le prometió a Sarai y a su marido, Abram, que tendrían un bebé. Pero Sarai tenía ochenta años, mucho más allá de los años para tener hijos. En esa época, si una esposa no podía concebir y darle a su marido un niño por alguna razón, aun y si era culpa del marido, la mujer era considerada un fracaso. Era menospreciada grandemente. Había un sentir de vergüenza en no ser capaz de concebir un bebé. Así es como se sentía Sarai. Ella tenía ochenta años y nunca había tenido un bebé. Ella sentía como si hubiera defraudado a Abram. Su autoestima estaba muy baja. Puedo imaginar algunos de sus "yo soy": "Soy un fracaso. Soy inferior. No soy suficientemente buena. Soy poco atractiva".

Sin embargo, Sarai tenía esta promesa de Dios que cuando

fuera una mujer mayor tendría un bebé. Dios sabía que eso jamás iba a suceder a menos de que convenciera a Sarai de cambiar sus "yo soy". Era tan imperativo que ella tuviera esta nueva mentalidad que Dios de hecho le cambió el nombre de *Sarai* a *Sara* que significa "princesa".

Ahora cada vez que alguien decía: "Buenos días, Sara", estaba diciendo: "Buenos días, princesa".

"¿Cómo estás, Sara?". "¿Cómo estás, Princesa?".

"¿Me pasas la salsa, Sara?". "¿Me pasas la salsa, Princesa?".

Ella escuchó esto una y otra vez. Esas palabras penetraron en ella y comenzaron a cambiar su autoimagen. Sara pasó de "soy un fracaso" a "soy una princesa". De "soy poco atractiva" a "soy hermosa". De "estoy avergonzada" a "estoy coronada por el Dios todopoderoso". En lugar de colgar su cabeza en derrota, en vergüenza, comenzó a tener la cabeza muy en alto. De "no soy lo suficientemente buena" a "soy hija del Dios Altísimo". De "soy inferior" a "soy una obra formidable y maravillosa". Su nueva actitud se volvió: "Soy asombrosa. Soy maravillosa. Soy una obra maestra".

Y, señoras, así como fue cierto para Sara, ustedes quizá hayan tenido muchas cosas en la vida que han tratado de desanimarlas: malas oportunidades y decepciones, incluso quizá la gente las ha tratado de hacer sentir como si no dieran el ancho o como si no fueran suficientemente atractivas. Fácilmente podrían permitir que esa semilla entre en ustedes, arruinando su sentido de valor y provocando que vivan en una manera inferior. Pero Dios les está diciendo lo que le dijo a Sarai: "Yo quiero que te cambies el nombre a Princesa", no literalmente, sino en su actitud. Tiene que sacudirse las cosas negativas que la gente ha dicho acerca de usted. Sacúdase la baja autoestima y la inferioridad y comience a desenvolverse como una princesa. Empiece a hablar como una princesa. Comience a pensar como princesa. ¡Empiece a saludar como una princesa!

En lugar de susurrar: "Yo soy inferior. Soy menos", comience a declarar: "Soy única". He sido escogida a mano por el Dios todopoderoso. Yo soy valiosa. Soy una obra maestra". Cuando se levante por la mañana, no se enfoque en todos sus defectos. Mírese al espejo y atrévase a decir: "Soy hermosa. Soy joven. Soy vibrante. Tengo confianza. Soy segura". Quizá haya tenido algunas decepciones. La gente podría haber tratado de menospreciarla, pero deje de decirse a usted misma que está agotada. Hágalo como Sara y diga: "Yo soy realeza. Estoy coronada con favor. Estoy emocionada por mi futuro". Este espíritu de princesa entró en Sara. Cambió su autoimagen. He descubierto que tiene que cambiar por dentro antes de ver un cambio externo. A los noventa y un años, contra todo pronóstico, dio a luz un bebé. La promesa se cumplió.

Así que, ¿qué está saliendo de su boca?

Mi pregunta hoy es: ¿qué tipo de "yo soy" están saliendo de su boca? "Soy victorioso. Soy bendecido. Yo soy talentoso. Estoy ungido". Cuando tiene los "yo soy" correctos, usted está invitando la bondad de Dios. Probablemente, si solo cambiara el "yo soy" se elevaría a un nuevo nivel. La palabras tienen poder

> *Mi pregunta hoy es: ¿qué tipo de "yo soy" están saliendo de su boca?*

creativo. Pueden ser bastante útiles como la electricidad. Usada adecuadamente la electricidad enciende luces, aire acondicionado, todo tipo de cosas buenas.

Pero la electricidad usada de manera incorrecta puede ser sumamente peligrosa. Puede dañarlo, incluso matarlo. Es lo mismo con sus palabras. Proverbios 18:21 dice: "La lengua puede traer vida o muerte". Depende de usted que escoja qué sigue al "yo soy". Lo animo a que jamás diga cosas negativas acerca de usted mismo. La mayoría de nosotros nunca iríamos con otra persona, por lo menos en su cara, y la criticaríamos, no obstante no tenemos problemas para criticarnos a nosotros mismos. "Yo soy muy lento. Soy poco atractivo. Soy tan indisciplinado". Eso es maldecir su futuro. Hágase un favor y guárdese eso. Ya tenemos suficiente en la vida en nuestra contra. No esté en su contra.

Tenía un amigo con el que solía jugar baloncesto. Cuando fallaba un tiro importante exclamaba: "¡Soy un idiota! ¡Soy un idiota! ¡Soy un idiota!". Lo escuché mes tras mes. Él no se dio cuenta, pero "idiota" venía a buscarlo. Y odio decirlo, pero ¡creo que lo encontró!

Si usted va por la vida diciendo: "Soy tan tonto", quizá no sea el mejor español, pero "tontería" está viniendo hacia usted. "Soy tan poco atractivo. Soy tan común". Fealdad dice: "Escucho a alguien llamando mi nombre". Utilice sus palabras para bendecir su futuro, no para maldecir su futuro.

La Escritura dice: "Diga el débil, 'fuerte soy'", y no lo opuesto: "Estoy tan cansado. Estoy tan agotado". Eso está llamando y atrayendo las cosas equivocadas.

Diga el pobre: "Soy acaudalado" y no: "Estoy quebrado. Estoy tan endeudado".

Que el enfermo diga: "Soy saludable. Estoy mejorando. Me estoy poniendo cada vez mejor".

Usted es quien Dios dice que es

Romanos 4 dice que Dios "llama las cosas que no son, como si fuesen". Eso simplemente significa que usted no debería hablar acerca de cómo es ahora. Hable acerca de la manera en que quiere ser. Si está teniendo dificultades con sus finanzas, no vaya por allí diciendo: "Qué barbaridad, el negocio está tan lento. La economía está tan mal. Nunca va a funcionar". Eso es llamar las cosas que son como si siempre fueran a ser de esa manera. Eso es simplemente describir la situación. Por fe usted tiene que decir: "Estoy bendecido. Tengo éxito. Estoy rodeado del favor de Dios".

Le pregunté a un joven recientemente cómo le estaba yendo en la escuela media-superior. Me dijo: "Voy bien. Simplemente soy un estudiante que aprueba con las notas más bajas".

Descubrí que cuando estaba en la escuela primaria, uno de sus maestros le dijo que era un estudiante que aprobaba con las notas más bajas, y él dejó que esa semilla echara raíces y floreciera. Le dije lo que le estoy diciendo. Mientras usted siga diciendo: "Soy un estudiante que apenas gana sus notas", no va a convertirse en un estudiante de notas excelentes. Usted está llamando a que vengan notas bajas, y esas notas bajas van a venir a encontrarlo dondequiera que usted vaya. Si no tiene cuidado, usted también incluso obtendrá una nota baja en limpieza del aula, una nota baja en almuerzo y una nota baja en educación física. Cambie el "yo soy". "Soy un estudiante de notas altas. Soy inteligente. Estoy lleno de sabiduría. Aprendo bien y rápido. Soy excelente".

¿Alguna vez ha permitido que lo que le dijo alguien—un entrenador, un maestro, uno de sus padres, un excónyuge—lo detenga? Ellos plantaron semillas negativas de lo que usted no puede hacer. "No eres suficientemente inteligente. No tienes mucho talento. No eres bastante disciplinado. No eres muy atractivo que digamos. Siempre obtienes las notas mínimas. Siempre serás un mediocre. Siempre batallarás con tu peso". ¡Deshágase de esas mentiras! Ese no es usted. Usted es quien dice Dios que es.

La gente quizá haya tratado de desanimarlo y de decirle quién no puede ser usted o en qué no puede convertirse. Que eso le entre por un oído y le salga por el otro. Lo que alguien más dijo acerca de usted no determina su destino: *Dios sí*. Usted necesita saber, no solo quién es usted,

> *Lo que alguien más dijo acerca de usted no determina su destino:* Dios sí.

sino también quién no es. En otras palabras: "Yo no soy quien dice la gente que soy. Soy quien Dios dice que soy. No soy la cola; soy la cabeza. No soy un deudor; soy el que presta. No soy maldito; soy bendecido".

Al igual que lo que sucedió en la vida de este hombre, alguien quizá le dijo palabras negativas a usted cuando era joven. Pero sepa esto: Antes de que nadie pudiera poner una maldición sobre usted, Dios puso una bendición en usted. Antes de que fuera formado en el vientre de su madre, Dios lo conoció y lo aprobó. Cuando Dios lo hizo, dio un paso atrás para observar y dijo: "Me gusta. Eso fue bueno. ¡Otra obra maestra!". Él selló su aprobación sobre usted. Otras personas quizá traten de rechazarlo. No vaya por la vida sintiéndose menor, sintiéndose inferior. Nuestra actitud debería ser: *Soy aprobado por el Dios todopoderoso. Soy acepto. Soy una obra maestra.* Cuando usted hable así, las semillas de grandeza que Dios ha puesto dentro comenzarán a brotar.

Cambie sus "yo soy"

Usted tiene dones y talentos con los que no se ha conectado todavía. Hay un tesoro dentro de usted. A lo largo de la vida, los pensamientos negativos tratarán de mantenerlo abajo. El enemigo no quiere que usted alcance todo su potencial. Hay fuerzas que constantemente tratan de hacerlo sentir intimidado, inferior, poco calificado. Si usted va a cumplir su destino, va a tener que sacudirse las voces negativas. Sacúdase los pensamientos que le están diciendo: *No soy capaz. No estoy calificado.* No invite la debilidad. No le extienda invitación a la intimidación. Quizá se siente poco calificado, pero antes de que naciera Dios lo equipó. Lo facultó. No carece de nada. Dios ya ha puesto su sello de aprobación en usted. La gente quizá trate de menospreciarlo, pero cuando sabe que Dios ya lo ha aprobado, usted se da cuenta: *no necesito la aprobación*

> *Cuando sabe que Dios ya lo ha aprobado, usted se da cuenta*: no necesito la aprobación de otras personas. ¡He sido equipado, facultado y ungido por el Creador del universo!

de otras personas. ¡He sido equipado, facultado y ungido por el Creador del universo!

Conozco a un hombre al que su consejero de la escuela media-superior le dijo que no era muy inteligente y que debería enfocarse en el trabajo que requiriera menos aptitudes que pudiera encontrar. Estoy seguro de que el consejero tenía buenas intenciones, pero no sabía cómo era este joven por dentro. No vio las semillas de grandeza que Dios había plantado en este joven. Cuando era estudiante de escuela media-superior el "yo soy" de este joven fue distorsionado. "No estoy a la altura. No soy inteligente. Soy bastante promedio". No se daba cuenta de que estaba invitando eso a su vida, y que con el tiempo llegó.

Después de la escuela media-superior, este hombre obtuvo un empleo en la fábrica local y se mantuvo en el nivel más bajo año tras año. Un día la fábrica cerró, así que cruzó la ciudad y solicitó trabajar en otra fábrica. Esta empresa tenía la política de que los solicitantes tenían que tomar primero una prueba de coeficiente intelectual. Realizó la prueba y obtuvo el puntaje más alto en los sesenta y tres años de historia de la compañía. Su puntuación de coeficiente intelectual fue evaluada a nivel de genio. Siguió adelante para comenzar su propio negocio, e inventó y patentó dos productos sumamente exitosos. Hoy, es una persona extremadamente bendecida.

¿Qué sucedió? Cambió su "yo soy".

¿Podría ser que lo que alguien le dijo está evitando que obtenga lo mejor de Dios? ¿Pudiera ser que el "yo soy" equivocado estuviera evitando que se levantara más alto y alcanzara su máximo potencial? Haga lo que hizo este hombre. Cambie su "yo soy". No permita que lo que alguien le dijo determine su destino. Concuerde con Dios. Conozca quién es usted y quién no es usted. "Nada me falta. No soy promedio. No soy inferior. Estoy equipado. Estoy facultado. Estoy ungido. Yo soy sabio. Soy una obra maestra".

Sea un Josué, sea un Caleb

En Números 13, Moisés envió doce hombres para espiar la Tierra Prometida. Después de cuarenta días, diez de ellos volvieron y dijeron: "Moisés, no tenemos oportunidad. Las ciudades están fortificadas y muy grandes y la gente es inmensa. Comparados con ellos nos sentimos como si fuéramos saltamontes". Observe sus "yo soy". "Soy débil. Soy inferior. Estoy intimidado. Estoy asustado". ¿Qué sucedió? El temor, la intimidación y la inferioridad vinieron a llamar a su puerta.

Los otros dos espías, Josué y Caleb, regresaron con un informe distinto. Dijeron: "Moisés, es verdad, la gente es de gran estatura, pero sabemos que nuestro Dios es mucho mayor. Sí podemos. Vamos y tomemos la tierra de una vez". Sus "yo soy" eran exactamente lo opuesto. "Yo soy fuerte. Estoy equipado. Tengo confianza. Soy más que vencedor".

Lo interesante es que el informe negativo de los diez espías cundió como fuego en pasto seco a lo largo del resto del campamento. En poco tiempo unas dos millones de personas estaban intimidadas y asustadas. Nadie le prestó atención siquiera al informe de fe de Josué y Caleb. Esto es lo que he aprendido: Un informe negativo siempre se propaga más rápido que un informe positivo. Cuando la gente esté murmurando, quejándose y declarando derrota, esté en guardia. Asegúrese de no permitir que el "yo soy" equivocado se arraigue.

El pueblo de Israel estaba tan afligido por el informe negativo que se quejaron en contra de Moisés y Aarón: "¿Por qué siquiera nos trajeron aquí? Vamos a morir en el desierto. Nuestros hijos, nuestras esposas, van a ser tomados por botín".

Dios respondió algo bastante poderoso y muy aleccionador. Dijo en Números 14: "Haré con ustedes precisamente lo que les oí decir. ¡Todos caerán muertos en este desierto!". Dios nos está diciendo lo mismo a nosotros.

"Haré con ustedes precisamente lo que les oí decir". Jamás

diga: "Soy débil. Estoy intimidado. Soy inferior". Amigo, el "yo soy" equivocado puede evitar que llegue a su destino.

¿Recuerda en la Escritura haber leído acerca de un hombre llamado Setur, de un hombre llamado Gadi o de un hombre llamado Safat? Estoy bastante seguro de que jamás ha escuchado acerca de ellos. ¿Sabe por qué? Estaban en la lista de los diez espías que trajeron el informe negativo. Tampoco lograron entrar a la Tierra Prometida. El hecho es que habían sido llamados a ser los forjadores de la historia, al igual que Josué y Caleb. Tenían semillas de grandeza dentro de ellos, pero el "yo soy" equivocado evitó que dejaran su marca.

No permita que ese sea su destino. Quizá esté enfrentando algunos obstáculos importantes. Mi desafío es que usted sea como un Josué. Sea un Caleb. "Yo soy fuerte. Tengo confianza. Estoy equipado. Soy más que vencedor. Soy bastante capaz". Asegúrese de que el "yo soy" correcto salga de su boca.

Josué y Caleb fueron los únicos dos de toda la compañía en el desierto que pudieron entrar a la Tierra Prometida.

Hable esos "yo soy" sobre su vida

Permítame darle algunos "yo soy" que decir sobre su vida. Lea estas declaraciones todos los días. Haga que caigan en su espíritu. Medite en ellos. Posiblemente no sean todos verdad en este momento, pero a medida que siga hablándolos, se volverán una realidad.

"Yo soy bendecido. Soy próspero. Tengo éxito".

"Yo soy victorioso. Soy talentoso. Soy creativo".

"Yo soy sabio. Soy saludable. Estoy en forma".

"Yo soy una persona llena de energía. Estoy feliz. Soy positivo".

"Yo soy apasionado. Soy fuerte. Tengo confianza".

"Yo soy seguro. Soy bien parecido (Soy hermosa). Soy atractivo".

"Yo soy valioso. Soy libre. He sido redimido".

CAPÍTULO DOS

Sea positivo o guarde silencio

Usted se encuentra donde está hoy en parte por lo que ha estado diciendo acerca de usted mismo. Las palabras son como semillas. Cuando usted dice algo, le está dando vida a lo que está diciendo. Si lo sigue diciendo, finalmente eso se puede hacer realidad. Se dé cuenta o no, usted está profetizando su futuro. Esto es excelente cuando estamos diciendo cosas como: "Yo soy bendecido. Soy fuerte. Lograré mis sueños. Voy a salir de deudas". Eso no es solo ser positivo; usted de hecho está profetizando victoria, profetizando éxito, profetizando nuevos niveles. Su vida se moverá en la dirección de sus palabras.

> *Las palabras son como semillas. Cuando usted dice algo, le está dando vida a lo que está diciendo.*

Pero muchas personas van por la vida profetizando justo lo opuesto. "Nunca recibo buenas oportunidades". "Jamás volveré a estar en forma". "El negocio está lento. Probablemente me despedirán". "La temporada de influenza comenzó. Siempre me enfermo". No se dan cuenta de que están profetizando derrota. Es como si estuvieran invocando malas oportunidades, mediocridad y escasez.

La Escritura dice que vamos a comer del fruto de nuestra lengua o de nuestras palabras. Cuando usted habla, está plantando semillas. En cierto punto va a tener que comerse esa fruta. Mi desafío es este: Asegúrese de que está plantando el tipo correcto de semillas. Si usted quiere manzanas, tendrá que sembrar semillas de manzana. Si quiere naranjas, no puede plantar semillas de cacto, semillas de hiedra venenosa o esporas de hongos. Usted va a cosechar fruto de las mismas semillas que haya estado sembrando. En otras palabras, no puede hablar negativamente y esperar vivir una vida positiva. No puede hablar derrota y esperar tener victoria. No puede hablar escasez, insuficiencia, que no le alcanza, que nunca podrá salir adelante y esperar tener abundancia. Si tiene una boca pobre, tendrá una vida empobrecida.

Si no le gusta lo que está viendo, comience a sembrar algunas semillas diferentes. En lugar de decir: "Jamás me voy a recuperar, Joel. Esta enfermedad ha estado en mi familia por tres generaciones". No; plante las semillas correctas al afirmar: "Dios está restaurando mi salud. Esta enfermedad no vino para quedarse; vino de pasada. Estoy mejorando cada vez más todos los días". Siga sembrando esas semillas positivas y finalmente comerá ese fruto abundante: salud, recuperación, victoria.

En lugar de decir: "Nunca voy a salir de las deudas. Jamás me voy a levantar más alto", comience a hablar las promesas de Dios: "Prestaré y no pediré prestado. Todo lo que toco prospera y tiene éxito. Estoy entrando en sobreabundancia, en más que suficiente". Comience a sembrar semillas de incremento, semillas de abundancia. Nunca más: "Jamás lograré mis sueños". En lugar de ello: "Tengo el favor de Dios. Las bendiciones me están persiguiendo. Las personas adecuadas me están buscando. En mi futuro hay nuevas oportunidades, nuevos niveles". Si usted continúa hablando así, segará una cosecha de cosas buenas.

Comience a bendecir su vida

La Escritura habla acerca de cómo con nuestra lengua podemos bendecir nuestra vida o podemos maldecir nuestra vida. Muchas personas no se dan cuenta de que están maldiciendo su futuro con sus palabras. Cada vez que usted dice: "Nunca obtengo buenas oportunidades", acaba de maldecir su vida. "Jamás podré comprar esa casa linda". "Nunca podré romper esta adicción". "Nunca conoceré a la persona correcta". No; deje de maldecir su futuro. Algunas veces el enemigo no tiene que derrotarnos; nos derrotamos a nosotros mismos. Preste atención a lo que está diciendo. ¿Está bendiciendo su vida? ¿O la está maldiciendo?

Tuve un compañero en la escuela media-superior quien siempre era muy negativo aunque era una de las estrellas de nuestro equipo de fútbol

> *Preste atención a lo que está diciendo. ¿Está bendiciendo su vida? ¿O la está maldiciendo?*

americano, siempre estaba en muy buena forma y tenía cabello ensortijado grueso. Cada vez que le preguntaba qué estaba haciendo, me daba su respuesta estándar: "No mucho. Simplemente me estoy poniendo viejo, gordo y calvo". Debo haberlo escuchado decir eso unas quinientas veces. Sé que estaba solo bromeando de alguna manera, pero yo no bromearía así. Unos quince años después, cuando me lo encontré en el centro comercial, casi no lo reconocí. Había profetizado su futuro. Se veía viejo, gordo y calvo. No hable derrota sobre su vida. Nuestra actitud debería ser: *Me estoy poniendo más joven. Dios está renovando mi juventud como las águilas. Me estoy volviendo más fuerte, más saludable, mejor parecido. Voy a conservar mi cabello. Voy a mantenerme cuerdo. Voy a vivir una vida larga, productiva, llena de fe.* No vaya por la vida maldiciendo su futuro. Comience bendiciendo su vida. Profetice cosas buenas.

Conozco a este hombre que estaba preocupado de que iba a contraer la enfermedad de Alzheimer porque un par de personas en su familia la padecían: un abuelo y un tío abuelo. Este hombre solamente estaba a principios de sus cincuentas, pero constantemente hablaba de lo que podría suceder. Me dijo que de hecho estaba haciendo planes para que alguien cuidara de él, y que estaba preparando todo. Por supuesto, ser sabio y planear con anticipación en su vida, siempre que sea posible, es tener buen sentido común. Pero si va por la vida hablando acerca del momento en que se va a enfermar y hace planes para ello, probablemente no se decepcionará. Usted lo está invocando. Justo como cuando extiende una invitación.

Le dije a este hombre lo que le estoy diciendo a usted: "No vuelva a decir que se va a enfermar de Alzheimer ni de ninguna otra enfermedad. Comience a declarar: 'Ningún arma forjada en mi contra prosperará. Viviré mis días en buena salud, con una menta clara, con buena memoria, con claridad de pensamiento. Mi mente está alerta. Mis sentidos se agudizan. Mi juventud está siendo restaurada'". Usted debe profetizar salud. Profetice una vida larga y productiva. Sus palabras se volverán su realidad.

No se quede enredado por sus propias palabras

Proverbios 6:2 declara: "Si quedaste atrapado por el acuerdo que hiciste y estás enredado por tus palabras". *Enredado* significa "estar atrapado". Sus palabras lo pueden atrapar. Lo que usted diga puede hacer que tropiece y que evite alcanzar su potencial. Usted no es atrapado por lo que piensa. A todos nos llegan pensamientos negativos. Pero cuando los pronuncia en voz alta, les da vida. Es en ese momento que se vuelven realidad. Si usted dice: "Jamás volveré a estar en forma", se vuelve más difícil volver a estar en forma. Usted acaba de hacerlo más difícil. Cuando usted dice: "Nunca obtengo buenas oportunidades", usted detiene el favor que fue ordenado para usted. Si usted dice: "No tengo talento. No tengo una buena personalidad", usted está invocando la mediocridad. Está estableciendo los límites de su vida. Cuando los pensamientos negativos vienen, la clave es nunca verbalizarlos. Ese pensamiento se morirá sin haber nacido si no lo pronuncia.

Cuando adquirimos el ex Compaq Center, era un sueño hecho realidad. Estábamos tan emocionados. Nuestros arquitectos trazaron planos para cambiarlo de una arena para baloncesto en una iglesia. Nos reunieron y nos dijeron que iba a costar cien millones de dólares remodelarlo. Después de que me levantaron del suelo, mis primeros pensamientos fueron: *¡Eso es imposible! ¡De ninguna manera! Solamente he sido pastor durante cuatro años. No pueden esperar que recaude esos fondos.* Aunque esos pensamientos estaban corriendo por mi mente una y otra vez, sabía lo suficiente como para mantener la boca cerrada. Mantuve una sonrisa en mi rostro mientras actuaba como si no fuera gran cosa. Sabía que si no verbalizaba esos pensamientos negativos, finalmente morirían sin haber nacido. Una cosa es pensar que algo es imposible, pero cuando comienza a decirle a la gente que algo es imposible, toma un significado completamente nuevo.

Usted quizá piense: *Nunca voy a obtener ese trabajo. Nunca me voy a recuperar. Nunca conoceré a la persona correcta.* Esos pensamientos nos vienen a todos nosotros. Usted no puede detener eso. Mi desafío es: No les dé vida mediante pronunciarlos en voz alta. No llame a sus amigos para decirle cómo no va a suceder. Le dije a nuestro equipo: "No veo una manera, pero sé que Dios tiene un camino. Él no nos trajo hasta aquí para dejarnos". Mi informe fue: "Dios está supliendo todas nuestras necesidades. Los fondos están entrando. Quizá parezca imposible en el papel, pero para con Dios todas las cosas son posibles". Yo sabía más que maldecir mi futuro. No quería quedar atrapado por mis palabras. Sabía que si seguíamos profetizando las cosas correctas: incremento, favor, más que suficiente; podríamos comenzar a avanzar hacia ello, ¡y lo hicimos!

En los momentos difíciles, tiene que estar especialmente en guardia. Es sumamente tentador ventilar nuestra frustración y decirle a la gente cómo el préstamo no fue aprobado, lo malo que fue el informe del médico o cómo ciertas personas simplemente no lo trataron bien. Cuando usted habla continuamente acerca del problema, eso solamente lo va a desalentar más, y le da más vida al problema. Usted lo está haciendo más

> No hable del problema; hable acerca de la promesa.

grande. Volteé las cosas. No hable del problema; hable acerca de la promesa.

En lugar de quejarse: "Ay no, tengo este gran desafío", afirme: "Yo sirvo a un gran Dios. Él creó planetas con sus palabras. Nada es demasiado difícil para Él".

En lugar de suponer: "No obtuve la promoción que me prometieron. Me hicieron a un lado otra vez. Otra decepción", declare: "Sé que cuando una puerta se cierra significa que Dios tiene algo mejor. Él está dirigiendo mis pasos. Estoy emocionado por mi futuro".

En lugar de concluir: "Jamás voy a conocer a la persona correcta. Estoy demasiado viejo. Ha pasado mucho tiempo", afirme: "Algo bueno me va a pasar. Hay conexiones divinas que vienen en camino".

Cuando alguien diga: "Siento haber escuchado que recibiste un informe médico desfavorable. ¿Es eso cierto?", usted debería responder: "Sí, es cierto. Pero tengo otro informe que me dice que Dios está restaurando mi salud".

Si su amigo le comenta: "Bueno, escuché que esas personas te pagaron mal", siéntase libre para sonreír, asentir con la cabeza y explicar: "Sí, pero no estoy preocupado. Dios es mi vindicador. Él está peleando mis batallas. Él ha prometido darme gozo en lugar de ceniza".

Dos voces: ¿Cuál va a elegir?

En la vida, siempre hay dos voces compitiendo por su atención: la voz de la fe y la voz de la derrota. Al igual que me sucedió a mí, usted escuchará una voz entrometiéndose: "No hay manera en que puedas recaudar esa cantidad de dinero. Es infranqueable. No va a funcionar. Simplemente reconócelo". Se sentirá tentado a preocuparse, ser negativo y quejarse. Pero si

> *Si escucha con cuidado, usted escuchará otra voz: la voz de la fe.*

escucha con cuidado, usted escuchará otra voz. La voz de la fe está diciendo: "Dios tiene una manera de hacerlo. El favor viene. La sanidad viene. Los avances vienen".

Una voz le señalará que ya ha alcanzado sus límites. Ya llegó tan lejos como podría. No tiene lo que se necesita. La otra voz es clara y pragmática: "Eres suficientemente capaz. Todo lo puedes en Cristo. Tus mejores días todavía están delante de ti". Ahora bien, esto es lo maravilloso. Usted puede escoger qué voz cobrará vida. La manera en que lo hará es por lo que usted diga. Cuando verbalice ese pensamiento, le está dando el derecho de hacerse realidad. Si usted se deprime por ahí diciendo: "El problema es demasiado grande. Jamás me recuperaré", usted está escogiendo la voz incorrecta. Usted tiene que entrar en acuerdo con Dios. La otra voz podría parecer más fuerte, pero usted la puede suprimir. Usted le puede quitar todo su poder al escoger la voz de la fe.

Probablemente vaya a una entrevista de trabajo. Una voz le advertirá: "No lo vas a obtener. Estás desperdiciando tu tiempo. No le vas a agradar a estas personas". Otra voz rebatirá: "Tú tienes el favor de Dios. Estás bendecido. Tienes confianza. Tienes lo que se necesita". Si usted se levanta esa mañana y le dice a su cónyuge: "No creo que vaya a obtener este empleo. No les voy a agradar. No estoy calificado", no sirve de nada que usted vaya. Usted será atrapado por sus palabras. Usted tiene que pararse firmemente y decir: "No le voy a dar vida a más derrota. No voy a hablar escasez. Ya no voy a hablar enfermedad. Ya no voy a hablar mediocridad, temor, duda. Ya no puedo hacerlo. Ahora escojo la voz de la fe. Que dice que yo soy fuerte, que soy saludable y que soy bendecido. Soy favorecido. Soy un vencedor y no una víctima".

Dios le dio a Jeremías la promesa de que sería un gran profeta a las naciones (Jeremías 1). Pero cuando escuchó la voz de Dios, era muy joven e inseguro de sí mismo. En lugar de ello escuchó a la otra voz y dijo: "Dios, no puedo hacer eso. No puedo hablar a las naciones. Soy demasiado joven. No sabría qué decir".

Dios le dijo: "No digas: 'Soy demasiado joven'".

Lo primero que hizo Dios fue detener sus palabras negativas. ¿Por qué Dios hizo eso? Porque sabía que si Jeremías iba por allí diciendo: "No estoy calificado. No puedo hacer esto. No tengo lo necesario", él se volvería exactamente lo que estaba diciendo. Así que Dios en efecto le dijo: "Jeremías, cierra la boca. Puedes pensarlo, pero no decirlo en voz alta". El libro sigue adelante diciendo cómo Jeremías cambió lo que estaba diciendo y se convirtió en un profeta a las naciones. La promesa se cumplió.

En la misma manera, Dios nos ha llamado a cada uno de nosotros a hacer algo grande. Él ha puesto sueños y deseos dentro de nosotros pero es fácil capitular como Jeremías y decir: "No puedo hacer eso. Soy demasiado joven. Estoy demasiado viejo. He cometido demasiados errores. No tengo la preparación. No tengo la experiencia". Todos podemos poner excusas, pero Dios nos está diciendo lo que le dijo a Jeremías: "Deja de estar diciendo eso". No maldiga su futuro. Esas palabras negativas pueden evitar que usted reciba lo mejor de Dios.

Las palabras negativas detienen las promesas de Dios

Algunas veces la razón por la que una promesa es retrasada es lo que estamos diciendo. Imagínese que su respuesta va en camino. Dios ya ha despachado al ángel con su sanidad, su promoción, su vindicación. Pero justo antes de que llegue, Dios le dice al ángel: "Espera. No avances más. Quédate justo donde estás".

El ángel responde: "¿Por qué, Dios? Esto es lo que prometiste. Está en tu Palabra".

Dios responde: "No, escucha lo que está diciendo. Está hablando acerca de cómo no va a suceder, de cómo el problema es demasiado grande, de cómo ha pasado demasiado tiempo, de cómo nunca va a conocer a la persona correcta".

Las palabras negativas detienen las promesas de Dios. Me pregunto cuántas veces nos quedamos a solo un par de meses de ver la respuesta, a un par de meses de conocer a la persona correcta. Usted ha estado orando durante años que Dios traiga a alguien fabuloso a su vida. Pero justo antes de que esa persona aparezca, usted baja la guardia y comienza a decir: "No, eso no va a suceder. Estoy demasiado viejo. Nadie está interesado en mí". Dios tiene que decirle al ángel: "No avances más".

Las buenas noticias son que esa promesa sigue estando en su futuro. Dios no la canceló porque usted comenzó a hablar negativamente. Él sigue teniendo a la persona correcta para usted, y si usted se calla la duda y cambia a la fe, en el momento justo, esa persona aparecerá. Dios liberará las palabras negativas que lo hayan retrasado. Dios todavía tiene su sanidad, su promoción, su restauración. Ahora haga su parte. Deje de hablar acerca de cómo no va a suceder. Quizá no vea un camino, pero Dios sigue teniendo un camino. Quizá parezca imposible, pero Dios puede hacer lo imposible. No solamente porque usted no vea que algo esté sucediendo signifique que Dios no está trabajando. Justo ahora, tras bastidores, Dios está arreglando las cosas a su favor. Está alineando a las personas adecuadas. Está quitando a las personas inapropiadas del camino. Lo está colocando en la posición exactamente en la que Él quiere que usted esté. Ahora no retrase la promesa a través de hablar palabras negativas.

Cuando nuestro hijo, Jonathan, tenía diecisiete años, estábamos en el proceso de hacer solicitud de ingreso en diferentes universidades. Algunas escuelas solamente aceptan cinco por ciento de los estudiantes que hacen solicitud de ingreso. Eso significa, por supuesto, que 95% de los solicitantes son rechazados. Es fácil pensar: *¿Por qué siguiera queremos solicitar el ingreso a esas escuelas? Es prácticamente imposible entrar. Más de nueve de cada diez son rechazados. Jonathan, no te hagas muchas esperanzas. No veo como puedas ingresar.*

Si no tenemos cuidado, con nuestras palabras nos descalificaremos. Usted quizá tenga esos pensamientos, pero no cometa el error de verbalizarlos. Aprenda a voltear el asunto. "Dios, yo sé que tú tienes a mi hijo en la palma de tu mano. Tú ya escogiste la universidad adecuada a la que asista. Quizá solamente haya una oportunidad de cinco por ciento en algunas escuelas, pero Dios, yo sé que contigo hay una oportunidad de cien por ciento de que entrará exactamente adónde tú quieres que vaya. Dios, tú controlas todo el universo".

Eso es mucho mejor que ir por allí diciendo: "Todas las probabilidades están en mi contra. No se ve bien. No puedo ver cómo puede suceder eso". No, no diga eso. Si no puede ser positivo, por lo menos guarde silencio. Sus palabras profetizan su futuro. Si usted dice: "Nunca voy a entrar", tiene razón; nunca va a entrar. Si usted dice: "Este problema me va a hundir", se lo va a llevar para abajo. Si usted dice: "Jamás podré darme el lujo de una casa bonita", usted nunca podrá darse el lujo de una casa linda. Usted ha quedado atrapado por los dichos de su boca.

Ponga guarda sobre su boca

En el primer capítulo de Lucas, un ángel se le apareció a un sacerdote llamado Zacarías mientras estaba sirviendo en el templo. El ángel le dijo que su esposa Elisabet iba a tener un bebé y que debían ponerle Juan. Zacarías quedó sumamente sorprendido porque él y su esposa eran de edad muy avanzada. Le dijo al ángel: "¿Estás seguro de que esto va a suceder? Suena bien, pero ¿acaso no ves lo viejos que estamos? Para mí, eso no parece ser posible".

El ángel dijo: "Zacarías, yo soy Gabriel. Yo estoy delante de la presencia del Dios todopoderoso, y lo que Dios dice sucede".

Dios conoce el poder de nuestras palabras. Sabía que si Zacarías comenzaba a hablar por allí palabras de derrota, detendría su plan. Así que hizo algo inusual. El ángel le dijo: "Como no creíste lo que te dije, te quedarás mudo, sin poder hablar hasta que nazca el niño". Zacarías salió del templo sin poder hablar; no pudo hablar una palabra durante nueve meses, hasta que ese bebé nació.

¿Por qué Dios le quitó el habla a Zacarías? Dios sabía que saldría y les comenzaría a decir a sus amigos cómo eso no iba suceder. "Qué crees. Este ángel se me apareció y me dijo que vamos a tener un bebé. Creo que se equivocó de persona. Estamos demasiado viejos". Esas palabras negativas podrían haber detenido su destino. Por eso es que la Escritura dice: "El que guarda su boca y su lengua". En otras palabras: "Ten cuidado con lo que permites que salga de tu boca".

"No creo que me vaya a recuperar nunca. He estado enfermo durante tres años". No; ponga guarda sobre su boca. No profetice derrota. Si va a decir algo, declare lo que Dios dice: "No moriré, sino que viviré. Dios está restaurando mi salud. Él hará cumplir el número de mis días". A lo largo del día usted necesita preguntarse: "¿Lo que estoy a punto de decir es lo que quiero que venga a mi vida?". Porque lo que usted diga es lo que está invitando que venga.

Cuando usted dice: "Jamás terminaré de pagar mi casa ni saldré de deudas. La economía está demasiado lenta", usted está invitando la dificultad y la escasez. Cuando usted dice: "Mi carrera llegó a un callejón sin salida. Hasta aquí llegué", usted está invitando que vengan la derrota y la mediocridad. Usted necesita enviar algunas nuevas invitaciones. Cuando usted dice: "Prestaré y no pediré prestado. El favor de Dios me rodea como un escudo. Lo que sea que toco prospera y tiene éxito", usted está invitando a que vengan el incremento, las buenas oportunidades y el éxito. Cuando usted dice: "Voy a vencer este problema. Mi victoria es absoluta. Si Dios está a favor mío ¿quién podrá ponerse en mi contra?", usted está invitando a que vengan la fuerza, la sanidad, la restauración, la vindicación y los avances.

> *Preste atención a lo que usted está invitando a su vida.*

Preste atención a lo que usted está invitando. "Jamás pasaré este curso de algebra. Nunca he sido bueno en matemáticas. No las entiendo". Cambie la invitación. "Todo lo puedo hacer por medio de Cristo. Tengo buen entendimiento. Estoy lleno de sabiduría. Soy un estudiante de notas excelentes". Cuando usted hace eso, está invitando a que vengan sabiduría y una aceleración de conocimiento. Usted está invitando las bendiciones de Dios. Asegúrese de estar enviando las invitaciones correctas.

Cuando comencé a ministrar allá en 1999, nunca lo había hecho antes y estaba sumamente nervioso e inseguro. Los pensamientos negativos bombardearon mi mente: *Joel, vas a ponerte al frente y vas a hacer el ridículo. No vas a saber qué decir. Nadie te va a escuchar. ¿Por qué te escucharían? No tienes la experiencia.* A lo largo del día tuve que ignorar esos pensamientos. Y andaba por todos lados diciéndome en voz baja: "Estoy ungido. Estoy equipado. Soy fuerte en el Señor". Antes de ir a la iglesia y ministrar me veía en el espejo y me decía: "Joel, eres bastante capaz. Has sido levantado para un tiempo como este".

No me sentía confiado, pero me decía a mí mismo que estaba confiado. No me sentía ungido, pero me decía a mí mismo que estaba ungido. No me sentía bendecido, pero me decía a mí mismo que estaba bendecido. Es probable que las circunstancias no digan que usted es próspero, pero por fe usted necesita llamarse próspero. Quizá no se sienta saludable hoy, pero no vaya por allí diciéndole a todos como va a fallar. Comience a decirse a usted mismo que es saludable, restaurado, fuerte, lleno de energía y lleno de vida.

Al marchar alrededor de muros, guarde silencio

Cuando Josué estaba guiando al pueblo de Israel hacia la Tierra Prometida llegaron a la ciudad de Jericó. Se erigía entre ellos y su destino. No podían rodearla. Tenían que atravesarla. El problema era que Jericó estaba rodeada de murallas inmensas, gruesas y altas hechas de piedra y mortero. No parecía que hubiera alguna manera en que los israelitas pudieran entrar. Pero Dios les dijo que hicieran algo que sonaba extraño: durante seis días debían marchar alrededor de esas murallas una vez al día, y el séptimo día debían rodearlas siete veces. Y como si eso no fuera bastante raro, Dios les dio una instrucción final, que fue la clave para que todo el plan funcionara. Les dijo: "Mientras estén marchando alrededor de las murallas, no quiero que digan una sola palabra, ni siquiera un susurro, ni una conversación breve, ni que comenten cómo van. Manténganse totalmente en silencio".

¿Por qué Dios no les permitió hablar? Dios sabía que después de un par de veces alrededor del perímetro de las murallas, sino es que antes de incluso comenzar a marchar, estarían diciendo: "¿Qué rayos se supone que estamos haciendo aquí? Estas murallas nunca van a caer. Miren lo gruesas que son. Han estado aquí desde siempre. De seguro Josué no escuchó bien a Dios". Alguien más hubiera dicho: "Sí, y estoy cansado. Estoy acalorado. Tengo hambre. Se me está llenando el rostro de polvo". Dios sabía que sus palabras los harían retroceder. Hay momentos en la vida de todos nosotros en los que es difícil ser positivos. Y eso está bien. Solo manténgase callado. No le diga a todos lo que usted está pensando. El pueblo de Israel marchó en silencio, y ya sabe cómo termina la historia. La séptima vez que las rodearon el séptimo día las murallas cayeron.

Esta es la pregunta hoy: ¿Podría ser que las palabras negativas lo estén manteniendo fuera de su Tierra Prometida? ¿Pudiera ser que si usted permaneciera en silencio, que si no dijera nada y no hablara acerca de lo grande que es su problema, no se quejara de lo que no funcionó, no le dijera a un amigo cómo jamás tendrá éxito, probablemente las murallas que lo están deteniendo se derrumben? Imagine que detrás de esas murallas están su sanidad, su promoción, que su sueño se haga realidad. Todos los días, digamos que usted está rodeando las murallas. ¿Qué está diciendo? "Esta muralla nunca se va a caer, Joel. He tenido esta adicción desde la escuela media-superior". "Nunca podré comenzar mi propio negocio. No conozco a las personas correctas".

Dios nos está diciendo lo que les estaba diciendo a los israelitas: "Si no puedes decir algo positivo y lleno de fe, no digas absolutamente nada". No permita que sus palabras negativas eviten que usted obtenga lo mejor de Dios. Si usted deja de hablar escasez, carencia, cómo no va a suceder algo y simplemente permanece en silencio, Dios puede hacer por usted lo que hizo por ellos. Él sabe cómo derribar esas murallas.

Cuando estamos marchando alrededor de las murallas, algunas veces pasa un día tras otro sin que veamos que algo suceda. Al igual que los israelitas, los pensamientos vienen a dar vueltas alrededor de nuestra cabeza: *No escuchaste bien a Dios. Nada está cambiando. Vas al trabajo cada semana y haces tu mejor esfuerzo, pero no has sido promovido, y nunca va a suceder.* No, ese es un tiempo de prueba. Como los israelitas, usted está marchando alrededor de las murallas. Quizá esté en el día cinco o en el día seis. Eso simplemente significa que lo ha estado haciendo un año, dos años o cinco años. Seguramente ha pensado que ya tenía que haber sucedido.

> *Pase esa prueba. No empiece a quejarse.*

Pase esa prueba. No empiece a quejarse. No sea como ese primer grupo que se detuvo a las puertas de la Tierra Prometida y que dijo: "Ah, ¿de qué sirve? Mejor vamos a quedarnos aquí". Cuando vengan los pensamientos negativos deje que se mueran antes de nacer. Rehúsese a profetizar derrota sobre su vida. Si usted hace esto entrará a su séptimo día. Como lo que sucedió con los israelitas, esas murallas de derrumbarán. Dios es un Dios fiel. Él va hacer lo que sea que le haya prometido.

"Todo está bien"

En 2 Reyes 4, hay una historia de una mujer que era una buena amiga del profeta Eliseo. De hecho, ella le había construido una habitación adicional en su casa para que cuando Eliseo estuviera en la ciudad pudiera hospedarse allí. Un día Eliseo le preguntó qué podía hacer por ella para devolverle el favor. Ella dijo: "Nada, Eliseo. A mi esposo y a mí nos está yendo bien".

El asistente de Eliseo le hizo notar que la pareja no tenía hijos. El marido ya era una persona mayor. Antes de que Eliseo se fuera, le profetizó: "El año que viene, por esta fecha, ¡tendrás un hijo en tus brazos!". Ella se emocionó mucho. Parecía demasiado bueno para ser verdad. Pero al siguiente año, tal como le dijo, tuvo un hijo. Cuando el muchacho tenía unos diez años, estaba en el campo jugando y le comenzó a doler mucho la cabeza. Lo llevaron a casa y lo pusieron en brazos de su madre donde más tarde murió. Puede imaginarse cómo se sintió esta madre. Tenía el corazón roto y se sentía devastada sin medida. Cargó a su hijo a la habitación del profeta y lo puso en la cama de Eliseo.

Para la mayoría de las personas este sería el fin de la historia, pero no para esta mujer. Pidió un burro y dijo: "Voy a ver al profeta Eliseo". Le dijo a su asistente que cabalgara rápido y que no se detuviera a menos que se le indicara. Cuando Eliseo vio el polvo levantándose hacia el cielo a un par de millas de distancia, vio que era su amiga, la mujer que le había construido una habitación adicional. Eliseo le dijo a su asistente Giezi: "Ve y averigua qué pasó".

Giezi corrió para encontrarse con esta mujer en el camino, la detuvo y le dijo: "Eliseo está preocupado, ¿por qué vienes inesperadamente con tanta prisa? ¿Estás bien, está bien tu marido, está bien tu hijo?".

Ella, hablando palabras de fe, simplemente dijo: "Todo está bien", y siguió adelante a toda velocidad.

Piense en todos los pensamientos negativos con los que esta mujer estaba luchando, y luego considere sus palabras reales. Muchas veces cuando estamos pasando dificultades y alguien nos pregunta cómo estamos, hacemos lo opuesto y les contamos todo lo que está mal. Es fácil hablar del problema, de lo mal que están las cosas y de cómo no van a funcionar las cosas. Pero en esos momentos difíciles, cuando tenga ganas de quejarse, cuando tenga una buena razón para hacer un comentario agrio, porque perdió su empleo, un amigo le hizo mal o no se está sintiendo bien, tiene que pararse firme y decir por fe: "El negocio va lento, pero todo está bien. Dios sigue en el trono. El Señor es mi proveedor". O: "El informe médico no fue bueno, pero todo está bien, Dios es mi sanador, nada me arrebatará de sus manos".

Finalmente llegó a casa de Eliseo y le dijo que el hijo que le había prometido había muerto. Eliseo fue a orar por el muchacho y el chico volvió a la vida. Lo que quiero que vea es que en su hora más oscura, cuando todo parecía imposible, esta mujer se rehusó a ponerse negativa y a declarar derrota. Cuando Giezi le preguntó: "¿Está todo bien?". Ella podría haber hablado en voz alta lo que estoy seguro estaba pensando: "¡No! Estoy en medio de una gran tragedia. Estoy enfrentando el mayor desafío de mi vida". Nadie la habría culpado por ello. Pero ella decidió hablar fe aun y cuando su mente la estaba bombardeando con duda. Ella puso guarda sobre su boca. Ella no iba a quedar enredada por sus palabras.

Cuando esté herido, haya pasado por una decepción y haya sufrido una pérdida, tiene que hacer lo que ella hizo. Diga por fe: "Todo está bien". Quizá no se vea bien. Quizá no se sienta bien. En lo natural usted debería estar quejándose, hablando de lo mal que está, pero en lugar de ello usted está haciendo una declaración de fe: "Todo está bien". Justo en ese momento es cuando la fuerza más poderosa del universo comienza a trabajar.

> *Diga por fe: "Todo está bien".*

Toda muralla se derrumbará

Dios puede resucitar sueños muertos. Él puede resucitar un matrimonio muerto. Él puede resucitar la salud que se está deteriorando o un negocio que está fallando. Cuando usted entra en acuerdo con Dios, todas las cosas son posibles. Quizá esté enfrentando un gran obstáculo. No se ve bien. Pero esta es la clave: No hable acerca del tamaño de su problema. Hable acerca del tamaño de su Dios. Dios detuvo el sol para Josué. Partió el mar Rojo para los israelitas. Soplo nueva vida en el pequeño hijo de esta madre.

Él puede voltear por completo su situación. Puede abrir un camino aun y cuando usted no vea un camino.

Mi desafío para usted hoy es: No permita que sus palabras negativas detengan lo que Dios quiere hacer. Si no puede decir nada positivo, guarde silencio. Es probable que lo piense, pero no le dé vida a través de hablarlo. Su sanidad, su vindicación y su promoción están justo frente a usted. Así como fue cierto con Jeremías, Dios lo ha consagrado a usted para hacer algo grande. Ahora, ponga guarda sobre su boca. Preste atención a lo que está diciendo.

> *Si no puede decir nada positivo, guarde silencio.*

Cuando haga este ajuste, Dios va a soltar promesas que se han demorado. De pronto, las cosas por las que ha estado orando—romper esa adicción, conocer a la persona correcta, recuperar la salud, comenzar ese negocio—comenzarán a caer en su lugar. Usted va a ver el favor de Dios en una nueva manera. Él va a abrir nuevas puertas de oportunidad así como lo hizo por Josué y los israelitas. Creo y declaro que cada muralla que lo ha estado obstaculizando está a punto de derrumbarse. ¡Usted y sus hijos podrán llegar a la Tierra Prometida!

CAPÍTULO TRES

Dígalo

Las palabras tienen poder creativo. Cuando usted dice algo, le está dando vida a lo que está diciendo. Una cosa es creer que usted es bendecido. Eso es importante. Pero cuando usted dice: "Yo soy bendecido", toma un significado completamente nuevo. Es en ese momento que las bendiciones vienen a buscarlo. La Escritura dice: "*Díganlo* los redimidos del Señor". No dice: "Piénsenlo, o créanlo o espérenlo los redimidos del Señor". Todo eso es bueno, pero usted tiene que tomar un paso más allá y *decirlo*. Si usted va a subir al siguiente nivel, tiene que *decirlo*. Si usted va a cumplir un sueño, vencer un obstáculo o romper una adicción, usted tiene que comenzar a declararlo. Tiene que salir de su propia boca. Así es como le da vida a su fe.

> Si usted va a subir al siguiente nivel, tiene que decirlo.

Cuando Dios creó los mundos, no solamente los pensó a existencia. No solamente creyó que fueran la luz, la tierra, los océanos y los animales. Él lo tenía en su corazón, pero nada sucedió hasta que habló. Dios dijo: "Sea la luz", y fue la luz. Sus pensamientos no lo pusieron en movimiento; sus palabras lo pusieron en movimiento. Es el mismo principio hoy. Usted puede creer todo el día y no ver que nada suceda. Usted puede tener fe en su corazón, grandes sueños, estar parado en las promesas de Dios y nunca ver que algo cambie.

¿Cuál es el problema? No sucede nada hasta que usted hable.

En lugar de solamente creer que usted va a salir de deudas, tiene que decirlo. Declare todos los días: "Estoy saliendo de deudas. Yo soy cabeza y no cola. El favor de Dios me rodea como un escudo". Cuando usted habla, así como cuando Dios habla, las cosas comienzan a suceder. Las oportunidades lo encontrarán. Las buenas oportunidades, la promoción y las ideas lo perseguirán.

> *No sucede nada hasta que usted hable.*

En lugar de solamente pensar: *Espero recuperarme de esta enfermedad. Estoy orando por mejorar*, lo cual es bueno, necesita llevarlo un paso más allá y comenzar a declararlo. "Yo soy fuerte. Soy saludable. Viviré y no moriré. Dios me saciará de larga vida". Eso es lo que activa su fe. No es solamente esperar a tener un buen año o solo esperar que pueda lograr sus sueños. La esperanza es buena, pero no sucede nada hasta que hable. Antes de salir de casa todos los días, declárelo: "Este va a ser mi mejor año. Las cosas han cambiado a mi favor. Voy a ir a un nuevo nivel". Cuando habla así, los ángeles comienzan a trabajar, abriendo nuevas puertas, alineando a las personas correctas y arreglando las cosas a su favor.

"Yo diré"

Salmo 91 dice: "Declaro lo siguiente acerca del Señor: Solo él es mi refugio, mi lugar seguro él es mi Dios y en él confío". Y el siguiente versículo dice: "Te rescatará de toda trampa y te protegerá de enfermedades mortales". Observe la conexión. *Yo declaro* y *Él hace*. No dice: "Creo que solo Él es mi refugio. Creo que Él será mi lugar seguro". El salmista iba por allí declarándolo, diciéndolo: "El Señor es mi refugio. El Señor es mi fuerza". Observe lo que sucedió. Dios se volvió su refugio y su lugar seguro. Dios estaba diciendo en efecto: "Si eres suficientemente valiente como para decirlo, yo soy bastante valiente para hacerlo".

¿Alguna vez ha declarado que sus sueños se cumplirán? ¿Alguna vez ha dicho: "Terminaré de pagar la casa", "Comenzaré mi propio negocio", "Obtendré mi título", "Adelgazaré", "Veré a mi familia restaurada"? Lo que sea que Dios haya puesto en su corazón necesita entrar en su conversación. Hable como si fuera a suceder. Hable como si ya viniera en camino: "Cuando me case…Cuando termine la universidad…Cuando mi familia restaurada…". No *si* va a suceder, sino *cuando* va a suceder. Esa es su fe siendo soltada.

Uno de los miembros de nuestro personal había estado tratando por más de diez años de tener un bebé sin éxito. Un día estábamos en una reunión del personal, planificando el siguiente año. Ella hizo la siguiente declaración: "Cuando tenga mi bebé, voy a estar fuera un par de meses. Tendremos que encontrar a alguien que cubra esos días". Pensé que estaba embarazada y que nadie me había dicho, así que no actué sorprendido ni dije nada. Mi hermana Lisa estaba en la reunión también. Después le pregunté: "¿Por qué no me dijiste que estaba embarazada?".

Ella dijo: "Joel, ella no está embarazada. Ella solamente habla como si fuera a suceder".

Esto continuó durante años. "Cuando tenga mi bebé… Cuando me embarace…Cuando mi hijo aparezca…". ¿Qué estaba haciendo ella? Lo estaba diciendo. No solo lo estaba creyendo. Lo estaba declarando. En lo natural, ella estaba poniéndose demasiado grande como para tener un bebé. Sus doctores le dijeron que no iba a pasar. Parecía imposible. La mayoría de la gente se hubiera rendido y se hubiera resignado. Pero esta mujer no. Ella seguía diciéndolo, lo seguía declarando: "Cuando mi bebé esté aquí…". Veinte años después, no dio a luz un bebé, sino dos. Tuvo gemelos. Ella declaró acerca del Señor y Dios hizo lo que Él prometió.

Pero piense en lo opuesto que aprendimos del Salmo 91: *Si no declaro acerca del Señor, Él no hará*. Ese es el principio. No sucede nada hasta que usted hable.

¿Qué está diciendo?

Cuando estábamos tratando de adquirir el Compaq Center para que se convirtiera en las instalaciones de nuestra iglesia, Victoria y yo conducíamos alrededor de él noche tras noche y decíamos: "Ese es nuestro edificio. Padre, gracias por pelear nuestras batallas. Señor, gracias porque estás abriendo un camino donde no vemos un camino". No solo lo pensábamos, u orábamos acerca de ello o creíamos que sucedería, aunque todo eso es importante, sino que tomamos un paso más y declaramos que era nuestro. Se volvió parte de nuestras conversaciones cotidianas. En la mesa al comer: "Cuando tengamos el Compaq Center podríamos hacer esto. Cuando lo remodelemos… Cuando nos mudemos… Cuando hagamos la gran inauguración…". Y no: "No sé, Victoria. Va a estar muy caro. ¿De dónde vamos a sacar los fondos? La oposición está realmente fuerte". No, sino que declaramos acerca del Señor como lo hizo el salmista: "Dios, sabemos que Tú eres mayor que cualquier obstáculo. Sabemos que estás supliendo todas nuestras necesidades. Señor, sabemos que si tú estás a favor de nosotros, ¿quién podrá atreverse a ponerse en nuestra contra?". Lo declaramos y Dios lo hizo.

> *Lo declaramos y Dios lo hizo.*

¿Qué está diciendo acerca del Señor? "Bueno, Joel. Mis problemas son realmente grandes hoy. Mis sueños parecen imposibles. Mi matrimonio está tan enredado. Nunca seremos restaurados". No hable acerca de lo grande que es su problema. Hable acerca de lo grande que es su Dios. Cuando usted dice acerca del Señor: "Tú eres mi sanador, el que me abre caminos, el que me da sueños, mi restaurador, mi vindicador, mi salud, mi paz, mi victoria", es entonces cuando el Señor se presenta y hace más de lo que pueda pedir o pensar.

Tengo unos amigos que estaban creyendo en Dios para tener otro hijo. Tenían una hija, pero tenían muchas ganas de tener un hijo. Cada vez que la esposa se embarazaba, perdía al bebé. Esto sucedió cinco veces en nueve años. Estaban sumamente desalentados y se sentían tentados a rendirse. El nombre del esposo es Joe y había sido llamado Joe toda su vida. Pero un día leyó que su nombre completo—Joseph—significa "Dios añade". Cuando entendió eso, algo cobró vida dentro de él. Sabía que Dios estaba diciendo: "Voy a añadirte un hijo". Recordó la historia de la Escritura en la que Dios le cambió el nombre a Abram a Abraham, que significa: "Padre de muchas naciones". Dios le dio a Abraham un hijo, un niño varón, a una edad muy avanzada cuando parecía imposible. Joe decidió volver a usar su nombre original. Le dijo a su familia, sus amigos y compañeros de trabajo: "Ya no me llamen Joe. Díganme Joseph".

Ellos pensaron que estaba pasando por la crisis de la mediana edad. Pero cada vez que alguien le decía: "Hola, Joseph", le estaba diciendo "Hola, Dios añade". Estaban declarando victoria sobre su vida. Seguía diciéndolo, declarándolo. Como seis meses después, su esposa se embarazó de un bebé varón. Por primera vez en diez años, llevó el bebé a término. Su hijo nació saludable y completamente sano. Como testimonio de la bondad de Dios, llamaron a ese pequeño muchacho, Joseph: "Dios añade".

Lo que Dios haya puesto en su corazón

¿Está usted declarando victoria sobre su vida, sobre su familia, sobre su carrera? No sucede nada hasta que usted hable. Cuando se levante en la mañana, usted necesita hacer algunas declaraciones de fe. Sin importar qué es lo que Dios haya puesto en su corazón, declare que va a suceder. Yo digo todos los días: "Estoy incrementando en unción, en sabiduría, en favor y en influencia. Cada mensaje está poniéndose mejor. Dios está llevando nuestro ministerio adonde ningún otro ministerio ha ido antes". Usted tiene que declarar favor en su futuro. Yo declaro todos los días: "Mis hijos cumplirán con su destino. Sus dones y talentos se desarrollarán a su máximo potencial. Ellos superarán cualquier cosa que hayamos hecho".

Desde que tomé el lugar de mi padre en la iglesia he dicho: "Cuando la gente me sintonice en la televisión, no podrá cambiar de canal". ¿Sabe cuántas cartas recibo de personas que dicen: "Joel, estaba pasando los canales. No me gustan los predicadores por TV. Nunca veo a los predicadores por TV, pero cuando apareciste, no pude cambiar de canal"?

Yo pienso para mí mismo: *¡Yo dije que así sería! Yo lo declaré.*

Un hombre me escribió y me dijo cómo su esposa había tratado de hacer que viera el programa durante muchos años, pero no había logrado hacerlo. Un día él estaba pasando los canales y se topó con nuestro programa. Normalmente lo saltaría muy rápido. Pero por alguna razón ese día su control remoto dejó de funcionar y se quedó atorado en nuestro programa. Estaba tan frustrado. Se puso a revisar el control y terminó cambiándole las baterías. Seguía sin funcionar. Me dijo: "Joel, incluso traté de actuar como si no estuviera escuchando, pero usted me estaba hablando directamente". Lo gracioso es que cuando terminó nuestro programa, el control remoto siguió funcionando como siempre. Él me dijo: "Ahora nunca me pierdo uno de sus programas".

Cuando usted declare favor sobre su vida y sobre su futuro, Dios hará que sucedan cosas que nunca deberían haber sucedido. Nuestra actitud debería ser: *Estoy saliendo de deudas, y lo estoy declarando. Este será mi mejor año, y lo estoy diciendo. Voy a vencer todo obstáculo, y lo estoy confesando. Cumpliré mis sueños, y lo estoy hablando.*

Utilice sus palabras para cambiar la situación

En la Escritura hay una dama que había estado enferma durante muchos años. Había acudido a los mejores doctores, invirtió todo su dinero tratando de mejorar, pero nada funcionaba.

Un día ella escuchó que Jesús iba a pasar por su pueblo. La Escritura dice: *"Porque decía".* Ella no estaba diciendo: "Nunca me voy a recuperar. No puedo creer que esto me haya sucedido. Siempre obtengo malas oportunidades". No, ella decía: "Si tan solo toco su túnica, quedaré sana". En medio de la dificultad, ella estaba profetizando victoria. Era como si a lo largo del día, una y otra vez, ella siguiera diciendo: "La sanidad viene en camino. Delante de mí vienen días más brillantes". Cuando comenzó a abrirse paso hacia Jesús, el lugar estaba extremadamente lleno de gente, pero ella no se quejó, ni se desanimó, era como si siguiera diciendo: "Este es mi tiempo. Las cosas están cambiando a mi favor". Entre más lo decía, más se acercaba. Finalmente ella extendió su mano y tocó su túnica y fue sanada al instante.

Observe el principio: Usted está avanzando hacia aquello que usted está diciendo constantemente. Quizá esté batallando con sus finanzas, pero cuando usted se mantiene declarando: "Yo soy bendecido. Soy próspero. Tengo el favor de Dios", cada vez que lo dice, está avanzando hacia un incremento. Usted se está acercando a ver que suceda.

> *Usted está avanzando hacia aquello que usted está diciendo constantemente.*

Es probable que esté enfrentando una enfermedad. No se ve bien. Pero cada vez que declara: "Estoy saludable. Yo soy fuerte. Estoy mejorando", usted está avanzando hacia salud, recuperación y victoria. Probablemente esté batallando con una adicción. Cada vez que declare: "Soy libre. Esta adicción no me controla", usted está avanzando hacia la libertad. Está avanzando hacia victorias.

Ahora bien, este es el problema. Esto funciona tanto en lo positivo como en lo negativo. Si siempre está diciendo: "Tengo tan poca suerte. Nunca obtengo buenas oportunidades", usted está avanzando hacia malas oportunidades, y hacia más decepción.

"Joel, me ha estado doliendo la espalda durante tres años. No creo que alguna vez me recupere". Está avanzando hacia más enfermedad y más dolor. "Mire, he pasado por tanto. No creo que podré volver a ser feliz". Está avanzando hacia más desánimo y más tristeza. Si cambia lo que está diciendo, usted cambiará lo que está viendo. La Escritura dice: "…llama las cosas que no son, como si fuesen".

Muchas veces hacemos justo lo opuesto. Nosotros llamamos las cosas que son como si siempre fueran a ser de esa manera. En otras palabras, simplemente describimos la situación. "El combustible está muy caro. No veo cómo lo voy a lograr". Usted está llamando más dificultad, más escasez. "No aguanto mi trabajo. Mi jefe me desespera". Usted está invocando más frustración, más derrota. No utilice sus palabras para describir la situación. Utilice sus palabras para cambiar la situación.

Tenga un mejor dicho

En cierta ocasión nuestra hija, Alexandra, tenía un ejemplar de mi primer libro de hace diez años y un ejemplar de mi libro más nuevo. Ella estaba comparando las fotografías de la cubierta. Ella exclamó: "¡Qué bien, Papi! Te ves mejor hoy que hace diez años". Yo le dije: "¿Qué te gustaría que te comprara?".

¿Sabe cuántas veces he dicho: "Me estoy volviendo más fuerte, más saludable, más sabio. Mi juventud está siendo renovada como las águilas"? Cada vez que usted lo dice, está avanzando hacia ello. Pero si siempre está diciendo: "Estoy fuera de forma. Nunca voy a adelgazar", está avanzando hacia lo incorrecto.

Un caballero que parecía tener unos setenta me dijo recientemente: "Joel, cuando envejeces, todo es cuesta abajo". Ese fue su *dicho*. Él estaba declarando: "Voy para abajo". Estaba invitando mala salud, falta de visión y pérdida del oído. Si eso sigue, él seguirá avanzando hacia ello. Por la forma en que se veía, ¡lo había estado diciendo durante mucho tiempo!

Sé que todos vamos a envejecer. Todos vamos a morir

finalmente, pero no haga planes de ir cuesta abajo. No comience a hablar derrota sobre su vida. Moisés tenía ciento veinte años cuando murió, y la Escritura dice: "Hasta entonces conservó una buena vista y mantuvo todo su vigor". Ciento veinte. Saludable. Fuerte. Visión veinte-veinte. No usaba gafas para leer. No llevaba un botón que dijera: "¡Ayuda! Me acabo de caer y no me puedo levantar", alrededor de su pecho. Tenía una memoria clara, una mente fuerte y aguda. A pesar de cómo se sienta, a pesar de lo que le haya sido heredado en su linaje, todos los días usted necesita declarar: "Todo acerca de mí está mejorando cada vez más: mis huesos, mis coyunturas, mis ligamentos, mi sangre, mis órganos, mi memoria, mi visión, mi oído, mi talento, mi habilidad, mi aspecto, mi piel. Mi juventud está siendo renovada. Como Moisés terminaré mi carrera con buena vista y mantendré todo mi vigor". Si usted habla así, estará moviéndose hacia juventud renovada, salud, energía y vitalidad.

Eso es mucho mejor que levantarse en la mañana, verse en el espejo y decir: "Qué horror, me estoy poniendo tan viejo. Mira esas arrugas. Me veo tan mal. Este cabello gris. Estoy tan fuera de forma". Si usted sigue avanzando hacia allá, ¡en cinco años se va a poner espeluznante! Necesita tener un mejor *dicho*. No hable acerca de la manera en que usted es. Hable acerca de la manera en que quiere ser. Usted está profetizando su futuro.

Hay una joven en el personal de Lakewood, que cada mañana antes de salir de casa se mira al espejo y dice: "Mujer, te ves bien hoy". La vi en una ocasión y le pregunté si todavía lo estaba haciendo. Ella me dijo: "Sí, pero de hecho, hoy cuando me vi en el espejo

> ## ¿Por qué no dejar de criticarse a sí mismo?

dije: 'Mujer, algunos días te ves bien; pero hoy, te ves *realmente* bien'". ¿Por qué no dejar de criticarse a sí misma? Deje de hablar acerca de todas las cosas que no le gustan; de como se está poniendo tan vieja, tan arrugada, tan esto, tan lo otro. Comience a llamarse a sí misma fuerte, saludable, talentosa, hermosa y joven. Cada mañana antes de salir de casa, véase en el espejo y diga: "¡Buenos días, hermosa!".

Volteé las cosas

Quizá se encuentre en un momento difícil hoy. Quejarse: "No creo que pueda salir de esto alguna vez", solamente va a atraer más derrota. Su declaración debería ser: "Tengo gracia para este tiempo. Soy fuerte en el Señor. Los que están a mi favor son más que los que están en mi contra". Cuando usted dice eso, la fuerza viene. La valentía viene. La confianza viene. La perseverancia viene. Si usted pasa por una decepción, una mala oportunidad o por una pérdida, no se queje: "No sé por qué me ha sucedido esto. Es tan injusto". Eso simplemente va a atraer más autocompasión. Su declaración debería ser: "Dios me prometió una corona de belleza en lugar de cenizas, una gozosa bendición en lugar de luto. No me voy a quedar aquí. Estoy avanzando. En mi futuro hay nuevos comienzos. El resto de mi vida será lo mejor de mi vida". Si usted habla así, avanzará hacia una doble recompensa por sus esfuerzos. Se está alejando de la autocompasión y yendo hacia la bondad de Dios en una nueva manera.

Una de las mejores cosas que podemos hacer es tomar algunos minutos cada mañana y hacer estas declaraciones positivas sobre nuestra vida. Escriba, no solamente sus sueños, sus metas y su visión, sino una lista de cualquier área en la que quiera mejorar, cualquier cosa que quiera ver cambiada. Ponga esa lista en su espejo del baño o en algún lugar privado. Antes de salir de casa, tómese un par de minutos y declárelo sobre su vida. Si usted batalla con la autoestima, con sentirse menos, necesita declarar todos los días: "Yo tengo confianza. Soy valioso. Soy único. Tengo sangre real fluyendo por mis venas. Llevo una corona de favor. Soy un hijo del Dios Altísimo". Declare eso, y usted saldrá con sus hombros levantados y con la cabeza en alto.

Si usted batalla con su peso, declare: "Estoy en forma. Soy saludable. Estoy lleno de energía. Peso lo que debo pesar". Probablemente no sea cierto en este momento, pero si lo sigue diciendo va a avanzar hacia ello.

En lugar de vivir bajo una cubierta de culpa y condenación y de estar enfocado en los errores pasados declare: "Yo he sido perdonado. He sido redimido. Estoy envuelto en un manto de justicia. Dios está complacido conmigo".

> *"Diga el débil:*
> *Fuerte soy".*

La Escritura dice: "Diga el débil: Fuerte soy". No dice: "Diga el débil sus debilidades. Hable acerca de la debilidad. Llame a cinco amigos y explíqueles la debilidad". Usted tiene que enviar sus palabras en la dirección en la que quiere que vaya su vida.

Cuando esté en un tiempo difícil y alguien le pregunte cómo le va, no cante una canción triste de todo lo que está mal en su vida. "Qué barbaridad, mi espalda me ha estado doliendo. El tráfico está tan mal hoy. Mi jefe no me está tratando bien. La lavaplatos se descompuso. El pez dorado se murió y no le simpatizo a mi perro". Lo único que va a lograr eso es atraer más derrota. Volteé las cosas. Tenga un informe de victoria. "Yo soy bendecido. Soy saludable. Soy próspero. Tengo el favor de Dios". Usted avanza hacia lo que habla continuamente.

Háblele a la montaña

Esto fue lo que hizo David. Cuando enfrentó a Goliat parecía imposible. Todas las probabilidades estaban en su contra. Él podría fácilmente haber andado por allí diciendo: "Sé que se supone que debo enfrentar a Goliat, pero mírenlo: es el doble de mi tamaño. Tiene más experiencia, más equipo, más talento. No veo cómo esto podría funcionar". Usted puede echar a perder su destino con sus palabras. Las palabras negativas pueden evitar que usted se convierta en quien usted fue creado.

David miró a Goliat a los ojos y dijo: "Tú vienes contra mí con una espada y un escudo. Pero yo vengo en contra de ti en el nombre del Señor Dios de Israel. ¡Este día, te derrotaré y alimentaré a las aves de los cielos con tu cabeza!". Observe que estaba profetizando victoria. Probablemente sentía miedo, pero habló fe. Puedo

> *Las palabras negativas pueden evitar que usted se convierta en quien usted fue creado.*

escuchar a David mientras iba a enfrentar a Goliat afirmando en voz baja: "Soy bastante capaz. Estoy ungido. Estoy equipado. Si Dios está conmigo, ¿quién se atreve a estar en ni contra?". Escogió una piedra, la hizo girar con su honda, y Goliat cayó de bruces.

Cuando usted enfrenta gigantes en la vida, tiene que hacer cómo lo hizo David y profetizar su futuro. "Cáncer, no eres rival para mí. Te voy a derrotar". "Esta adicción quizá haya estado en mi familia durante años, pero este es un nuevo día. Esto se termina aquí. Yo soy el que hace la diferencia. Soy libre". "Mi hijo podría haber estado fuera de rumbo durante mucho tiempo, pero sé que solamente es temporal. Pero en cuanto a mí y a mi familia, nosotros serviremos al Señor".

Había un hombre en la Escritura llamado Zorobabel. Él enfrentó una montaña inmensa. Reconstruir el templo en Jerusalén era un gran obstáculo con enemigos oponiéndose a cada paso. Pero como David, él no habló acerca de lo imposible que era, cómo nunca iba a funcionar. Él dijo: "Nada impedirá mi camino, ni siquiera una montaña gigantesca, ¡pues se convertirá en llanura!". Él estaba profetizando su futuro. La montaña se veía grande. Pero él declaró que sería allanada. Se convertiría en llanura. Este es el principio: No hable acerca de la montaña; háblele a la montaña. Observe esa montaña de deuda y dígale: "No puedes derrotarme. Serás allanada. Prestaré y no pediré prestado. Mi copa se desborda de bendiciones". Sin importar las montañas que enfrente en su vida o lo grandes que se vean, no retroceda encogido en temor ni se intimide. Levántese en fe y dígale a esa montaña: "Serás allanada". Dígale a esa enfermedad: "Eres temporal".

Dígale a esa soledad, a esa adicción, a ese problema legal: "Nada impedirá mi camino, ni siquiera una montaña gigantesca". En otras palabras: "¿No sabes quién soy? Yo soy un hijo del Dios Altísimo. ¿No has leído mi acta de nacimiento? Mi Padre creó el universo. Sopló vida en mí y me coronó de su favor. Me llamó más que vencedor. Eso significa que no me puedes derrotar. No puedes estorbarme. Montaña gigantesca, tienes que ser allanada. Yo voy a vencer esta enfermedad. Voy a romper esta adicción. Voy a terminar de pagar mi casa. Veré a mi familia restaurada. Lograré mis sueños".

Profetice victoria. Profetice avances. Profetice lo que usted está creyendo.

Resucite lo que parezca muerto

En el Antiguo Testamento, Ezequiel vio una visión. Tuvo este sueño de un valle lleno de huesos. Era como un inmenso cementerio. Adondequiera que veía habían grandes extensiones de tierra llenas de huesos de personas que habían muerto. Los huesos representan cosas en nuestra vida que parecen estar muertas, situaciones que parecen imposibles y permanentemente sin cambios. Dios le dijo que hiciera algo interesante. Le dijo: "Ezequiel, anuncia un mensaje profético a estos huesos. Diles: ¡Huesos secos, escuchen la palabra del Señor!'". Ezequiel, en esta visión, comenzó a hablarles a los huesos, diciéndoles que volvieran a la vida. Declaró que Dios les pondría carne, músculos y piel. Mientras estaba hablando, los huesos comenzaron a sacudirse y a unirse, como salido de una película, formando de nuevo una persona. Finalmente, Dios le dijo que "anunciara un mensaje profético" al aliento y que declarara que viniera. La Escritura dice: "Así que yo anuncié el mensaje como él me ordenó y entró aliento en los cuerpos. Todos volvieron a la vida y se pusieron de pie; era un gran ejército".

Quizá usted tenga cosas en su vida que parezcan estar muertas: una relación, un negocio, su salud. Todo lo que puede ver es un valle de huesos secos, por decirlo así. Dios le está diciendo a usted lo que le dijo a Ezequiel. No es suficiente solamente orar acerca de ello; usted necesita hablarlo. Profetice a esos huesos secos. Invoque la salud. Llame la abundancia. Invite la restauración. Ese hijo que ha estado fuera de rumbo, no solamente ore acerca de él o de ella. Profetice y diga: "Hijo, hija, vuelve. Vas a cumplir con tu propósito". Si usted está batallando con una adicción, no solamente ore acerca de ella, sino profetice. "Soy libre. Las cadenas son rotas de sobre de mí. Este es un nuevo día de victoria". Saque su chequera y profetícele. A todo lo que tenga el aspecto de huesos secos. Deuda. Escasez. Lucha. "Le profetizo a esos huesos secos que prestaré y no pediré prestado. Yo soy cabeza y no cola. Estoy entrando en sobreabundancia". Así como Ezequiel, si usted les profetiza a los huesos, Dios resucitará lo que parece muerto. Él hará que sucedan cosas que usted jamás podría hacer que pasen.

Una amiga mía fumaba cigarrillos desde muy chica. Ella había tratado una y otra vez de detenerlo pero no lo podía hacer. Ella estaba constantemente diciendo: "Jamás romperé esta adicción. Es demasiado difícil. Y si lo hago, sé que subiré mucho de peso". Esto continuó durante años. Un día alguien le dijo lo que le estoy diciendo a usted: que cambiara lo que estaba diciendo, que profetizara victoria. Ella comenzó a decir: "No me gusta fumar. No puedo soportar el sabor de la nicotina. Voy a dejar de fumar y no voy a engordar". Ella dijo eso día tras día. Incluso cuando ella estaba fumando y disfrutándolo, ella decía: "No soporto fumar". Ella no estaba hablando acerca de cómo era. Ella estaba hablando acerca de cómo quería ser. Unos tres meses después, una mañana notó que el cigarrillo tenía un sabor raro, casi amargo. Pensó que había comprado un paquete malo. Siguió empeorando y empeorando. Varios meses después, se había puesto tan mal que no podía soportarlo más. Dejó de fumar, y jamás subió de peso en lo más mínimo. Hoy, ella está totalmente libre. Ella rompió esa adicción, en parte, mediante el poder de sus palabras. Ella profetizó su futuro.

Probablemente, como ella, usted ha invertido años diciendo cosas negativas sobre su vida. "No puedo romper esta adicción. Mi matrimonio jamás va a sobrevivir. Nunca saldré de deudas". Tiene que enviar sus palabras en una nueva dirección. Usted está profetizando lo incorrecto. Hágase el hábito de hacer estas declaraciones positivas sobre su vida.

> *Todos los días declare que sus sueños se cumplirán.*

Todos los días declare que sus sueños se cumplirán. No es suficiente con solo creerlo. No sucede nada hasta que usted hable. Así como fue cierto para el salmista, cuando usted habla acerca del Señor, Dios va a hacer lo que prometió.

Sus "Díganlo" personales

Déjeme guiarle en algunos "Díganlo". Haga estas declaraciones en voz alta.

"Lograré mis sueños. Las personas correctas están en mi futuro. Las oportunidades adecuadas están delante de mi camino. Las bendiciones me están persiguiendo".

"Soy la cabeza y no la cola. Prestaré y no pediré prestado".

"Tengo una buena personalidad. Soy bien querido. Es divertido estar conmigo. Yo disfruto mi vida. Tengo una perspectiva positiva".

"Venceré cada obstáculo. Voy a sobrevivir la adversidad. Las cosas han cambiado a mi favor. Lo que fue pensado para mi mal, Dios lo está usando a mi favor. Mi futuro es brillante".

"Mis hijos son poderosos en la tierra. Mi legado vivirá para inspirar a futuras generaciones".

"Corro con propósito a cada paso. Mis mejores días todavía

están delante de mí. Mis mayores victorias están en mi futuro. Me convertiré en todo para lo que fui creado. Tengo todo lo que Dios tenía el propósito de que tuviera. ¡Yo soy el redimido del Señor, y yo lo *digo* hoy!".

YO SOY BENDECIDO

CAPÍTULO CUATRO

Un imán de bendiciones

Cuando usted honra a Dios con su vida, manteniéndolo en primer lugar, Él pone algo en usted llamado *una bendición comandada*. La bendición comandada es como un imán. Atrae a las personas adecuadas, buenas oportunidades, contratos, ideas, recursos e influencia. Usted no tiene que ir en pos de estas cosas, tratando de hacer que algo suceda en su propia fuerza o su propio talento, esperando que la vida resulte. Lo único que tiene que hacer es seguir honrando a Dios y las personas adecuadas lo encontrarán. Las oportunidades correctas cruzarán su camino. El favor, la sabiduría y la vindicación lo perseguirán. ¿Por qué? Porque usted se ha convertido en un imán de la bondad de Dios.

La milicia cuenta con lo que han sido llamados misiles guiados por calor. Programan un objetivo en la computadora y disparan el misil, el cual puede recorrer miles de millas. El objetivo puede estar volando en el aire, zigzagueando aquí y allá, tratando de perderlo. Pero no tiene oportunidad. El misil guiado por calor lo sigue adondequiera que va. Finalmente lo vence y logra su cometido.

En la misma manera, cuando usted pone a Dios en primer lugar, al igual que los misiles guiados por calor encuentran a su objetivo, Dios enviará bendiciones que lo perseguirán, enviará favor que lo venza. De la nada, saldrá una buena oportunidad. De pronto, su

> De la nada, saldrá una buena oportunidad. No es una coincidencia.

salud mejorará. Sin explicación, usted podrá terminar de pagar su casa. Inesperadamente, un sueño se cumplirá. Esa no es una racha de suerte. No es una coincidencia. Es la bendición comandada sobre su vida. Como un imán, usted está atrayendo la bondad de Dios.

Eso es lo que dice Deuteronomio 28: "Y sucederá que si obedeces diligentemente al Señor tu Dios, cuidando de cumplir todos sus mandamientos [...] todas estas bendiciones vendrán sobre ti y te alcanzarán". Una versión en inglés dice: "Te convertirás en un imán de bendiciones". Eso significa que como usted está honrando a Dios, en este momento, algo es atraído a usted. No el temor, la enfermedad, la depresión o las adversidades. No, sino que como un misil guiado por calor, el favor lo está persiguiendo, la promoción va en su dirección, las conexiones divinas lo están buscando. Usted está atrayendo la bondad de Dios.

Usted posiblemente esté enfrentando una enfermedad. En lugar de pensar: *Jamás me voy a recuperar. Debería ver el informe médico*, su actitud debería ser: *La sanidad me está buscando. La restauración me está persiguiendo*. Si está batallando con sus finanzas, en lugar de pensar: *Nunca saldré de deudas. No voy a poder cumplir mis sueños*, necesita decirse a sí mismo: *La abundancia me está buscando. El favor está en mi futuro. Las buenas oportunidades me están persiguiendo*. Si está soltero, no concluya: *Jamás me voy a casar. Estoy demasiado viejo. Ha pasado mucho tiempo*. No, usted necesita declarar: *La persona correcta me está buscando. Las conexiones divinas me están persiguiendo. Ya están en mi futuro. Como un imán las estoy atrayendo.*

Manténgase siendo lo mejor que pueda ser

Cuando reconsidero mi vida, es evidente que la mayoría del favor y de las buenas oportunidades vinieron a mí. No fui en pos de ellas. Yo simplemente estaba siendo lo mejor que podía y Dios hizo más de lo que pudiera pedir o pensar. Jamás pensé que pudiera pararme delante de personas y ministrar. Pasé diecisiete años tras bastidores en Lakewood haciendo la producción televisiva. No estoy presumiendo, pero durante esos diecisiete años fui fiel. Le di mi todo. Hice que mi padre se viera lo mejor que pudiera. Andaba la segunda milla para asegurarme de que la iluminación fuera perfecta, que las tomas de las cámaras fueran las correctas. Incluso iba a casa de mis padres cada sábado por la noche y escogía un traje y una corbata para que mi padre los llevara al día siguiente en televisión. Mi mamá me decía: "Joel, tu Papá ya es un adulto. No necesitas venir cada semana. Él puede escoger su propia ropa". ¡El problema es que yo había visto lo que mi padre había escogido antes! Digamos que le gustaba mucho el color. Yo quería que la transmisión fuera perfecta. Yo no estaba buscando convertirme en el pastor principal de Lakewood. Yo estaba contento donde estaba tras bastidores. Pero cuando mi padre se fue con el Señor, esta oportunidad vino a buscarme. Nunca planeé hacerlo; me persiguió.

El sueño de Dios para su vida es mucho mayor que el que usted tiene. Si usted se mantiene siendo lo mejor que pueda ser, usted recibirá favor, promoción y oportunidades más grandes de lo que se ha imaginado. No va a tener que buscarlo; vendrá a usted. Como un imán, usted lo atraerá.

> *Si usted se mantiene siendo lo mejor que pueda ser, usted recibirá favor, promoción y oportunidades más grandes de lo que se ha imaginado.*

Cuando estaba a inicios de mis veintes, entré a una joyería y conocí a Victoria por primera vez. Como un imán, ¡ella no me podía quitar las manos de encima! (no se crea, esa es mi manera de contar la historia). Salimos en nuestra primera cita y nos divertimos mucho. Fuimos al Compaq Center donde ahora tenemos nuestros servicios. La semana siguiente ella me invitó a su casa a cenar. Reímos y tuvimos un tiempo espléndido. La llamé al día siguiente al trabajo para agradecerle, pero ella estaba ocupada y no podía hablar conmigo. La llamé esa noche a su casa, pero no estaba. La llamé al día siguiente y al siguiente y al siguiente y al siguiente. Pero ella estaba ocupada o no estaba disponible; por alguna razón no podía hablar conmigo. Finalmente, recibí el mensaje: me está evitando. No quiere verme. Pensé: *Está bien. Ya no la voy a llamar.* Un par de semanas después, una mañana yo estaba sentado en una pequeña cafetería desayunando a solas y Victoria entró. Vio mi coche en el estacionamiento y vino y se sentó a la mesa y me dijo: "Joel, siento mucho no haber podido recibir todas tus llamadas". Ella volvió en sí y ¡vino a buscarme! (no se crea, nuevamente esa es mi manera de contar la historia; en realidad, ella desayunó y luego me hizo pagar su desayuno).

Amigo, Dios tiene a las personas correctas en su futuro. Cuando usted honra a Dios, la persona que Él ha diseñado para usted, la persona correcta, va a cruzar su camino como si fuera atraída por un imán. No tiene de qué preocuparse. No tiene que jugar a las apariencias y tratar de convencer a alguien de que usted le simpatiza. Si no les simpatiza, déjelos ir. Si no lo celebran y no lo ven como un regalo, un tesoro, como único en su especie, siga su camino. No se aferre a personas que no se sienten atraídas a usted. La persona correcta no podrá vivir sin usted. La persona que Dios ha diseñado para usted pensará que usted es lo mejor del mundo. Siga siendo lo mejor que pueda ser justo donde se encuentra, honrando a Dios y Dios hará lo que Él hizo por mí. Él va a hacer que usted se encuentre en el lugar correcto en el momento oportuno. Esas conexiones divinas cruzarán su camino.

Sucederá en el momento preciso

Lo que Dios ha planeado para usted es mucho mayor que cualquier cosa que usted haya soñado. Si Dios fuera a mostrarle en este momento hacia dónde lo está llevando—el favor, la promoción, la influencia—lo dejaría perplejo. Quizá piensa, como me pasó a mí, que no es el más calificado. Que no tiene la personalidad o el talento. Eso está bien. No va a suceder solo a causa de su talento, su personalidad o su duro trabajo. Va a suceder por la bendición comandada sobre su vida. La unción de Dios sobre usted es más importante que su talento, su educación o la familia de la que haya provenido. Quizá tenga menos talento, pero con el favor de Dios, usted va a ir más allá que las personas que tienen más talento. Quizá no vea cómo podría suceder esto. No parece ser posible. Pero no tiene que dilucidarlo. Si usted sigue siendo lo mejor que pude justo donde está, haciendo su trabajo a tiempo, haciendo más de lo que debe, siendo una persona de excelencia e integridad, las personas correctas lo encontrarán y las oportunidades correctas lo perseguirán.

Ahora bien, no se frustre si no sucede conforme a su programación. Usted tiene que pasar algunas pruebas. Usted tiene que probarle a Dios que será fiel justo donde está. Si usted no es fiel en el desierto, ¿cómo puede Dios confiar en que usted será fiel en la Tierra Prometida? Usted necesita mantener una buena actitud cuando las cosas no están saliendo como usted quiere. Tiene que seguir siendo lo mejor que pueda cuando no esté recibiendo reconocimiento

> *Mantenga una buena actitud cuando las cosas no estén saliendo como usted quiere. Haga lo correcto cuando sea difícil.*

alguno. Haga lo correcto cuando sea difícil. Allí es cuando su carácter está siendo desarrollado. Si usted pasa estas pruebas, usted puede estar seguro de que Dios lo llevará adonde se supone que usted debe estar. Las personas correctas están en su futuro. Al igual que las oportunidades correctas, las buenas ocasiones, la sabiduría, los contratos, las casas. Dios dijo: "El Señor no negará ningún bien a quienes hacen lo que es correcto".

He aprendido que en una milésima de segundo un toque del favor de Dios puede llevarlo más allá de lo que podría ir en toda su vida por usted mismo. Deje de pensar: *Me estoy quedando atrás cada vez más. Nunca lograré mis sueños*. No; Dios tiene bendiciones explosivas en su futuro. Él tiene bendiciones que lo lanzarán años y años hacia adelante.

Usted dice: "Joel, todo esto suena bien. Pero realmente no tengo el talento. No conozco a las personas correctas. No tengo el dinero". Eso está bien; Dios sí. Él ya ha preparado todo lo que usted necesita. Hay buenas oportunidades en este momento que tienen su nombre escrito en ellas. Hay contratos, edificios y negocios que tienen su nombre en ellos. Hay ideas, invenciones, libros, películas y canciones que tienen su nombre en ellos. A medida que usted siga honrando a Dios, siendo lo mejor que pueda ser, va a atraer aquello que ya tiene su nombre sobre ello.

¿Cuándo va a suceder esto? En el momento preciso. Si no ha sucedido todavía, no se desanime. Dios sabe lo que está haciendo. Si hubiera sucedido antes, no habría sido el mejor momento. Simplemente siga siendo fiel justo donde se encuentra y continúe viviendo con esta actitud de que algo viene en camino.

Cuando haga eso, usted va a atraer como un imán aquello que ya tiene su nombre. Hay sanidad que tiene su nombre marcado. Si usted es soltero, hay un cónyuge con su nombre escrito sobre él o ella. Si usted está creyendo en que tendrá un hijo, hay un bebé con su nombre sobre él o ella. Dios ya ha escogido que sean suyos. Hay un negocio con su nombre sobre él. Hay una película número uno con su nombre en ella. Hay un invento que va a tocar al mundo con su nombre marcado.

Sus "en su debido tiempo" lo perseguirán

Esta es toda la clave. Usted no necesita buscar la bendición. Busque a Dios y las bendiciones lo buscarán a usted. Aquí es donde nos equivocamos. Con suma frecuencia pensamos: *Tengo que obtener esta promoción. Tengo que conocer a esta persona. Tengo que hacer avanzar más rápido mi carrera*. Y sí, tenemos que usar nuestros talentos, ser determinados y dar pasos de fe. Pero puede permanecer en paz. Puede vivir en reposo, sabiendo que como está honrando a Dios, las personas adecuadas lo encontrarán. Las oportunidades correctas lo buscarán.

Proverbios dice: "El pecador amasa fortunas que serán del justo". Observe que, como usted es uno de los justos, hay algo que Dios ha preparado para usted. Las buenas noticias son que en el momento oportuno finalmente la bendición lo va a encontrar a usted. Eso significa que en este momento algo lo está buscando; no derrota, ni dificultad ni escasez. Usted es uno de los justos. El favor lo está buscando. Las buenas oportunidades lo están buscando. La sanidad lo está buscando. La influencia lo está buscando. Quizá todavía no lo ha visto, pero no se desanime. Siga honrando a Dios, y Él promete que algunos de estos "en su debido tiempo" lo van a rastrear hasta encontrarlo.

> *El favor lo está buscando. Las buenas oportunidades lo están buscando.*

Nuestras hermosas instalaciones, el ex Compaq Center, son un "en su debido tiempo". Fue acumulado para nosotros. Tenía nuestro nombre escrito, y en el tiempo correcto, nos encontró. El edificio fue construido a principios de la década de 1970. Primero fue llamado Summit. Luego le cambiaron el nombre a Compaq Center. Pero si quitara las etiquetas de los nombres a cuando fue construido en ese entonces, usted habría visto el nombre "Lakewood Church". Dios nos tenía en mente cuando fue construido. En el tiempo correcto Dios dijo: "Muy bien es momento de entregarlo".

De la misma manera, hay varios "en su debido tiempo" en su futuro. Lo mejor es que usted no tiene que perseguirlos; busque a Dios. Manténgalo en el primer lugar. Viva una vida de excelencia e integridad, y Dios promete que los "en su debido tiempo" se abrirán paso a sus manos. Esto es lo que dijo Jesús: "Pero busquen primero Su reino y Su justicia, y todas estas cosas les serán añadidas". Todo lo que usted necesita para cumplir con su destino ya ha sido amasado para usted. Ahora usted solo tiene que hacer de agradar a Dios su más alta prioridad. En otras palabras, antes de ceder a la tentación, sea firme y diga: "No; yo voy a agradar a Dios", y aléjese. Quiero cumplir mi destino. Quiero entrar en mis "en su debido tiempo". Antes de echarle un rapapolvo a esa persona, deténgase y declare: "No; yo voy a agradar a Dios y voy a mantener mi boca cerrada". En la oficina, cuando no lo estén tratando bien y sienta ganas de haraganear, venza esa actitud y declare: "Yo voy a agradar a Dios y a seguir siendo mi mejor yo. Sé que no estoy trabajando para la gente; estoy trabajando para Dios". Si usted vive así, entonces todas las fuerzas de las tinieblas no pueden separarlo de su destino.

> *Todo lo que usted necesita para cumplir con su destino ya ha sido amasado para usted.*

Lo sorprendente acerca de las instalaciones de nuestra iglesia es que yo no las busqué; vinieron a mí. Dos veces, traté de comprar un terreno y construir un nuevo santuario, pero en las dos ocasiones, la propiedad fue vendida antes de que pudiéramos cerrar el trato. Yo pensé: *Estamos atorados. No hay más espacio. No hay manera de crecer.* Pero un día, de la nada, un viejo amigo inesperadamente me llamó y me dijo que quería hablar conmigo de algo. Me dijo: "Joel, el equipo de baloncesto Houston Rockets está a punto de salir del Compaq Center. Ese sería un lugar excelente para Lakewood". Cuando dijo eso, algo cobró vida dentro de mí. Jamás había soñado que podríamos tener algo tan hermoso o especial. Es la propiedad más importante de la cuarta ciudad más grande de Estados Unidos, y se encuentra ubicada en la segunda autopista más transitada de la nación.

Así como nos sucedió a nosotros, los "en su debido tiempo" que Dios ha preparado para usted lo van a dejar perplejo. Van a ser más de lo que pueda pedir o incluso imaginar. Dios no solamente los ha preparado; los ha llevado un paso más allá; Él ya puso su nombre en ellos. Ya fueron marcados como parte de su destino divino. ¿Cuál es su parte? ¿Preocuparse? ¿Luchar?

¿Tratar de hacerlo suceder? ¿Manipular a esta persona para que sea probable que le haga un favor? No, usted no necesita adular a la gente. Usted no tiene que rogarle a la gente esperando que le echen una migaja aquí o allá. Usted no es un mendigo; usted es un hijo del Dios Altísimo. Usted tiene sangre real fluyendo por sus venas. Usted lleva una corona de favor. El Creador del universo lo ha llamado, equipado, facultado y escogido.

Lo único que tiene que hacer es seguir honrando a Dios, y las bendiciones lo encontrarán. Las personas adecuadas aparecerán; aquellos que quieran ayudarlo. Las buenas oportunidades, los negocios y los contratos lo perseguirán. Una llamada, una persona que Dios ha ordenado que lo ayude, puede cambiar el curso de su vida. ¿Cómo va a suceder esto? ¿Es solamente a través de su talento, su habilidad y su duro trabajo? Eso es parte de ello, pero la clave principal es mediante honrar a Dios. Eso es lo que lo coloca en una posición para que sus bendiciones lo alcancen. Eso es lo que lo hace a usted un imán de su favor.

Sueñe en grande. Crea en grande. Ore en grande.

Yo sé que usted es un imán fuerte y poderoso. Está muy cerca de atraer aquello para lo que ha estado orando y creyendo. Usted ha honrado a Dios. Usted ha sido fiel. Ahora Dios está a punto de soltar un "en su debido tiempo" en su vida. Va a ser mayor de lo que se ha imaginado. Cuando conozca a esa persona, va a ser mejor de lo que usted se haya imaginado. Usted esperó mucho tiempo, pero cuando aparezcan, usted va a decir: "Valiste la pena la espera".

"Bueno, Joel, usted simplemente me está dando alas". Usted tiene razón. No puede tener fe si primero no tiene esperanza. Es fácil quedarse atorado en una rutina, pensando: *Dios ha sido bueno conmigo. Tengo una buena familia. Estoy saludable. Soy bendecido.* Pero todavía no ha visto nada. No hay ni siquiera rascado la superficie de lo que Dios tiene preparado.

Algunos de ustedes van a escribir un libro, una película o una canción que va a tocar al mundo. La idea le va a venir. No va a tener que ir en pos de ella. Algunos de ustedes van a comenzar un negocio que se va a convertir en una fuerza global. Algunos de ustedes van a tener un ministerio que va a sacudir naciones. Algunos de ustedes van a criar un hijo que se va a convertir en presidente o en un líder mundial: un hacedor de historia. Los "en su debido tiempo" que Dios tiene en su futuro van a dejarlo perplejo. No se asemeja a nada que haya visto antes. Dios lo ha levantado para tomar nuevos territorios para el Reino, para ir adonde otros no han ido.

Sueñe en grande. Crea en grande. Ore en grande. Haga espacio para que Dios haga algo nuevo en su vida.

Si usted me hubiera dicho hace años que un día yo estaría ministrando alrededor del mundo y que tendría libros traducidos a diferentes idiomas, yo habría pensado: *Creo que yo no. No tengo nada que decir.* Pero Dios conoce lo que Él ha puesto en usted: los dones, los talentos, el potencial. Usted tiene semillas de grandeza dentro de sí. Se van a abrir puertas que nadie puede cerrar. Va a salir de usted talento que no sabía que tenía. Dios va a conectarlo con las personas correctas. Le va a presentar oportunidades que lo lanzarán a un nuevo nivel de su destino.

> *Usted tiene semillas de grandeza dentro de sí. Se van a abrir puertas que nadie puede cerrar.*

Cuando mi padre vivía, Victoria y yo fuimos a la India con él un par de veces al año. En una ocasión conocimos a un joven pastor que provenía de una familia extremadamente pobre. No tenían electricidad ni agua corriente y vivían en un campo abierto en una pequeña choza que habían construido. El vecino de junto era muy rico. Era dueño de una granja inmensa con miles de cabezas de ganado, muchos cultivos diferentes y le vendía leche y verduras a los aldeanos. Pero era codicioso y cobraba más de lo que debía. Y muchas personas no podían pagarlo.

Un día, unas diez vacas del granjero rico se escaparon y se fueron a la pequeña choza donde vivían el pastor y su familia. Tener solo una vaca era gran cosa, porque podría proveer leche y otros productos que venderles a los del pueblo. Los trabajadores vinieron y recuperaron esas diez vacas, y luego las pusieron dentro de la cerca del propietario. Al día siguiente, las mismas diez vacas se escaparon y se fueron nuevamente con el pastor. Esto sucedió una, y otra y otra vez. El propietario se frustró tanto que les dijo a sus trabajadores: "Solo díganle al pastor que puede quedarse con esas diez vacas". ¡Se las regaló!

El pastor estaba emocionado y comenzó a vender leche y otros productos lácteos a la gente de la aldea, pero vendía los productos por mucho menos que su vecino. En poco tiempo, la gente comenzó a hacer fila en su puerta. Pudo comprar más vacas. Su negocio siguió creciendo tanto que el propietario de la granja grande vino y le dijo: "Me estás sacando del negocio. No puedo competir contigo. ¿Por qué no te quedas con mi empresa?". El pastor compró la empresa por una fracción de su valor, y hoy tiene una compañía muy exitosa con varios cientos de empleados. Pero todo comenzó cuando las vacas vinieron a buscarlo y no se querían ir a casa. ¿Qué es eso? Como un imán, atrajo la bondad de Dios.

Usted no tiene que preocuparse de cómo va a resultar todo. Dios sabe cómo hacer que las vacas lo encuentren. Lo que tenga su nombre escrito—el bien raíz, las buenas oportunidades, los negocios, el favor—en el tiempo correcto se abrirán paso a sus manos. Proverbios lo dice de esta manera: "Los problemas persiguen a los pecadores, mientras que las bendiciones recompensan a los justos". Usted es uno de los justos. En este momento, el favor lo está persiguiendo. La promoción lo está persiguiendo. La sanidad lo está persiguiendo. ¡Las vacas podrían estar buscándolo! La victoria viene en camino.

Encienda el poder

Jamás diga: "Nunca voy a salir de deudas". "Jamás me casaré". "Nunca me recuperaré". ¿Sabe qué está haciendo? Desmagnetizando su imán. Le está removiendo el poder de atracción.

Cuando era pequeño, solía jugar con un imán. Un día descubrí que el imán había perdido su poder de atracción. Lo había dejado cerca de algo que lo había desmagnetizado. Se veía igual, pero no atraía nada. Del mismo modo, cuando moramos en pensamientos negativos—no lo puedo hacer, no soy capaz, nunca va a suceder—eso está desmagnetizando su imán. Le está quitando el poder para atraer lo que le pertenece.

¿Sabe qué estoy haciendo hoy? Lo estoy ayudando a encender su imán. Cuando se da cuenta de que Dios ha colocado una bendición comandada en su vida, y usted va por la vida con la actitud de que algo bueno le va a suceder, es en ese momento en el que Dios puede hacer lo excedente, abundantemente, más arriba y más allá.

> *Vaya por la vida con la actitud de que algo bueno le va a suceder.*

Cada uno de nosotros podemos recordar nuestra vida al momento en que inesperadamente vimos el favor de Dios. Usted no lo buscó; vino en pos de usted. Dios lo ha hecho en el pasado, y las buenas noticias son que no solamente va a hacerlo otra vez en el futuro, sino que lo que le va a mostrar va a hacer que lo que ha visto palidezca en comparación. Él ha hecho venir a usted bendiciones explosivas. Lo van a lanzar a un nivel mayor de lo que se ha imaginado. Usted va a mirar hacia atrás y se va a unir conmigo en decir: "¿Cómo fue que llegué aquí? No soy el más calificado o el más talentoso. No tengo toda la experiencia". Usted quizá no, pero Dios sí. Él sabe cómo llevarlo adonde usted debe estar. A lo largo del día haga esta declaración: "Yo soy bendecido".

Yo creo hoy que el poder de su imán está siendo encendido. Está a punto de atraer buenas oportunidades, promociones, sanidad, favor, ideas, contratos y creatividad. Dios está a punto de soltar lo que ya tiene su nombre escrito en ello. Usted no va a tener que buscarlo; va a venir a perseguirlo. Va a ser mayor de lo que se ha imaginado. Va a suceder más pronto de lo que pensó. Está a punto de entrar en la plenitud de su destino y de convertirse en todo lo que Dios lo ha creado que sea.

CAPÍTULO CINCO

Su séptimo año

Cuando hemos batallado en un área durante mucho tiempo es fácil pensar: *Esta es la manera en que siempre van a ser las cosas. Siempre batallaré con mis finanzas. Nunca recibo buenas oportunidades. Mi matrimonio nunca va a mejorar. Simplemente no nos llevamos bien.* Con mucha frecuencia lo vemos como permanente. La gente me dice: "Yo siempre he sido pesimista. Es que así soy". Se han convencido a sí mismos de que eso nunca va a cambiar.

El primer lugar donde perdemos la batalla es en nuestros propios pensamientos. Si usted cree que es permanente, entonces es permanente. Si usted piensa que ha alcanzado sus límites, así es. Si usted cree que nunca se va a recuperar, no va a mejorar. Usted tiene que cambiar su manera de pensar. Necesita considerar todo lo que lo ha estado obstaculizando—cada limitación, cada adicción, cada enfermedad—como solamente temporal. No llegó para quedarse; vino de pasada. En el momento en que usted lo acepta como la norma, en el momento en que usted decide: *Este fue el paquete que me tocó en la vida*, es cuando puede arraigarse y convertirse en una realidad. Una fortaleza en su mente puede obstaculizarlo para alcanzar su destino. Si usted simplemente lo rompiera en su mente, usted vería que las cosas comenzarían a mejorar.

> *El primer lugar donde perdemos la batalla es en nuestros propios pensamientos.*

Usted quizá haya batallado en un área durante veinte años.

El informe médico dice: "Simplemente aprenda a vivir con ello".
Pero hay otro informe. Y dice: "Dios está restaurando su salud.
Él hará cumplir el número de sus días". Su actitud debería ser:
*Esta enfermedad no se puede quedar en mi cuerpo. Está en terri-
torio extraño. Yo soy un hijo del Dios Altísimo.* Quizá se sienta
atorado en su carrera. No ha tenido una buena oportunidad en
mucho tiempo. Ha ido tan lejos como su preparación académica
se lo ha permitido. Es fácil pensar: *He llegado a mi límite. Es lo
mejor que pude obtener.* A lo largo del día usted debería declarar:
"No me voy a conformar aquí. Mis mayores victorias todavía
están delante de mí".

Usted tiene que estimular su fe. Dios no está limitado por
su educación, por su nacionalidad o por su trasfondo. Pero está
limitado por su manera de pensar. Le estoy pidiendo que se levante en contra de las mentiras de permanencia, mentiras que
afirman: "Nunca adelgazarás. Jamás romperás esa adicción.
Nunca tendrás tu propia casa". Cuando vengan esos pensamientos descártelos. No les dé un solo minuto de su atención.
Dios está diciendo: "No es permanente; es temporal. No llegó
para quedarse; vino de paso".

El séptimo año

En Deuteronomio 15, había una ley que Dios le dio al pueblo de
Israel que decía que cada séptimo año ellos tenían que liberar a
cualquier esclavo hebreo. Si usted era hebreo y le debía dinero a
otra persona pero no podía pagar, usted era tomado como esclavo y lo hacían trabajar a tiempo completo hasta que les pa-
gara. Pero cada séptimo año, si usted era parte del pueblo
escogido de Dios, tenía una ventaja especial: Era liberado. Sin
importar cuánto debiera todavía, sin importar qué tanto debiera,
en el séptimo año usted era liberado. Todo el dolor, la lucha y el
sufrimiento se iban en un día. Esto me dice que nunca fue el
propósito de Dios que su pueblo estuviera en cautiverio permanente bajo nada. Usted quizá se encuentre endeudado hoy, pero

Dios no tiene el propósito de que eso dure para siempre. Probablemente usted esté enfrentando una enfermedad, pero eso solamente es temporal. Podría estar batallando con una adicción, pero eso no lo va a mantener en cautiverio.

Creo que usted está entrando en uno de sus años séptimos. El séptimo año es cuando usted se libera de cualquier limitación que lo esté deteniendo: enfermedad, adicciones, deuda, luchas constantes. Parecía como si nunca fuera a cambiar. Parecía permanente, pero entonces un

> *El séptimo año es cuando usted se libera de cualquier limitación que lo esté deteniendo: enfermedad, adicciones, deuda, luchas constantes.*

toque del favor de Dios y de pronto cambia. Súbitamente usted obtiene una buena oportunidad. De pronto, su salud mejora. De un día para otro conoce a la persona indicada. Sorpresivamente un sueño se cumple. ¿Qué sucedió? Entró en un séptimo año.

Deje de decirse a sí mismo: "Esta enfermedad es permanente. Siempre batallaré financieramente. Nunca podré romper esta adicción". Usted es un hijo del Dios Altísimo. Usted tiene una ventaja. Así como Dios les prometió a los Hebreos, usted no va a ser un esclavo permanente de nada. Ahora usted necesita entrar en acuerdo con Dios y afirmar: "Sí, estoy viniendo a mi séptimo año. Es mi tiempo de ser libre. Cada cadena ha sido soltada. Cada fortaleza derribada. Sé que he sido liberado para extenderme".

Hablé con un caballero en el vestíbulo de nuestra iglesia. Estaba en la ciudad para una consulta en el MD Anderson, el mundialmente reconocido hospital de oncología de Houston. Durante los últimos tres años había tenido un gran tumor en el área de su estómago. Pasó por quimioterapia y radiación, pero nada lo afectaba. Los doctores lo habían estado estudiando, tratando de dilucidar qué paso siguiente dar. Unos seis meses atrás, llegó a un servicio de Lakewood por primera vez y uno de los Colaboradores de Oración oró por él. Volvió al hospital para más análisis. El doctor estaba sumamente asombrado. Sin una razón aparente, el tumor había comenzado a encogerse. Tenía la mitad de su tamaño original. El hombre no había estado bajo tratamiento un par de años. El doctor no lo entendía. Y le preguntó: "¿Qué ha estado haciendo en una manera distinta?".

El hombre respondió: "Lo único diferente que he hecho es que algunas personas han orado por mí".

El doctor le dijo: "¡Dígale a esas personas que sigan orando por usted, porque a este ritmo va a desaparecer en solo unos meses!" ¿Qué fue eso? Un séptimo año. Parecía permanente. La quimioterapia no lo podía detener. La radiación no lo podía contener. Pero nuestro Dios puede hacer lo que la medicina no puede. No está limitado a lo natural. Es un Dios sobrenatural. No importa cuánto tiempo haya estado así o lo imposible que parezca. Cuando usted entra en su séptimo año, todas las fuerzas de las tinieblas no pueden detener lo que Dios quiere hacer.

Usted necesita prepararse

¿Hay algo en su vida que usted piense que es permanente? Usted cree que nunca va a mejorar, jamás va a iniciar ese negocio, nunca va a terminar ese problema legal. Hasta donde puede ver, su problema es permanente. Dios está diciendo: "Prepárate. Estás entrando en tu séptimo año". El séptimo año es un año de liberación de la enfermedad, la dolencia y el dolor crónico. Liberación de la depresión, la preocupación y la ansiedad. Liberación de los malos hábitos, de las adicciones. No solamente es una liberación de las limitaciones; es una liberación para extenderse. Dios está a punto de liberarlo hacia nuevas oportunidades, buenas perspectivas y nuevos niveles. Él va a liberar ideas, creatividad, ventas, contratos y negocios. El séptimo año es cuando usted es soltado hacia sobreabundancia, hacia más que suficiente. Es cuando los sueños suceden.

Ahora, usted tendrá que recibir esto en su espíritu hoy. Es fácil pensar: *Esto nunca me va a suceder. No creo que nada vaya a cambiar. No creo que esté entrando en mi séptimo año.* Entonces esto no es para usted, porque esto es para creyentes. Esto es para personas que saben que las cosas han cambiado a su favor. Es para personas que conocen que cada limitación es solamente temporal, para personas que saben que están entrando en su séptimo año.

En 2003, Lakewood firmó un arrendamiento de sesenta años con la ciudad de Houston por nuestras instalaciones, el ex Compaq Center, donde los Rockets solían jugar baloncesto. Siempre habíamos querido ser dueños del lugar, pero el arrendamiento era lo mejor en ese tiempo. Siete años después, en 2010, la ciudad tenía ingresos fiscales bajos y decidió vender algunas de sus propiedades. Nos llamaron y nos preguntaron si estaríamos interesados en adquirir las instalaciones, y por supuesto lo estábamos, pero dependía del precio. Un edificio nuevo como el nuestro hubiera costado cuatrocientos millones de dólares. La ciudad solicitó su propio avalúo independiente. Regresaron con nosotros y nos dijeron: "¡Se los venderemos, no por cuatrocientos millones de dólares, ni por doscientos millones de dólares, ni por cincuenta millones de dólares, sino por siete millones y medio de dólares!". Ahora ya no arrendamos. Somos dueños de la propiedad.

¿No es esto interesante? Nuestro séptimo año por siete millones y medio de dólares. Solamente Dios puede hacer eso. ¡Amigo, hay algunos años séptimos en su futuro! Quizá piense: *Jamás podría pagar esa propiedad. Nunca mejoraré. La quimioterapia no funcionó. Nunca conoceré a la persona correcta.* No; usted necesita prepararse. Cuando usted entra en su séptimo año, Dios va a hacer más de lo que pueda pedir o incluso imaginar. Él va a exceder sus expectativas. Va a ser mayor, mejor y más gratificante de lo que usted pensó que fuera posible. Parece ser permanente ahora,

> *Va a ser mayor, mejor y más gratificante de lo que usted pensó que fuera posible.*

pero cuando entre en el séptimo año, Dios va a liberarlo de arrendar a ser propietario. Él lo va a liberar de la deuda a la abundancia, de la enfermedad a la salud, de constantemente batallar a una unción de facilidad. ¿Por qué no se levanta en la mañana y se atreve a decir: "Dios, quiero agradecerte de que estoy entrando en mi séptimo año. Gracias de que me estás liberando a la plenitud de mi destino. ¡Soy libre!"? Cuando usted cree, todas las cosas son posibles.

Dios puede voltear cualquier situación

Recibí una carta de una señora que había estado en un accidente automovilístico y se había roto el cuello. Ella vivía en dolor constante y había sido sometida a varia cirugías. Durante meses su marido se había quedado en casa para cuidar de ella. Ella se sentía mal de que él se hubiera perdido de tanto trabajo, y finalmente lo convenció de que ya estaba lo suficientemente bien como para quedarse sola en casa. Un día ella tenía tanto dolor y estaba en una depresión tan profunda que decidió que iba a quitarse la vida. No podía caminar por sí cola, así que iba a arrastrarse hasta la esquina donde estaba el estante con las armas. Su marido era un ávido cazador y tenía varias armas de fuego. Pero cuando se levantó de la silla, perdió el equilibrio, tiró la mesa de noche y se cayó boca arriba completamente acostada y no se podía mover. El control remoto de la televisión golpeó el suelo, y las baterías salieron volando. Cuando cayó, cambió el canal de la televisión de lo que ella estaba viendo a un canal en el que yo estaba hablando. Su primer pensamiento fue: *¡Grandioso! Estoy acostada aquí muriendo. Y ahora tengo que escuchar a este predicador de la TV para añadir a mi miseria.*

Ese día yo estaba hablando acerca de cómo Dios puede voltear cualquier situación, de cómo Él puede tomar su hora más oscura y convertirla en su hora más brillante. Ella comenzó a sentir una paz que nunca había sentido antes. Ella dijo: "Allí estaba acostada. No me podía mover, no podía abrir los ojos, pero sentí lágrimas de gozo corriendo por mis mejillas". Su esposo vino unas horas más tarde y la encontró profundamente dormida en el suelo. Sobresaltado y alarmado, la despertó diciendo: "Mi amor, ¿estás bien? Parece como si hubieras tenido un accidente".

Ella sonrió y dijo: "No fue un accidente".

Ese día fue un punto de quiebre en su vida. La esperanza comenzó a llenar su corazón. Un sueño volvió a la vida. Hoy, ella no solamente es libre del dolor, sino que puede caminar; está saludable, recuperada y más fuerte que nunca.

Cuando parecía imposible, cuando todas las probabilidades estaban en su contra, cuando parecía permanente, el Creador del universo, el que lo tiene a usted en la palma de su mano, dijo: "¡Un momento! Ella es mi hija. Ella es mi niña. Ella tiene una ventaja especial. Ella no va a ser una esclava permanente a nada. Ella está entrando en su séptimo año".

Probablemente, al igual que ella, usted ha vivido ya mucho tiempo con esa enfermedad, con ese dolor crónico. Se ha conformado ya mucho tiempo con esa depresión, con esa nube oscura que la sigue a todas partes. Usted ha batallado ya mucho tiempo con la adicción. Dios está diciendo: "Este es su

> *Este es su tiempo.*
> *Hoy es su momento.*
> *Prepárese para ser libre.*

tiempo. Hoy es su momento. Prepárese para ser libre. Prepárese para un avance. Prepárese para la sanidad. Prepárese para extenderse. Prepárese para su séptimo año".

¿Cómo prepararse? Comience a hablar como si fuera a suceder. Comience a actuar como si fuera a suceder. Comience a pensar como si fuera a suceder.

"Bueno, Joel, mi artritis realmente ha estado haciéndose presente. Mi diabetes está llevándose lo mejor de mí. Mis dificultades financieras están realmente agobiándome". No se apropie de esas cosas. No es su diabetes. No le pertenece. No es su artritis. Eso no es parte de quién es usted. Quizá esté allí temporalmente, pero no es donde se va a quedar. No le dé un domicilio permanente. En su mente, no permita que se mude y que establezca su residencia. Necesita aferrarse a uno de esos letreros que dicen: *No hay vacantes.*

El apóstol Pablo lo puso de esta manera: "Nuestras dificultades actuales son pequeñas y no durarán mucho tiempo". En su mente quizá sea grande, pero por fe usted necesita verlo como pequeño y que no va a durar mucho tiempo. Esto es lo que hizo Moisés. Los israelitas habían estado en esclavitud durante muchos años. Parecía permanente, como si nunca fuera a cambiar. Moisés tuvo un hijo, al que le puso Gersón. Los nombres tenían mucho más significado en esa época que hoy. *Gersón* significa: "Soy un extranjero en tierra extranjera". Cuando Moisés nombró a su hijo, estaba haciendo una declaración de fe. Él estaba diciendo: "Estamos en esclavitud, pero la esclavitud no es nuestra normalidad. Este no es nuestro domicilio permanente. Somos extranjeros en esta tierra". Cada vez que él decía: "Buenos días, Gersón", se estaba recordando a sí mismo: "Esta escasez, esta tribulación, esta esclavitud, no es nuestro estado normal".

Cuando se encuentre en momentos difíciles, y parezca como si nunca fuera a salir de ellos, tiene que hacer al igual que Moisés. Dígase a sí mismo: "No voy a quedarme aquí mucho tiempo. Soy extranjero. No tengo ciudadanía aquí". Usted podría decir: "No soy ciudadano de la depresión. No soy ciudadano de la escasez. No soy ciudadano del cáncer. Esta enfermedad es extraña para mí. No es mi normalidad. Posiblemente sea donde me encuentro, pero no es quién soy. Yo soy bendecido. Soy saludable. Soy fuerte. Soy victorioso". Cualquier cosa en contrario usted necesita verlo como extranjero, como temporal. No es su domicilio permanente.

Cuando lo crea lo recibirá

En las Escritura, el rey Ezequías estaba muy enfermo. El profeta Isaías vino a visitarlo en el palacio y le dijo que tenía una palabra de parte del Señor para él.

Me imagino que Ezequías se animó y respondió: "Sí, ¿qué es?".

Isaías le dijo: "Esto dice el Señor: 'Pon tus asuntos en orden porque vas a morir".

¡No era la palabra que estaba buscando! Estoy seguro de que Ezequías pensó: *¿No hay otro profeta por aquí?* Su situación parecía permanente, como si sus días se hubieran terminado. El profeta que hablaba por Dios acababa de anunciar que su vida iba a terminar. Ezequías podría haber aceptado esto y pensó: *Esto fue lo que me tocó en la vida.* Pero Ezequías tuvo cierta audacia. Él escogió creer incluso cuando las cosas parecían imposibles. La Escritura dice: "Volvió su rostro hacia la pared y oró al Señor".

Me imagino que oró: "Dios, te estoy pidiendo que me des más años. Dios, no estoy acabado. Te he servido. Mi familia te ha honrado. Dios, déjame vivir más tiempo". Antes de que Isaías pudiera salir de los terrenos del palacio Dios le habló y le dijo: "Regresa y dile a Ezequías: Te añadiré quince años más de vida". Esto es lo que quiero que usted vea. La fe de Ezequías es lo que trajo a existencia su séptimo año. Su fe es lo que causa que Dios se mueva.

> *Su fe puede traer a existencia su séptimo año.*

"Bueno, Joel, tengo sesenta y cinco años y nunca he tenido un séptimo año". ¿Está usted soltando su fe? ¿Le está agradeciendo a Dios que está siendo transformado? ¿Está usted declarando: "Donde estoy no es donde me voy a quedar. Esta enfermedad es temporal. Estoy saliendo de deudas. Hay nuevos niveles en mi futuro. Soy libre"? Cuando usted tiene esta actitud de fe, hablando victoria sobre su vida, es cuando el Creador del universo se mostrará y hará cosas maravillosas. Su fe puede traer a existencia su séptimo año.

Lo interesante es que cuando Ezequías recibió las noticias de que su vida se extendería, no se sintió mejor. No se veía distinto. Lo único que había cambiado era que Dios había dicho que su vida se extendería. Esta es la clave: Ezequías no esperó a que su salud mejorara antes de darle alabanza a Dios. No espero hasta sentirse mejor para empezar a hablar como si fuera a vivir y a pensar como si ya estuviera bien. Es fácil pensar: *Cuando lo vea, lo creeré*. Pero la fe dice: "Tiene que creerlo y entonces lo verá".

Como Isaías, le he anunciado que usted está entrando a su séptimo año. Ahora puede ver las circunstancias, estudiar el informe financiero, ver cómo se siente y pensar: *No parece nada distinto. No veo una señal de que algo haya cambiado. Tan pronto comience a mejorar, alabaré a Dios.*

Su alabanza es lo que activa el favor de Dios. Cuando usted tiene el arrojo de Ezequías y usted dice: "Dios, no veo cómo me podré recuperar. El informe médico no se ve bien. No veo cómo podría conocer a la persona indicada, cómo podré pagar mi propia casa, pero Dios, creo que tú ya has abierto un camino. Creo que estoy entrando en una nueva temporada de favor. Creo que estoy entrando en mi séptimo año, y que toda limitación ha sido rota. Así que, Señor, simplemente quiero agradecerte por tu bondad en mi vida".

Cuando usted habla como si fuera a suceder, actúa como si fuera a suceder y alaba como si fuera a suceder, es cuando Dios les dice a los ángeles: "Dense la vuelta, regresen y díganles que están entrando en su séptimo año. Voy a hacer lo que me están pidiendo. Voy a cambiar lo que parecía permanente".

Pero muchas veces en lugar de llevar nuestras alabanzas a Dios, le estamos llevando nuestros problemas. "Dios, he tenido esta adicción durante veintisiete años. No creo que alguna vez la pueda romper. Dios, estos niños me están desesperando, más te vale mantenerme cuerda. Estoy trabajando en dos empleos y todavía no tengo lo suficiente. Dios, no lo entiendo". Es fácil de convertir la oración en una sesión de queja, pero recuerde, Dios ya conoce sus necesidades. Usted no tiene que decirle a Dios todo lo que está mal, lo que no le gusta y cuánto tiempo ha estado así. Es mucho mejor llevarle su alabanza a Dios en lugar de sus problemas. Su situación financiera quizá no se vea bien, pero voltéela. "Señor, quiero agradecerte de que estás supliendo todas mis necesidades. Gracias por que eres: el Señor mi proveedor". Probablemente no se sienta bien, pero en lugar de quejarse diga: "Señor, gracias porque todos los días estoy poniéndome más saludable, más fuerte y mejor". Su hijo o su hija no están haciendo bien: "Señor, gracias porque mis hijos van a cumplir sus destinos". La alabanza obtiene la atención de Dios, no la queja.

El tiempo del favor de Dios

Cuando Saulo de Tarso fue cegado por esa gran luz en el camino a Damasco, Dios le habló a Ananías para que fuera a orar por él. Saulo había estado matando creyentes y poniéndolos en prisión. Ananías dijo en Hechos 9: "¡He oído a mucha gente hablar de las cosas terribles que ese hombre les ha hecho a los creyentes!". Como si dijera en este pasaje: "He escuchado que está matando gente. He escuchado que es peligroso. He escuchado que los creyentes no le agradan". Si usted siempre le está diciendo a Dios lo que ha escuchado, va a perderse las bendiciones de Dios. Se va a desanimar. La duda va a llenar su mente. "Dios, el informe financiero dice que nunca voy a poder ponerme a la cabeza. Dios, mis hijos se están juntando con malas compañías". Esta es una clave: No le diga a Dios lo que ha escuchado. Dios dice que lo pondrá a la cabeza y no en la cola. Ahora bien, no le diga todas las razones por las que usted no es. Dios dice que usted no morirá; sino que vivirá. "Pero, Dios, el informe médico dice otra cosa". No; deje de decirle a Dios lo que ha escuchado. Eso no le está haciendo ningún bien a usted o a Él. Es bastante sencillo.

No le lleve sus problemas a Dios; llévele su alabanza a Dios. "Señor, quiero agradecerte que me recompensarás con una larga vida. Y aunque mi condición parezca permanente, Señor, quiero agradecerte que estoy entrando en mi séptimo año, un año de liberación, un año de sanidad, un año de avances, un año de abundancia".

> Este es un año de liberación, un año de sanidad, un año de avances, un año de abundancia.

Isaías dijo: "El Espíritu del Señor está sobre mí para proclamar que los cautivos serán liberados". De hecho era como si estuviera diciendo: "Las cosas quizá parezcan permanentes, pero te estoy anunciando tu libertad. Te estoy anunciando que estás saliendo de deudas. Te estoy anunciando que la enfermedad no te va a derrotar. Te estoy anunciando nuevos niveles en tu futuro". Luego Jesús lo llevó un paso más allá. Él dijo: "Para proclamar que ha llegado el tiempo del favor del Señor". Observe este principio. Dios lo anunció, y luego lo proclamó.

¿Y si hiciéramos lo mismo? "Estoy anunciando hoy que vamos a salir de deudas, de batallar y de siempre estar atrás. Estoy proclamando que estamos entrando en incremento, desbordamiento y abundancia. Estoy declarando que prestaremos y no pediremos prestado. Podremos dar para toda buena obra. Estoy declarando que seremos bendecidos, prósperos y generosos". Sobre nuestras familias diríamos: "Estoy anunciando que nuestros hijos no se juntarán con malas compañías, ni tomarán malas decisiones, ni se meterán en problemas. Estoy proclamando: 'Pero en cuanto a mí y a mi familia, nosotros serviremos al Señor'. Estoy proclamando: 'La descendencia de los rectos será poderosa en la tierra'". ¿O qué tal esto? "Estoy anunciando: 'No viviremos vidas negativas, deprimidas, preocupadas, ansiosas o estresadas'. Estoy proclamando: 'Estamos felices, contentos, confiados, seguros, llenos de gozo y amando nuestra vida'". Tiene que anunciarlo y proclamarlo por fe.

Nada de lo que esté diciendo quizá sea cierto en el momento. De eso es de lo que se trata la fe. Con demasiada frecuencia estamos anunciando y proclamando las cosas equivocadas. "He estado soltero tanto tiempo. Nunca conoceré a la persona indicada. Los precios están tan altos. No veo cómo lo voy a lograr". Eso es anunciar derrota y proclamar mediocridad. Usted tiene que cambiar lo que está

> *Comience a anunciar libertad de cualquier cosa que lo esté deteniendo.*

saliendo de su boca. Comience a anunciar libertad de cualquier cosa que lo esté deteniendo. Libertad de la soledad. Libertad de la depresión. Libertad de las adicciones. Libertad de estar constantemente batallando.

Atrévase a hacer como Ezequías y comience a declarar con arrojo: "Yo soy libre. Soy saludable. Soy bendecido. Soy victorioso. El favor de Dios está viniendo: los avances, la sanidad y las promociones vienen en camino". Quizá haya batallado en un área durante mucho tiempo, pero déjeme proclamar esto sobre usted: "No es permanente. Usted está entrando en su séptimo año. Este es un nuevo día. La marea de la batalla ha cambiado. Cada cadena ha sido soltada. Cada fortaleza ha sido hecha pedazos. Cada limitación ha sido quebrada. Usted está siendo liberado a un nuevo nivel. Creo y proclamo que Dios lo está soltando a incremento. Lo está liberando a su oportunidad, a favor; liberándolo a sanidad, a avances. Lo está liberando a la plenitud de su destino".

YO SOY VALIOSO

CAPÍTULO SEIS

Sepa quién es usted

Crecí viendo a Archie Manning jugar fútbol americano. Era un mariscal de campo tremendo de la NFL e increíblemente talentoso. Ahora dos de sus hijos, Peyton y Eli, son excelentes mariscales de campo ambos. ¿Cómo puede ser eso? De los millones de jóvenes que juegan fútbol americano, ¿cómo es que estos dos se destacan? No es una coincidencia. Está en su sangre. Tienen el ADN de su padre.

Cuando Dios lo creó a usted a su imagen, Él puso parte de sí mismo en usted. Se podría decir que usted tiene el ADN del Dios todopoderoso. Usted está destinado a hacer grandes cosas, destinado a dejar su marca en esta generación. Su Padre Celestial habló y los mundos vinieron a la existencia. Lanzó estrellas al espacio. Pintó cada amanecer. Él diseñó cada flor. Hizo al hombre del polvo y sopló vida en él. Ahora bien, esta es la clave: Él no solamente es el Creador del universo. Él no solamente es el Dios todopoderoso. Él es su Padre celestial. Usted tiene su ADN. Imagínese lo que puede hacer.

> *Usted está destinado a hacer grandes cosas, destinado a dejar su marca en esta generación.*

Pero muchas veces no nos damos cuenta de quiénes somos. Nos enfocamos en nuestras debilidades, en lo que no tenemos, en los errores que hemos cometido y en la familia de la que provenimos. Terminamos conformándonos con la mediocridad cuando fuimos creados para grandeza. Si usted va a sobresalir del promedio, necesita recordarse a sí mismo: "Yo tengo el ADN del Dios altísimo. La grandeza está en mis genes. Provengo de un linaje de campeones".

Cuando usted se da cuenta de quién es, no va a ir por allí intimidado e inseguro, pensando: *Me falta. No soy tan talentoso. Provengo de la familia equivocada.* No; usted proviene de la familia correcta. Su Padre lo creó todo. Cuando usted sabe quién es, cambia su manera de pensar de: *No tengo mucha suerte. Nunca obtengo buenas oportunidades,* a: *Tengo el favor de Dios. Las bendiciones me están persiguiendo.* De decir: "Este obstáculo está demasiado grande. Jamás lo venceré", a proclamar: "Todo lo puedo hacer por medio de Cristo. Si Dios está conmigo, ¿quién se atreve a estar en ni contra?". De ver su puntuación en los exámenes y concluir: *Soy un estudiante promedio. Todo lo que puedo lograr son notas apenas suficientes* a: *Soy un estudiante de notas altas. Tengo la mente de Cristo.* De verse en el espejo y pensar: "No tengo una buena personalidad. No soy tan atractivo", a decir: "He sido hecho en una manera formidable y maravillosa. Soy único". Cuando usted sabe quién es, comenzará a pensar como un ganador, a hablar como un ganador y a desenvolverse como un ganador.

¿Quién es su padre?

Recuerdo una cartelera que hacía la pregunta: "¿Quién es el padre?". Era un anuncio para un laboratorio de análisis de ADN. Pueden tomar al ADN de un niño y analizar el ADN de otra persona y ver si coincide. La coincidencia prueba que las dos personas están relacionadas científicamente. De los millardos de personas en la tierra, la probabilidad de que su ADN coincida con el de alguien más que no sea de su familia es tan pequeña que es inconcebible. En una manera similar, cuando usted le dio su vida a Cristo, la Escritura habla de que usted se convirtió en una persona nueva. Usted nació en una nueva familia. Entró a un nuevo linaje. Ahora imagínese que de algún modo pudiéramos analizar su ADN espiritual. Tomar una muestra del ADN de su Padre Celestial, y luego una muestra del ADN suyo, y realizar todas las pruebas. Las buenas noticias son que daría una coincidencia perfecta. Probaría sin lugar a dudas que usted es hijo de Dios. Usted tiene su ADN. Usted proviene de un linaje real.

Dado su ADN, no se atreva a ir por la vida pensando que usted es promedio. *Jamás lograré mis sueños. Nunca saldré de deudas.* ¿Está bromeando? ¿Sabe quién es su Padre? Usted tiene su ADN. Él creó planetas. No hay nada demasiado difícil para usted. Usted puede vencer esa enfermedad. Usted puede dirigir esa empresa. Usted puede construir y mantener ese orfanato. Usted puede llevar a su familia a un nuevo nivel. Deje de creer las mentiras que dicen: "Ya alcanzó sus límites. Ya llegó tan lejos como podría". Comience a hablarse a usted mismo como a un ganador. Está en su sangre. Se espera que usted tenga éxito. Se espera que usted se recupere. Se espera que viva libre de deudas. ¿Por qué? A causa de quién es su Padre.

En cierto sentido, no es gran cosa que yo sea el pastor de la iglesia Lakewood Church. Mi padre fue un ministro durante más de cincuenta años. Eso es lo único que vi al crecer. Está en mis genes. Y no es gran cosa ver a los hijos de Archie Manning jugar fútbol americano profesional. Archie fue mariscal de campo de la NFL en el Pro Bowl [Tazón de los Profesionales]. En la misma manera, no es gran cosa que usted logre sus sueños. No es gran cosa que usted viva saludable y en completa salud. No es gran cosa que usted vaya a la cabeza de la empresa en ventas. ¿Por qué? De tal Palo, tal astilla. Está en su ADN espiritual.

Vi un documental sobre caballos de carreras de campeonato, el tipo que usted ve corriendo en el Derby de Kentucky. No es una coincidencia que esos caballos llegaran a ser los caballos más veloces del mundo. Han sido estudiados cuidadosamente y criados cuidadosamente por generaciones. Puede costar cientos de miles de dólares criar un caballo de carreras con un semental campeón. Antes de la cruza, los propietarios van cincuenta o sesenta años atrás y estudian el linaje de un semental en particular. Investigan a sus padres y a su abuelo para estudiar lo largo de sus zancadas, lo alto de sus piernas, su velocidad al comenzar a correr y su resistencia. Con toda esta información, escogen lo que ellos creen sería la pareja perfecta. Entienden que los ganadores no suceden al azar. Ganar está en su ADN. Eso es lo que hace que se destaquen esos caballos. Tienen dentro de sí generación tras generación de campeones.

> *Los ganadores no suceden al azar. Ganar está en su ADN.*

Cuando nace el pequeño potrillo, sus piernas pueden ser tambaleantes y apenas se puede mantener en pie. No parece distinto de cualquier otro potrillo que haya nacido. Los propietarios podrían pensar: *No puede ser. Hemos gastado nuestro dinero. Este potrillo no es un pura sangre. Véanlo tambalearse.* Pero no están preocupados con sus debilidades actuales. No están preocupados de qué color es, de lo lindo que es o incluso con lo muscular que sea. Están totalmente confiados, sabiendo que dentro de ese pequeño potrillo está el ADN de un campeón.

Está en su ADN

Lo mismo sucede con usted y conmigo. Usted no provino de una cepa ordinaria. Usted provino de lo mejor de lo mejor. No importa su aspecto, de qué color sea, qué tan alto o bajo, qué tan atractivo o poco atractivo. No importa cuántas debilidades tenga. Usted quizá esté batallando con una adicción. Usted quizá haya cometido algunos errores. Lo que va más allá de todo eso y toma preponderancia es que dentro de usted está el ADN de un campeón. Usted proviene de una larga lista de ganadores.

Si usted ve hacia atrás y estudia su linaje espiritual, usted verá que su hermano mayor venció al enemigo. Hay victoria en su linaje. Usted verá que su ancestro Moisés partió el mar Rojo. Hay gran fe en su linaje. David, un pastorcillo, venció a un gigante. Hay favor en su linaje. Sansón derribó las murallas de un edificio inmenso. Hay fuerza sobrenatural y poder en su linaje. Nehemías reconstruyó las murallas de Jerusalén cuando todas las probabilidades estaban en su contra. Hay expansión, promoción y abundancia en su linaje. Una joven señorita llamada Ester tomó el desafío y salvó a su pueblo de una muerte segura. Hay valentía en su linaje. Ahora bien, no vaya por ahí pensando: *Jamás podré romper esta adicción. Nunca me va a alcanzar para la universidad. Nunca veré a mi familia restaurada.* Usted proviene de un linaje de campeones. Está en su ADN. Usted nació para ganar, para vencer, para vivir en victoria. No importa cómo luzcan sus circunstancias actuales. Esa adicción no llegó para quedarse. En su ADN hay libertad. Esa enfermedad no es permanente. La salud y la restauración están en su ADN. Ese problema familiar, contienda, división; no van a durar para siempre. La restauración está en su ADN. La carencia, las dificultades y pasarla apenas no es su destino. La abundancia, el incremento, la oportunidad y las buenas oportunidades están en su ADN.

Ahora bien, cuando los pensamientos le digan que no va a suceder, solamente regrese y revise su acta de nacimiento. Recuérdese a sí mismo quién es usted. Cuando los pensamientos se entrometan: *Nunca lograrás tus sueños. Jamás te mejorarás*, simplemente responda: "No, gracias. Te equivocaste de persona. Ya revisé mi acta de nacimiento. Yo sé quién soy. Ahora, permíteme confirmarte lo que está en mi ADN. Se encuentra en la Palabra de Dios. ¿Se supone que debo vivir una vida promedio, batallando y siempre obteniendo la parte en desventaja? No; en los Salmos dice que Dios me ha rodeado con su favor como con un escudo. Afirma que: 'Ningún arma formada en mi contra prosperará'. Dice: 'Él hará cumplir el número de mis días'. Declara: 'Pero en cuanto a mí y a mi familia, nosotros serviremos al Señor'. Dice: 'Prestaré y no pediré prestado. El bien y la misericordia me seguirán todos los días de mi vida'. Nos están persiguiendo buenas oportunidades". Eso es lo que está en nuestro ADN. Cuando los pensamientos digan otra cosa, no se desanime. Siga revisando su acta de nacimiento espiritual. Siga recordándose a sí mismo quién es usted.

Mi hermano, Paul, y su hermosa esposa, Jennifer, tienen un hijo llamado Jackson. Cuando Jackson era un muchachito, cada noche cuando Jennifer lo acostaba y después de haber orado por él, repasaba una larga lista de superhéroes, diciéndole a Jackson quién era él. Esta era su manera de hablarle fe, dejándole saber que iba a hacer grandes cosas. Ella le decía: "Muy bien, Jackson, déjame recordarte quién eres. Eres mi supermán. Eres mi Buzz Lightyear. Eres mi Power Ranger. Eres mi Héroe al Rescate. Eres mi Rayo McQueen", y así y así. El pequeño Jackson se quedaba allí acostado con una gran sonrisa en su rostro, recibiéndolo todo. Cierta noche llegaron tarde a casa, y ella no pudo seguir esa misma rutina. Lo acostó a dormir de prisa. Unos minutos después ella escuchó su pequeña voz gritando desde su habitación: "¡Mamá! ¡Mamá!". Ella entró corriendo y le preguntó: "Jackson, ¿estás bien?". Le dijo: "Mamá, se te olvidó decirme quién soy".

> *"Mamá, se te olvidó decirme quién soy".*

El poder del linaje

A muchas personas en la vida nunca se les ha dicho quién son. Han tenido voces negativas repitiéndose una y otra vez. "No eres talentoso. Nunca te vas a casar. Jamás saldrás de deudas. Provienes de la familia equivocada". En tanto esas voces estén repitiéndose, evitarán que cumpla con su destino.

Probablemente nadie le dijo quién es usted. Déjeme ayudarle. El Dios todopoderoso dice:

Usted es un hijo del Dios altísimo.

Usted es fuerte.

Usted es talentoso.

Usted es bien parecido (Usted es hermosa).

Usted es sabio.

Usted es valiente.

Usted tiene semillas de grandeza dentro de sí.

Usted todo lo puede en Cristo.

Usted no provino de una cepa ordinaria.

Usted es un pura sangre.

Usted tiene la victoria en su ADN.

Usted está destinado a realizar grandes cosas.

En el Antiguo Testamento, la gente entendía el poder del linaje más que hoy. Dios comenzó el primer pacto con un judío llamado Abraham. En esa época, si usted no era judío, no tenía derecho a las bendiciones y el favor de Dios. Estaba limitado a un linaje: el pueblo judío. En Lucas 13, Jesús vio a una mujer que había estado encorvada con una enfermedad durante dieciocho años. Hizo una declaración interesante. Él dijo: "Esta apreciada mujer, una hija de Abraham, ¿no es justo que sea liberada?". Él estaba diciendo: "Ella viene de la familia correcta. La sanidad está en su ADN. Ella tiene el derecho de ser restaurada". Jesús fue y la restauró.

En otra ocasión, sucedió justo lo opuesto. Una mujer gentil vino y le rogó a Jesús que sanara a su hija. La respuesta de Jesús en efecto estaba diciendo: "No puedo hacerlo. Proviene de la familia equivocada". No parecía justo, pero así de poderoso era el linaje. No obstante, en este caso, a pesar de su linaje gentil, Jesús se maravilló de la fe de la mujer y finalmente sanó a su hija.

Esto es lo maravilloso. Cuando Jesús murió y resucitó, abrió un camino para que toda la gente venga a Él, tanto judíos como gentiles. Gálatas dice: "Y ahora que pertenecen a Cristo, son verdaderos hijos de Abraham. Son sus herederos, y la promesa de Dios a Abraham les pertenece a ustedes". No vaya por la vida creyendo las mentiras de que usted proviene de la familia equivocada. "Tu madre estaba deprimida. Tú siempre estarás deprimida". "Tu padre era un alcohólico. Serás un alcohólico". Usted ha entrado a un nuevo linaje. Si Dios estuviera parado delante de usted hoy, le diría lo mismo que le dijo a esa primera mujer: "Este apreciado hombre, un hijo de Abraham, ¿no es justo que sea liberado de esta adicción?". "Esta apreciada mujer, una hija de Abraham, ¿no es justo que sea saludable y que sea restaurada?".

> *Amigo, usted tiene el derecho de ser bendecido, de ser libre, de ser saludable, de ser feliz y de ser restaurado.*

Amigo, usted tiene el derecho de ser bendecido, de ser libre, de ser saludable, de ser feliz y de ser restaurado. Está en su ADN. Su linaje natural quizá tenga algunas cosas negativas, pero el linaje espiritual siempre vencerá a su linaje natural. Lo espiritual es mayor que lo natural.

Probablemente piense: *Hay mucha disfunción en mi familia. Tengo mucho en mi contra.* Pero su linaje espiritual dice que usted puede vencer todo obstáculo. Usted puede romper esa adicción. Usted le puede ganar a esa enfermedad. Usted puede llevar a su familia a un nuevo nivel. ¿Por qué? Porque proviene del linaje correcto. Usted tiene el ADN de un campeón.

Usted es un héroe poderoso

En Jueces 6, los madianitas habían sometido al pueblo de Israel. Estaban haciendo sus vidas miserables. Cuando los cultivos de los israelitas se levantaban, los madianitas venían y destruían las frutas y las verduras. Eran una nación más grande y más fuerte. Parecía como si finalmente fueran a expulsar a los israelitas. Había un hombre llamado Gedeón que se estaba escondiendo en los campos por temor a los madianitas. Un ángel se le apareció y le dijo: "¡Guerrero valiente, el Señor está contigo!".

Me imagino que Gedeón miró detrás de él y pensó: *¿A quién le estará hablando? Yo no soy un guerrero valiente.* Gedeón no era fuerte y valiente. Era justo lo opuesto: temeroso e intimidado;

no obstante Dios lo llamo un guerrero valiente. Como Gedeón, usted quizá se sienta débil, pero Dios lo llama fuerte. Quizá se sienta intimidado; Dios lo llama valiente. Probablemente se sienta inadecuado; Dios lo llama capaz. Es posible que usted piense ser promedio, pero Dios lo llama guerrero valiente. Cuando se despierte en la mañana y vengan los pensamientos negativos, recordándole lo que usted no es, diciéndole todos sus defectos y debilidades, haga sus hombros hacia atrás, levante la cabeza, atrévase a mirarse al espejo y a decir: "Buenos días, guerrero valiente". Permita que estos pensamientos se repitan a lo largo del día. "Yo soy fuerte. Soy valiente. Tengo el ADN de un campeón. Soy quien Dios dice que soy. Puedo hacer lo que Dios dice que puedo hacer". Tiene que recordarse a sí mismo quién es verdaderamente. Usted es un guerrero valiente.

El ángel siguió diciendo: "Ve y rescata a Israel de los madianitas".

Gedeón dijo: "¿Cómo podré yo rescatar a Israel? ¡Mi clan es el más débil de toda la tribu!

¡Yo soy el de menor importancia en mi familia!".

¿Cuál era el problema? Gedeón no sabía quién era. Dios lo acababa de llamar un guerrero valiente. Un par de capítulos más tarde, Gedeón estaba interrogando a sus enemigos. Les preguntó: "Los hombres que ustedes mataron, ¿cómo eran?".

Ellos dijeron: "Se parecían a ti tenían el aspecto de un hijo de rey".

Aquí, Gedeón se había sentido como si fuera el más pequeño, inadecuado e incapaz. Pero incluso sus enemigos dijeron que tenía: "El aspecto de un hijo de rey".

Si usted permite que los pensamientos equivocados se repitan en su mente, usted puede tener el talento, la oportunidad, la fuerza y el aspecto, pero como Gedeón usted presentará excusas y tratará de zafarse del

> *Dios no solamente lo llama a usted un guerrero valiente, sino que incluso el enemigo lo ve como el hijo o la hija de un rey.*

asunto. Me encanta el hecho de que Dios no solamente lo llama a usted un guerrero valiente, sino que incluso el enemigo lo ve como el hijo o la hija de un rey. Él sabe quién es usted. Ahora bien, asegúrese de saber quién es usted mismo. Desenvuélvase como un rey, como una reina, sea un guerrero valiente. Usted proviene de la familia correcta.

Es interesante que cuando Dios llamó a Gedeón un guerrero valiente, hasta ese punto Gedeón no había hecho nada significativo. No había partido el mar como Moisés. No había derrotado a un gigante como David. No había resucitado a alguien como el profeta Eliseo. Podría entender que Dios lo llamara un guerrero valiente si hubiera hecho algo asombroso. Pero parecía que no habría nada especial acerca de él; solo un hombre ordinario e insignificante. Pero Dios vio algo en Gedeón que otras personas no vieron: Dios vio su potencial. Dios vio en lo que se podría convertir.

Usted quizá sienta que usted es una persona promedio. Usted quizá piense que es ordinario, pero Dios ve el guerrero valiente en usted. Dios ve el ADN de un campeón. Él ve al hijo de un rey, la hija de un rey. Ahora, hágase un favor. Apague la grabación negativa que le está recordando lo que no es y entre en acuerdo con Dios. Comience a verse a usted mismo como ese guerreo valiente.

Cuando Dios le dijo a Moisés que fuera a hablarle a faraón para decirle que dejara ir al pueblo, lo primero que dijo Moisés fue: "¿Y yo quién soy?". Estaba diciendo: "Dios, soy ordinario. Faraón es el líder de una nación. No me va a escuchar". A Moisés se le olvidó quién era. No se veía a sí mismo como el hijo del Rey sino como inadecuado. Se enfocó en sus debilidades, sus limitaciones. Comenzó a presentar excusas. Dijo: "Dios, no puedo ir a hablar con Faraón. Soy tartamudo. Tengo un problema de habla".

Dios dijo: "Moisés, ¿quién hizo tu lengua? ¿Quién hace que el sordo escuche? ¿Quién hace que el ciego vea?". Dios estaba diciendo: "Moisés, yo soplé mi vida en ti. Puse mi ADN dentro de ti. Probablemente te sientas débil, inadecuado e inseguro, pero, Moisés, no quiero escuchar tus excusas. Deja de decirme lo que no eres. Yo tengo la palabra final, y yo digo que eres el hijo de un rey. Yo digo que eres un guerrero valiente. Yo digo que todo lo puedes en Cristo". Eso es lo que Dios está diciendo a cada uno de nosotros hoy.

Tenga mentalidad de águila

Escuché la historia de un águila que había nacido en un gallinero y que había sido criada con una parvada de gallinas. Durante años picoteaba como gallina, cacareaba como gallina y comía como gallina. Eso es todo lo que ella había visto. Pero un día miró hacia arriba y vio un águila surcando los cielos. Algo en lo profundo le dijo: "Eso es para lo que fuiste creado". Su ADN lo estaba llamando. Pero cuando miró a su alrededor, todas sus circunstancias decían: "Solo eres una gallina".

Se envalentonó. Les dijo a sus amigos gallinas que iba a surcar los cielos como un águila. Se rieron de él y le dijeron: "¿Estás bromeando? No puedes surcar los aires. Eres solamente una gallina".

Todo lo que había escuchado era *gallina*. *Gallina* se había quedado grabado en su mente, pero en lo profundo algo le decía: "Esto no es quién soy. No fui hecho para ser promedio, para vivir en este ambiente limitado. Quizá esté en un gallinero, pero no me siento como una gallina. Yo no pienso como una gallina. No parezco una gallina. Este no es mi destino. Yo tengo el ADN de un águila".

Comenzó a notar que sus alas no eran como las de las gallinas. Eran más grandes, más fuertes y amplias. Decidió tratar de volar. Batir las alas arriba y abajo tan rápido como pudo hizo que el águila apenas se levantara del suelo y se estrelló en un costado del gallinero. Sus amigos gallinas se rieron y le dijeron: "Te lo dijimos. No eres diferente de nosotros. Estás desperdiciando tu tiempo. Eres una gallina". No permitió que ese fracaso, ni lo que los demás dijeran, ni la decepción, lo convencieran de dejar de intentarlo. Todos los días seguía intentándolo, siendo lo mejor que podía ser. Un día se remontó de ese gallinero y comenzó a surcar los aires cada vez más arriba en el cielo. Con cada aliento declaraba: "Para esto fui creado. Este es quien realmente soy. ¡Yo sabía que era un águila!".

> Con cada aliento declaraba: "Para esto fui creado. Este es quien realmente soy. ¡Yo sabía que era un águila!".

Posiblemente usted haya estado en un gallinero demasiado tiempo. Déjeme decirle lo que usted ya sabe. Usted no es una gallina. Usted es un águila. No permita que ese ambiente limitado se le pegue. No permita que la manera en que fue criado o lo que alguien dijo evite que usted conozca quién es realmente. Siga revisando su acta de nacimiento espiritual. Usted descubrirá que ha sido hecho a la imagen del Dios todopoderoso. Lo ha coronado de favor. Usted tiene sangre real fluyendo por sus venas. Usted nunca fue creado para ser promedio o mediocre. Usted fue creado para surcar los aires. La abundancia, la ocasión y las buenas oportunidades están en su ADN. Ahora, deshágase de la mentalidad de gallina y comience a tener una mentalidad de águila.

Recuérdese a sí mismo quién es usted

Conozco a una joven que fue criada en un hogar de un solo padre y vivía en vivienda pública. Su madre no estuvo mucho alrededor de ella cuando era chica. Eran sumamente pobres. A los dieciséis años, esta joven quedó encinta y tuvo que dejar la escuela. En un momento había tenido el gran sueño de su vida. Ella sabía que iba a ser algo grande, pero ahora parecía como si el ciclo de escasez y derrota sería pasado a la siguiente generación. Se mudó a un diminuto apartamento para tratar de criar a su hijo, pero no podía con el gasto. Tuvo que depender de la ayuda pública y encontró un empleo en una cafetería escolar perforando los billetes de comida. Estaba ganando el sueldo mínimo, apenas sobreviviendo, pero algo en lo profundo de ella le dijo: "Fuiste hecha para más. No eres una gallina. Eres un águila".

Decidió regresar a la escuela. En dos años obtuvo su certificado de escuela media-superior. Eso fue bueno, pero ella no estaba satisfecha. Se inscribió a la universidad, trabajando durante el día y yendo a clases por la noche. En cuatro años, se graduó de la universidad con honores. Todavía no estaba satisfecha. Regresó y obtuvo su maestría. Hoy, ella es la subdirectora de la misma escuela en la que solía perforar los billetes de comida. Ella dijo: "Solía depender de la beneficencia pública, ahora puedo beneficiar a otros". Eso es lo que sucede cuando usted sabe quién es.

Ahora bien, usted quizá trabaje con un montón de gallinas. Probablemente viva en un vecindario con gallinas. Pudiera ser que tenga parientes que todavía piensen que son gallinas. Usted debe hacer lo que hizo ella. Trace esa línea en la arena y diga: "Quizá me encuentre en

> *Trace esa línea en la arena y diga: "Quizá me encuentre en un ambiente limitado, pero no me voy a establecer aquí".*

un ambiente limitado, pero no me voy a establecer aquí. Yo sé quién soy. Soy un águila. Soy el hijo de un rey. Soy un guerrero valiente. Soy un pura sangre. Tengo la victoria en mi ADN".

Amigo, usted proviene de un linaje de campeones. Levántese cada mañana y revise su acta de nacimiento espiritual. Recuérdese a sí mismo quién es usted. Si usted hace esto, creo y declaro, va a remontarse a nuevas alturas. Usted se va a levantar sobre cada obstáculo. Va a establecer nuevos niveles para su familia y a convertirse en todo lo que Dios lo creó para que fuera.

CAPÍTULO SIETE

Véase a usted mismo como una obra maestra

Demasiadas personas van por la vida sintiéndose mal por dentro. No les gusta realmente quiénes son. Piensan: *Si fuera un poco más alto, si tuviera una mejor personalidad, si mi metabolismo fuera un poco más rápido,* o: *Si me viera como ella, me sentiría bien conmigo misma.*

Pero cuando Dios lo creó, hizo un gran esfuerzo por hacerlo exactamente como Él quería. Usted no obtuvo su personalidad por accidente. No fue que usted de pronto obtuvo su altura, su aspecto, el color de su piel o sus talentos. Dios lo diseñó a propósito para que sea como es. Usted tiene lo necesario para cumplir con su destino. Si usted necesitara ser más alto, Dios lo hubiera hecho más alto. Si usted necesitara ser de una nacionalidad distinta, Dios lo hubiera hecho de esa manera. Si usted necesitara verse como alguien más en lugar de como usted, habría lucido como esa persona. Usted necesita estar seguro de quién fue hecho por Dios.

Efesios 2:10 dice: "Somos la obra maestra de Dios". Eso significa que usted no es ordinario. Usted no salió de una cadena de montaje. Usted no fue producido en masa. Usted es único en su especie. Nadie en este mundo tiene sus huellas dactilares. Nunca va a haber otro usted. Si usted va a alcanzar su más alto potencial, tiene que verse como único, como un original, como la misma obra maestra de Dios.

Cuando estaba en los primeros años de mi segunda década de vida, estaba sentado solo viendo el atardecer en India. Era una escena magnífica. El agua era tan azul. Hasta donde podía ver de derecha a izquierda había kilómetros y kilómetros de playa y palmeras. El sol era inmenso en el horizonte y estaba a punto de ponerse. Mientras estaba sentado allí pensando acerca de mi vida, escuché a Dios preguntarme algo; no en voz alta, sino en una impresión interna y profunda. Me dijo: —Joel, crees que esta es una imagen hermosa, ¿no es así?

Respondí: —Sí, Dios. Creo que esta es una imagen magnífica.

—Bueno —me preguntó—, ¿cuál crees que sea mi pintura con mayor valor, mi creación más increíble?

Lo pensé un momento y respondí: —Dios, debe ser esta puesta de sol. Es asombrosa.

—No, no es esta.

Más temprano ese año había estado en las Rocallosas. Fueron espectaculares. Así que continué: —Dios, te apuesto a que son las Rocallosas.

—No, tampoco es eso.

Me pregunté en voz alta: "¿Qué podría ser? ¿El sistema solar? ¿La Vía Láctea?".

> *"Mi posesión más preciada, la pintura de la que estoy más orgulloso eres tú".*

Él respondió: —No, Joel. Mi posesión más preciada, la pintura de la que estoy más orgulloso eres tú.

Yo pensé: *¿Yo? No puedo ser yo. Soy ordinario. Soy como todos los demás.*

Él me dijo: —No entiendes. Cuando hice el sistema solar, las aguas, y las montañas, estaba orgulloso de eso. Eso fue excelente. Pero Joel, cuando te hice, sople mi misma vida en ti. Te cree a mi propia imagen.

Usted es la más preciada posesión de Dios

Amigo, usted es la más preciada posesión de Dios. No vaya por la vida sintiéndose mal de sí mismo. Deje de desear ser más alto o haber tenido una mejor personalidad, o parecerse a alguien más. Usted fue pintado por el pintor más increíble que podría haber existido. Cuando Dios lo creó, dio un paso hacia atrás y miró y dijo: "Eso fue bueno. ¡Otra obra maestra!". Él selló su aprobación sobre usted.

En la parte interior de las camisas suele haber una etiqueta que dice: "Hecho en EE. UU." o en algún otro país. Bueno, en alguna parte en usted, hay una etiqueta que dice: "Hecho por el Dios todopoderoso". Así que enderece los hombros y levante la cabeza en alto. Usted es extremadamente valioso. Cuando esos pensamientos vengan a decirle todo lo que usted no es, recuérdese a sí mismo: "Tengo las huellas dactilares de Dios sobre mí: mi aspecto, la manera en que sonrío, mis dones, mi personalidad. Sé que no soy promedio. Soy una obra maestra". Esos son los pensamientos que deberían estarse repitiendo en su mente todo el día. Y no: *Soy lento. Soy poco atractivo. Únicamente soy una de las siete millardos de personas en la Tierra.* No; Dios no hizo nada promedio. Si usted tiene aliento para respirar, es una obra maestra.

Ahora bien, la gente quizá trate de hacerlo sentir promedio. Sus propios pensamientos probablemente traten de convencerlo de que usted es ordinario. La vida va a tratar de derribarlo y robar su sentido de valor. Por eso es que a lo largo del día usted necesita recordarse a sí mismo quién es su Pintor. Cuando usted mora en el hecho de que el Dios todopoderoso sopló su vida en usted, lo aprobó, lo equipó y lo facultó, entonces cualquier pensamiento de baja autoestima e inferioridad no tiene oportunidad.

Hace algunos años estaba en casa de alguien. Tenían muchas

pinturas en las paredes que no eran demasiado impresionantes para mí. De hecho, algunas de ellas me parecían como si hubieran sido pintadas por un niño: muy abstractas, modernas, con un poco de pintura añadida aquí y allá. Pero más tarde esa noche mencionaron cómo habían pagado más de un millón de dólares por solo una de esas pinturas. La miré de nuevo y pensé: *¡Asombroso! Eso es hermoso, ¿no es así?*

Descubrí que era un Picasso original, pintado por el famoso artista Pablo Picasso. Lo que descubrí esa noche fue que no se

> *No se trata tanto del aspecto de la pintura. Se trata de quién es el pintor.*

trata tanto de cómo luzca una pintura. Se trata de quién es el pintor. La pintura obtiene su valor a partir de su creador. En la misma manera, nuestro valor no proviene de cómo luzcamos o lo que hagamos o a quién co-

nozcamos. Nuestro valor proviene del hecho de que el Dios todopoderoso es nuestro Pintor. Así que no critique lo que Dios ha pintado. Acéptese. Apruébese. Usted no es un accidente. Usted ha sido hecho en una manera formidable y maravillosa.

Me pregunto qué sucedería si a lo largo del día, en lugar de criticarnos a nosotros mismos, en lugar de meditar en lo negativo, fuéramos por la vida pensando: *Soy una obra maestra. Estoy hecho en una manera maravillosa. Soy talentoso. Soy un original. Tengo todo lo que necesito.* El enemigo no quiere que usted se sienta bien consigo mismo. A él le encantaría que usted fuera por la vida escuchando las voces que lo importunan recordándole todo lo que no es. Lo desafío a que se levante cada día y diga: "¡Buenos días, persona maravillosa!". Usted ha sido hecho en una manera formidable y maravillosa.

Cuántos de nosotros somos lo suficientemente denodados para decir como David da a entender en Salmos 139: "Soy maravilloso. Soy una obra maestra". Esos pensamientos jamás entran en la mente de la mayoría de la gente. Están demasiado ocupados criticándose, enfocándose en sus defectos, comparándose con otros que creen que son mejores. Su pintor, su Creador dice: "Eres asombroso. Eres maravilloso. Eres una obra maestra". Ahora depende de usted entrar en acuerdo con Dios. Si va por la vida enfocado en sus defectos, escuchando lo que las demás personas están diciendo, puede perder su destino. La grabación que debería estar escuchándose en su mente todo el día es: "Soy valioso. Soy una obra maestra. Soy un hijo del Dios Altísimo". ¿Podría ser que esto es lo que lo está deteniendo? Su grabación es negativa. Ya hay suficientes personas en la vida en su contra. No esté usted mismo en su contra. Cambie su grabación. Comience a verse como la obra maestra que Dios lo creó.

Dese cuenta de lo que tiene

Leí la historia acerca de un hombre que murió en extrema pobreza. En cierto punto, era un indigente que vivía en la calle y que apenas tenía lo suficiente para vivir. Después del funeral, algunos de sus parientes fueron a su ruinoso apartamento y juntaron sus pertenencias. Tenía una pintura en la pared que vendieron en una venta de garaje. La persona que compró la pintura la llevó a la galería de arte local para aprender más acerca de ella. Descubrieron que había sido pintada en los años de 1800 por un artista famoso y que era extremadamente valiosa. Terminó siendo vendida en una subasta por más de tres millones de dólares. Ese hombre vivió toda su vida en pobreza porque no se había dado cuenta de lo que tenía.

En la misma manera, cada uno de nosotros ha sido pintado por el Artista más famoso que podría existir. Pero si usted no entiende su valor, va por la vida pensando: *Soy solo promedio. No soy tan talentoso. He cometido muchos errores en la vida.* Si usted permite que la grabación negativa toque, usted es

> *En la misma manera, cada uno de nosotros ha sido pintado por el Artista más famoso que podría existir.*

como ese hombre con la pintura: tiene todo lo que necesita y está lleno de potencial, pero nunca lo aprovecha. Por eso es que cada mañana necesita recordarse a sí mismo: "No soy promedio. No soy ordinario. Tengo las huellas dactilares de Dios sobre mí. Soy una obra maestra".

Hubo un artículo en una revista médica que hablaba de cómo unos investigadores habían calculado científicamente cuánto vale el cuerpo humano. Añadieron el costo de todas las enzimas, células, tejidos, órganos, hormonas; todo lo que contiene el cuerpo. Concluyeron que la persona de tamaño promedio vale seis millones de dólares. Ya ha escuchado acerca del "Hombre de los seis millones de dólares" [El hombre nuclear]. Bueno, usted es la persona de los seis millones de dólares. Usted puede enderezar la espalda. Puede caminar con alegría. Su Padre celestial ha invertido seis millones de dólares en usted. ¡Las buenas noticias son que usted no tiene siquiera que pagar los impuestos por ello!

Piense en esto: el valor de una persona de tamaño promedio es de seis millones de dólares. ¡Probablemente usted valga nueve millones de dólares! Esa es la manera de verlo: usted no tiene sobrepeso, simplemente es más valioso.

Esté orgulloso de la persona que Dios creó que usted fuera

Jesús dijo que amáramos a nuestro prójimo como a nosotros mismos. Si usted no se ama a sí mismo en una manera saludable, usted jamás será capaz de amar a otros en la manera que debería. Esta es la razón por la que algunas personas no tienen buenas relaciones. Si usted no se lleva bien consigo mismo, jamás se llevará bien con otros. Todos tenemos debilidades, fracasos, cosas que desearíamos que fueran diferentes. Pero Dios nunca nos diseñó para que fuéramos por la vida estando en contra de nosotros mismos. La opinión que usted tenga de usted mismo es la opinión más importante con la que cuenta. Si usted se ve como menos que, no talentoso, no valioso, usted se volverá exactamente eso. Usted está constantemente comunicando cómo se siente dentro de sí. Incluso subconscientemente, usted está enviando mensajes. Si usted no se siente atractivo dentro de usted, puede ser la persona más hermosa del mundo, pero comunicará sentimientos de no ser atractivo. Eso va a alejar a la gente. El problema está dentro. Usted se desenvolverá en la manera en que se vea a sí mismo.

He visto suceder exactamente lo opuesto. Hace unos pocos años conocí a una joven que, en la superficie, y digo esto con todo respeto, no era necesariamente atractiva. Ella no tenía mucho de lo que la cultura actual define como belleza natural, ¡pero puedo decirle que dentro de ella tenía la belleza encendida! Ella sabía que estaba hecha a imagen del Dios todopoderoso. Ella sabía que había sido coronada con favor. Ella podría haber lucido ordinaria, pero ella pensaba en manera extraordinaria. Se desenvolvía como una reina y caminaba como si fuera de la realeza. Ella sonreía como si fuera Miss América y se vestía como si estuviera camino a la pasarela. Ella podría haber comprado su conjunto en una tienda de segunda mano, pero lo llevaba como si fuera nuevo de una tienda de mucho prestigio. Todo lo que yo podía decir era: "¡Muy bien, así se hace!".

¿Cuál es la diferencia? Por dentro ella se ve a sí misma como hermosa, fuerte, talentosa y valiosa. Lo que haya en el interior finalmente se verá en el exterior. Como ella se ve a sí misma como una obra maestra, exuda fuerza, belleza y confianza.

Esta es una clave: La gente lo ve en la manera en que usted se ve a sí mismo. Si usted se ve como fuerte, talentoso y valioso, esa es la manera en que otras personas lo verán. Ese es el mensaje que usted está enviando. Pero si usted se ve a sí mismo como menos que, sin talento y poco valioso, esa es la manera en que otros lo verán. Probablemente si usted cambiara la opinión que tiene de sí mismo, si dejara de concentrarse en sus defectos

> *La gente lo ve en la manera en que usted se ve a sí mismo.*

y en todo lo que usted desearía que fuera diferente, si dejara de compararse con alguien más que piensa que es mejor y comienza a amarse en una manera saludable, estando orgulloso de cómo lo ha hecho Dios, entonces a medida que envíe estos mensajes diferentes, va a traer nuevas oportunidades, nuevas relaciones y nuevos niveles del favor de Dios.

Esto es lo que los israelitas hicieron. Cuando diez de los espías volvieron de la Tierra Prometida, vieron lo grandes que eran sus oponentes.

Le dijeron a Moisés: "¡Al lado de ellos nos sentíamos como saltamontes y así nos miraban ellos!".

Observe que no dijeron: "Moisés, esas personas nos insultaron. Nos llamaron saltamontes". Fueron con una mentalidad de saltamontes. Dijeron: "Al lado de ellos nos sentíamos como saltamontes". Eso es lo que ellos comunicaban. Este es el principio en operación: "Y así nos miraban ellos". En otras palabras: "Nos vieron como nos veíamos a nosotros mismos".

Si usted proyecta sentimientos de inferioridad, la gente lo tratará como inferior. Usted quizá sienta que tiene una desventaja similar a la de los israelitas. Usted no tiene el tamaño, el talento o la educación. Eso está bien. Todo lo que importa es que el Dios todopoderoso sopló su vida en usted. Lo creó como una persona de destino. Usted tiene semillas de grandeza dentro de sí. Ahora haga su parte. Comience a verse como la obra maestra que Dios creó que usted fuera.

Usted es realeza

La Escritura habla acerca de cómo Dios nos ha hecho reyes y sacerdotes para Él. Hombres, ustedes necesitan comenzar a verse como un rey. Mujeres, comiencen a verse como una reina. Comiencen a desenvolverse como realeza. No con arrogancia, pensando que es mejor que otros, sino con humildad enorgullézcase de la persona que Dios ha hecho en usted. Usted no es mejor que nadie, pero no es menos que nadie tampoco. No importa cuántos títulos puedan tener. No importa lo importante que sea su familia. Entienda, su Padre creó todo el universo. Cuando sopló su vida en usted y lo envió al planea Tierra, usted no vino como ordinario. No vino como promedio. Le puso una corona de honor sobre su cabeza. Ahora, comience a pensar como realeza, a hablar como realeza, a caminar como realeza y a actuar como realeza.

> *Comience a pensar como realeza, a hablar como realeza, a caminar como realeza y a actuar como realeza.*

Yo estuve en Inglaterra hace unos años. Estaban teniendo una ceremonia para honrar a la reina. Cuando la reina caminaba por la habitación, uno podía sentir la fuerza, la confianza y la dignidad. Ella tenía la cabeza en alto y una sonrisa agradable sobre su rostro. Saludaba a todos como si fueran sus mejores amigos. Lo interesante era que había todo tipo de personas importantes en esa habitación. Había presidentes de otras naciones, artistas mundialmente reconocidos, atletas famosos, científicos y algunas de las personas más brillantes y talentosas del mundo. Pero—y lo digo con todo respeto—la reina no era la persona más hermosa de la habitación. Había otras damas que eran más jóvenes y mucho más hermosas, pero juzgando por la manera en que la reina se desenvolvía, uno podría pensar que ella era lo máximo. Verdaderamente lo tenía: fuerte, confiada, segura. La reina tampoco era la mujer más rica, con la mejor condición o la mejor preparada de la habitación tampoco. Muchas personas podrían haberse sentido intimidades al entrar a esa habitación, pero no ella. Ella caminaba como si fuera dueña del lugar. ¿Por qué? Ella sabe quién es. Ella es la reina. Proviene de una larga línea de realeza. Ha sido grabado en su manera de pensar: *No soy promedio. No soy ordinaria. Soy única.*

Sin duda, algunas mañanas cuando la reina se despierta vienen a su mente los mismos pensamientos que nos vienen a todos nosotros. *No eres tan hermosa como tu hermana. No eres tan*

*talentosa como tu hermano. No eres tan lista como tu compañero
de trabajo. Intimídate. Eres inferior.* La reina deja que eso le entre
por un oído y le salga por el otro. Ella piensa: *¿De qué estás hablando? No importa cómo me compare con los demás. Soy la reina.
Tengo realeza en mi sangre. En mi ADN hay generaciones de influencia, honor y prestigio.*

Si usted y yo alguna vez pudiéramos comenzar a vernos como
los reyes y las reinas que Dios hizo que fuéramos, jamás seríamos
intimidados de nuevo. Usted no tiene que ser el más talentoso
para sentirse bien acerca de usted mismo. Usted no tiene que ser
el más preparado o el más exitoso. Cuando usted entienda que
su Padre celestial sopló su vida en usted, usted también proviene
de una larga línea de realeza. En lugar de sentirse intimidado o
de que se sienta inseguro por alguien que usted piensa es más
importante, puede hacer como la reina. Simplemente esté tran-
quilo, sea amable, tenga confianza y sea amigable, sabiendo que
usted es único. Dama, usted probablemente no sea la persona
más hermosa, pero tenga la confianza de que usted es la reina.
Hombre, usted quizá no sea el más exitoso, pero levántese derecho. Usted es el rey. Usted ha sido coronado no por personas,
sino por el Dios todopoderoso.

Pero en muchas ocasiones pensamos: *No me puedo sentir bien
acerca de mí mismo. Tengo esta adicción. Batallo con el mal genio.
He cometido muchos errores en la vida. No me siento como una
obra maestra.* Esta es la clave: Su valor no está basado en su desempeño. Usted no tiene que hacer suficiente bien y luego probablemente Dios lo apruebe. Dios ya lo aprobó.

Atrévase a creer
que usted es excelente

Cuando Jesús estaba siendo bautizado por Juan en el río Jordán,
no había comenzado todavía su ministerio. No había abierto
un ojo ciego, nunca había resucitado un muerto, todavía no
había convertido el agua en vino. No había realizado un solo

milagro. Pero una voz resonó en los cielos y Dios dijo: "Este es mi Hijo muy amado, quien me da gran gozo". Su Padre estaba complacido con Él por quién era Él y no por algo que hubiera hecho o no.

Nos decimos a nosotros mismos: "Si pudiera romper esta adicción me sentiría bien conmigo mismo. Si pudiera leer mi Biblia, si pudiera morderme la lengua y no discutir tanto, probablemente no estaría en contra de mí mismo". Usted tiene que aprender a aceptarse a sí mismo mientras está en el proceso de cambiar. Todos tenemos áreas en las que necesitamos mejorar, pero no se supone que vayamos por la vida criticándonos porque no lo hemos logrado. Cuando usted está en contra de usted mismo, no lo ayuda a mejorar. Lo hace empeorar. Probablemente tenga un mal hábito que sabe que necesita vencer, pero si va por allí sintiéndose culpable y condenado, pensando en todas las veces que ha fracasado, las veces que ha metido la pata, eso no lo va a motivar a ir hacia adelante. Usted tiene que sacudirse la culpa. Sacúdase la condenación. Probablemente no esté donde quiere estar, pero puede mirar hacia atrás y agradecerle a Dios que no está donde solía estar. Usted está creciendo. Está avanzando. Hágase un gran favor y deje de escuchar las voces acusadoras. Ese es el enemigo tratando de convencerlo de estar en contra de usted mismo. Él sabe que si usted no se simpatiza, nunca se convertirá en la persona que Dios ha creado que usted sea.

En Génesis 1, Dios acababa de crear los cielos, la Tierra, el mar, los animales y a Adán y a Eva. Cuando terminó, la Escritura dice: "Dios vio todo lo que había hecho; y era bueno en gran manera". Cuando Dios lo mira, Él dice: "Usted es bueno en gran manera".

> *"Usted es bueno en gran manera".*

Usted quizá piensa: "Yo no, tengo estos malos hábitos, estos fracasos. He cometido algunos errores en el pasado". Salga de esa mentalidad derrotada. Probablemente no sea perfecto, pero Dios no está basando su valor en su desempeño. Él está viendo su corazón. Está considerando el hecho de que lo está intentando. No estaría leyendo esto si no tuviera un corazón para agradar a Dios. Ahora, deje de criticarse a usted mismo. Deje de vivir condenado, y atrévase a creer que usted es bueno en gran manera. Su actitud debería ser: *Sí, quizá cometa algunos errores. Tengo algunos defectos y debilidades, pero no voy a vivir mi vida culpable ni condenado. Sé que Dios ya me ha aprobado. Soy bueno en gran manera. Soy su obra maestra.*

Si usted va a vencer sus defectos y debilidades, no solamente tiene que permanecer positivo hacia usted mismo, sino ser lo suficientemente arrojado para celebrar como Dios lo hizo. Enorgullézcase por quién es usted. Conozco personas que son buenas celebrando a los demás. Les hacen cumplidos a sus amigos y se jactan de un primo. "Tienes que ver a mi vecino. Es un asombroso jugador de fútbol americano. Debes conocer a mi hermana. Ella es muy hermosa". Y eso es bueno. Deberíamos celebrar a los demás, pero asegurarnos de celebrarnos a nosotros mismos también. Usted es inteligente. Es talentoso. Es bien parecido. Es hermosa. Hay algo especial en usted. Usted no puede quedarse tan cautivado por celebrar a los demás y ponerlos en un pedestal hasta el punto de pensar: *Ellos son excelentes, y yo soy promedio. Ella es tan hermosa y yo soy común.*

Quizá tengan más belleza natural o más talento en algún área, pero Dios no dejó a nadie fuera. Usted tiene algo que ellos no tienen. Usted es bueno en algo en lo que ellos no lo son. Y está bien celebrarlos y decir: "¡Asombroso! Miren lo buenos que son", siempre y cuando lo siga por decir internamente: "¿Y saben qué? Yo también soy bueno. Soy inteligente. También soy talentoso".

Único en su especie

Es como la historia que escuché acerca del alcalde de un pequeño pueblo. Él iba en un desfile, sobre un carro decorado por la calle principal con su esposa a su lado. Mientras estaba saludando a todas las personas diferentes, en la multitud reconoció al exnovio de su esposa, quien era el dueño y gerente de la estación de servicio local. El alcalde le susurró a su esposa: "¿No estás feliz de no haberte casado con él? Estarías trabajando en una estación de servicio".

Ella respondió con un susurro: "No. Si me hubiera casado con él, él sería el alcalde".

Usted tiene que saber quién es. Dios ha soplado su vida en usted. Usted tiene realeza en su sangre. Usted es bueno en gran manera. Ahora, enderécese, levante la cabeza y comience a desenvolverse como realeza.

> *"No. Si me hubiera casado con él, él sería el alcalde".*

Usted no es promedio. Usted no es ordinario. Usted es una obra maestra. Levántese cada mañana y recuérdese a usted mismo quién es su Pintor. Su valor no proviene a causa de quién es usted. Proviene de a quién le pertenece usted. Recuerde que la opinión que usted tenga de usted mismo es la opinión más importante. La manera en que se vea a sí mismo es la forma en que las personas lo verán. Le estoy pidiendo hoy que se vea a usted mismo como un rey. Véase a sí misma como una reina. No arrogantemente, sino en humildad, porque eso es verdaderamente quien es usted.

Probablemente usted necesita cambiar la grabación que está tocando en su mente. Si el mensaje es: *Yo soy lento. Soy poco atractivo. No soy nada especial,* atrévase a decir como David: "Yo soy maravilloso. Soy talentoso. Soy único. Soy una obra maestra".

YO SOY UNA PERSONA CONTENTA

CAPÍTULO OCHO

Viva contento

Es bueno tener sueños y metas. Deberíamos estar estirando nuestra fe, creyendo por algo mayor. Pero esta es la clave: Mientras estamos esperando que las cosas cambien, esperando que las promesas sucedan, no deberíamos estar descontentos donde estamos. Probablemente usted esté esperando tener un bebé, esté creyendo por una nueva casa o por casarse. Eso es excelente, pero no necesita pasar los cinco años siguientes descontento con su soltería, con la casa que tiene o con no tener un hijo. Aprenda a disfrutar la temporada en la que está.

Estar infeliz, frustrado y preguntándose si algo cambiará alguna vez no va a hacer que suceda más pronto. Cuando estamos descontentos estamos deshonrando a Dios. Estamos tan enfocados en lo que queremos que estamos dando por sentado lo que tenemos. La actitud correcta es: *Dios, estoy creyendo por una nueva casa, pero mientras tanto estoy feliz con la casa que tengo. Estoy creyendo que me casaré, pero mientras tanto estoy contento de ser soltero. Estoy creyendo por un mejor empleo, pero estoy feliz con el trabajo que tengo en este momento.*

El apóstol Pablo dijo: "He *aprendido* a estar contento con lo que tengo. Sé vivir con casi nada o con todo lo necesario, sea con el estómago lleno o

> *"He aprendido a estar contento".*

vacío". Observe que tuvo que *aprender* a estar contento. No sucede automáticamente. Es una decisión que tenemos que tomar.

Estar contento no significa que no queremos cambiar, que

renunciamos a nuestros sueños o que nos establecemos donde estamos. Significa que no estamos peleando con todo. Que no estamos frustrados. Estamos confiando en el tiempo de Dios. Sabemos que Él está trabajando tras bastidores, y al mismo tiempo Él nos llevará adonde se supone que debeos estar.

He descubierto que algunas situaciones no cambiarán hasta que cambiemos. Mientras estemos frustrados, estresados, pensando: *¿Por qué se está tardando tanto? ¿Por qué todavía estoy tratando con este problema? ¿Por qué mi marido sigue irritándome?*, nada cambiará.

Pero si Dios nos tiene en una situación, necesitamos estar allí. Él lo va a usar para hacer una obra en nosotros. Cuando estamos contentos, estamos creciendo. Estamos desarrollando carácter. Nuestra fe se está estirando. Uno no crece tanto en los buenos tiempos, cuando todo está resultando a nuestro favor. Uno crece cuando hay presión. Usted se siente con ganas de agriarse, pero escoge estar feliz. Usted podría quejarse fácilmente, pero usted dice: "Señor, gracias por otro gran día". Todos sus sueños no han llegado todavía a suceder, pero usted disfruta la temporada en la que está. Eso es pasar la prueba. Eso es lo que permite que Dios obre. En lugar de tratar de cambiar la situación, permita que lo cambie. Hay algo mal si siempre estamos descontentos. "No me gusta mi trabajo. Estoy cansado de este pequeño apartamento. No tengo suficiente ayuda con los niños. ¿Cuándo va a crecer mi negocio?". Eso lo va a mantener donde está usted. El plan de Dios para nuestra vida no es solamente hacernos sentir cómodos, sino hacernos crecer, madurarnos, para que pueda soltar más de su favor sobre nosotros. Quizá no le guste donde está, pero no estaría allí a menos que Dios tuviera un propósito para ello. Asegúrese de pasar la prueba.

Florezca donde esté plantado

Esto fue lo que hizo David. Pasó años en los campos solitarios de pastoreo cuidando de las ovejas de su padre. Lo interesante es que ya había sido escogido para ser el siguiente rey de Israel. El profeta Samuel ya lo había ungido. David podría haber pensado: *Dios, esto no está bien. Tengo grandes sueños. Me prometiste grandes cosas. ¿Qué estoy haciendo aquí con un montón de ovejas?*

Pero David entendió este principio. No vivió estresado o frustrado. Floreció donde estaba plantado. Sabía que Dios estaba en control, así que simplemente siguió siendo lo mejor que podía, yendo a trabajar con una buena actitud, agradecido por donde estaba. Como estaba contento en los campos de pastoreo, llegó al trono, al palacio. Pasó esa prueba. Pero si no está contento con la temporada en la que está, mientras espera que las cosas cambien, entonces aunque de alguna manera llegara a su trono, por decirlo así, y sus sueños se cumplan, usted aun así no estará satisfecho. Quizá esté feliz un rato, pero este es el problema: El descontento lo seguirá adondequiera que vaya.

> *El descontento lo seguirá adondequiera que vaya.*

Hace unos años, llegué a casa una noche y escuché este sonido agudo en la casa, como el tono que se escucha antes de iniciar una transmisión de televisión. Apenas y podía oírlo débilmente. Pensé que podría ser que la batería de un detector de humo estaba baja o que en el primer piso estaba sonando una alarma. Así que comencé a ir por todos lados, tratando de dilucidar de dónde provenía. Pero parecía que adondequiera que iba, sonaba exactamente igual. No podía acercarme más a ello. Era bastante desconcertante. Subí las escaleras y revisé las habitaciones y los cajones, revisé la despensa. Finalmente, subí al ático. Pensé que probablemente era un calentador de agua o una unidad de aire acondicionado que estaba descomponiéndose. Subí al ático, y todavía sonaba exactamente igual. Después de unos veinte minutos, bajé a mi habitación para cambiarme de ropa. Quité el teléfono celular del cinturón donde estaba fijo, y lo coloqué en mi mesita de noche. ¡Cuando lo hice, pude darme cuenta de que el tono provenía de mi teléfono celular!

Por eso sonaba igual adondequiera que iba. Lo traía fijo a mí. No podía alejarme de él.

Así sucede con el descontento. Nos sigue por todos lados. Si Dios nos bendice con una promoción, estamos felices durante un rato, pero entonces viene el descontento. No queremos trabajar tan duro o no queremos la responsabilidad. Pero no son nuestras circunstancias. Es el espíritu de descontento, ver lo malo, quejarse de lo que no nos gusta, nunca tener suficiente. Por eso es que Pablo dijo: "He *aprendido* a estar contento". Usted tiene que entrenar su mente para ver el bien, para estar agradecido con lo que tiene. La vida va mucho mejor si usted está contento en cada temporada. Contento cuando tiene mucho y contento cuando no tiene tanto. Contento si sus hijos están en pañales o si están en la universidad. Contento sin importar que esté en mantenimiento o en la gerencia.

Usted tiene la gracia que necesita para disfrutar cada temporada. Si sus sueños no se están cumpliendo, es una prueba. ¿Hará lo mismo que hizo David y florecerá donde está plantado? ¿Escogerá disfrutar esa temporada y no solo soportarla, pensando: *Dios, ¿cuándo va a cambiar esto? He estado orando ya dos años.* Probablemente su situación va a cambiar cuando usted cambie.

> *Probablemente su situación va a cambiar cuando usted cambie.*

Usted tiene que estar satisfecho con donde Dios lo tiene en este momento. Nuevamente, no significa que usted se establezca y jamás espere nada mejor. Significa que no viva frustrado, siempre queriendo algo más. "Necesito más dinero. Entonces estaré feliz". "Necesito un mejor trabajo". "Necesito una casa más grande". "Necesito adelgazar veinte libras o unos nueve kilogramos". "Necesito que mis hijos obtengan mejores notas. Entonces disfrutaré la vida".

Si usted corrige todo eso, si logra su lista de deseos, algo más lo va a poner descontento. Usted necesita ponerse firme y decir: "Suficiente. Quizá no todo esté perfecto en mi vida.

Probablemente mis sueños no se han realizado aún, pero no estoy viviendo frustrado y estresado. Voy a florecer justo donde estoy". En otras palabras: "Estoy contento sea que conduzca un Volkswagen de veinte años o un Mercedes Benz nuevo". "Estoy contento sin importar que esté viviendo en un pequeño apartamento o en la hermosa casa de mis sueños". "Estoy contento sin importar si mi negocio está floreciendo o si va un poco lento".

No se trata de lo que tiene o de lo que no tiene

No puede permitir que su contentamiento esté basado en lo que tiene o no tiene, en quién le simpatiza o a quién no. Aprenda a estar contento en todo tiempo. Contento cuando Dios lo bendiga con mucho, y contento cuando tenga poco. Contento cuando los sueños se estén cumpliendo, y contento mientras está esperando. Contento en los campos de pastoreo, y contento en el palacio. La Escritura dice: "La verdadera sumisión a Dios es una gran riqueza en sí misma cuando uno está contento con lo que tiene". En la vida es sumamente liberador cuando uno puede decir: "Estoy contento con quien Dios me creó. Estoy contento con mi personalidad, contento con mi aspecto y contento con mis dones y talentos. Estoy contento con donde estoy en mi vida: mi posición, mi carrera, mis relaciones y mi casa".

Esta es la razón por la que mucha gente es infeliz. Siempre están deseando algo diferente. Algunas personas solteras no van a estar contentas hasta casarse. Pero usted necesita disfrutar su soltería porque cuando se case…¡lo disfrutará más! (soy más listo de lo que parezco). Hay personas que están casadas que desearían no estar casadas o que desearían estar casadas con alguien más. Los blancos se sientan en cabinas de bronceado para tener piel más oscura. Las personas con piel oscura se ponen cremas en la piel para tratar de aclararla. Las mujeres con cabello ensortijado van al salón de belleza a que se lo pongan lacio. La gente con cabello lacio va al salón de belleza para hacerse un permanente. ¡La gente sin cabello va al salón de belleza a comprar un poco de cabello!

Por supuesto, no hay nada malo con mejorar, ser lo mejor que pueda ser y mostrar su estilo, pero no debería siempre estar deseando ser algo diferente. Conténtese con quien Dios lo ha creado. Es una tragedia ir por la vida siempre insatisfecho, deseando haber tenido más, queriendo parecerse a alguien más, esperando ser feliz. Le estoy pidiendo que esté contento justo donde está.

Piense en María, la madre de Cristo. Cuando ella estaba encinta con Jesús, tuvo que montar un asno hacia Belén. Ahora bien, yo viví con una mujer embarazada dos veces. Si yo le hubiera sugerido a Victoria que se montara en un asno a los nueve meses de embarazo, probablemente no estaría escribiendo esto. María podría haberse quejado: "José, ¿por qué no me consigues algo más suave? Esto está duro". Cuando ella llegó a Belén: "José, ¿por qué no hiciste una reservación de hotel? ¿Por qué no me llevaste a un hospital? Sabías que yo iba a tener este bebé. Ha estado en todos los noticiarios". Cuando el bebé nació: "José, ¿por qué no le compraste un nuevo conjunto al bebé? Tuve que envolver a mi hermoso bebé en pañales". Eso significa en tiras de tela. María no tenía jeans de diseñador, un bolso elegante o un latte de Starbucks. Pero nunca se quejó. Nunca acusó de ninguna falta a José.

> *Se requiere que una persona madura esté contenta en la cima de la montaña y contenta en el valle.*

María no dijo: "Dios, si voy a tener este bebé para Ti, por lo menos podrías hacer que esté cómoda". Ella estaba contenta en la temporada en la que estaba, contenta cuando el ángel dijo: "Saludos, mujer favorecida", y contenta de montar un asno al estar encinta, contenta de dar a luz en un granero con un montón de animales y contenta de que los magos dijeran que su hijo era: "El Mesías". Se requiere que una persona madura esté contenta en la cima de la montaña y contenta en el valle.

Aprenda a estar contento

Un par de años después de que Victoria y yo nos casamos, encontramos una propiedad que realmente nos gustaba. Estaba cerca de la ciudad y en un vecindario lindo, pero la casa era muy antigua y ruinosa con problemas fuertes de cimentación. La mayoría de la gente la hubiera derribado, pero nosotros decidimos arreglarla y vivir en ella. Los pisos del estudio estaban tan curveados que tenía que colocar bloques de madera bajo las patas delanteras del sofá para que estuviera nivelado con las patas traseras. La mayoría de las puertas interiores no cerraban correctamente. Eso no nos molestaba. Estábamos felices. Mi madre venía a visitarnos y me decía: "Joel, ¿cómo puedes vivir en esta casa con los pisos pandeados?". Pero he aprendido que Dios da la gracia para cada temporada. Hoy, tenemos una casa linda con pisos a nivel. Pero no creo que podríamos estar donde estamos si no hubiéramos estado contentos en esa otra casa más vieja. Podría haber sido fácil quejarnos: "Este es un pedazo de basura. Dios, queremos algo nuevo. ¿Cuándo va a cambiar?". No; pase la prueba. Sea que tenga escasez o abundancia, sea que se encuentre en su casa soñada o en una casa con el piso pandeado, tome la decisión: "Voy a estar contento. Voy a disfrutar mi vida. Voy a estar agradecido por lo que Dios me ha dado. Voy a ser lo mejor que pueda ser justo donde estoy".

Pablo, quien dijo: "He *aprendido* a estar contento", escribió una buena parte del Nuevo Testamento desde la celda de una prisión. Cuando usted está decidido a estar contento, las prisiones no lo pueden detener, los pisos pandeados no lo pueden detener, los asnos no lo pueden detener, los solitarios campos de pastoreo no lo pueden detener. Dios lo va a llevar adonde se supone que deba estar.

Un caballero recientemente me estaba diciendo acerca de

todos sus problemas y acerca de todo lo que estaba mal en su vida y seguía y seguía. Era una larga historia. Terminó diciendo: "Joel, simplemente no me gusta mi vida". Este es el problema: es la única vida que usted tiene. No la puede intercambiar. Usted no puede convertirse en alguien más. Usted quizá tenga mil razones para vivir de manera infeliz, pero necesita tomar la decisión de que va a estar contento. Si usted es agrio y se queja: "¿Cuándo va a cambiar esto?", se va a atorar. Dios no promueve el descontento. Sacúdaselo y enfóquese en lo que está bien en su vida. Enfóquese en lo que sí tiene. Cuando despertamos esta mañana, la mayoría de nosotros pudimos ver la luz del sol; nuestros ojos funcionaron. La mayoría de nosotros pudimos oír el trinar de las aves. Teníamos

> *No se pierda el regalo de este día.*

un techo sobre nuestra cabeza. Tenemos oportunidades y personas a las cuales amar en nuestra vida. Hay muchas cosas correctas en su vida. No las dé por sentadas. No se enfoque tanto en los pisos pandeados, los asnos y las dificultades que se pierda del regalo de este día.

Disfrute la temporada en la que se encuentre

No todas las estaciones son primavera, con las hermosas flores brotando, luz del sol resplandeciente y un clima fresco. Esta es una gran temporada, pero no va a crecer si se queda en la cosecha. Es necesario que haya temporadas de siembra, temporadas de riego y temporadas de mantenimiento, cuando arranca las hierbas y barbecha la tierra. Esas son temporadas importantes. Sin pasar por ese proceso, no va a llegar a una nueva temporada de cosecha. En lugar de frustrarse con las dificultades, tenga una nueva perspectiva. La temporada en la que esté lo está preparando para ser promovido. Podría parecer como si estuviera atorado. No ve que nada suceda, pero Dios está trabajando, y en el momento correcto la temporada cambiará. El invierno siempre le abre paso a la primavera. Se requiere que la persona madura esté contenta no solamente en la temporada de cosecha, sino también en la temporada de siembra, contenta en la temporada de riego y contenta en la temporada de "arrancar hierbas".

Quizá se encuentre en una de esas temporadas difíciles en este momento, criando a un niño pequeño, cuidando de un amado anciano o posiblemente lidiando con una enfermedad. Siente como si estuviera montando ese asno. Es fácil pensar: *Tan pronto como termine este tiempo difícil voy a recuperar mi gozo. Tan pronto mis hijos dejen los pañales... Tan pronto pase la temporada ajetreada en el trabajo... Tan pronto adelgace veinte libras o nueve kilogramos...* No, este es el día que hizo el Señor. Usted tiene que decidir regocijarse hoy.

Dios le ha dado la gracia que necesita no solamente para resistir esta temporada—eso no requiere ninguna fe—sino también para disfrutar la temporada. Cuando esté contento, verá cada día como un regalo. Apreciará a la gente en su vida. Estará agradecido por lo que Dios le ha dado. No solamente se está fortaleciendo y desarrollando su carácter, sino que usted además está pasando la prueba. Usted saldrá del otoño y el invierno, y entrará a su tiempo primaveral. Las cosas comenzarán a brotar y a florecer una vez más.

Cuando era chico, éramos cinco niños en la casa. Mis padres eran pastores. No teníamos mucho dinero, pero de chico siempre sentí como si fuéramos gente de recursos. Nos divertíamos. Jugábamos a las escondidas en la casa. Salíamos al jardín del frente y hacíamos carreras. La vida era buena. Mis padres no podían darse el lujo de llevarnos de vacaciones familiares en grande cada año, así que cada dos meses mi padre nos empacaba a los niños en el coche y nos llevaba al aeropuerto ¡para montarnos en el tranvía que iba de la Terminal A a la Terminal B! En ese entonces solamente había dos terminales, y subirse al tranvía era *gratuito*. Pensábamos que eso era genial. Nos subíamos una y otra vez. La gente nos veía como si estuviéramos confundidos.

Pero no estábamos perdidos; nos estábamos divirtiendo. Mi padre aprendió a estar contento en cada temporada. En lugar de quejarse de que no tenía lo suficiente, decidió florecer justo donde estaba plantado.

Es gracioso. Cuando algunos de mis amigos de la infancia me decían que iban a ir a Disneylandia, yo siempre pensaba que querían decir que irían al aeropuerto a montarse en el tranvía. Yo decía: "Sí, ya he estado allí". Cuando crecí lo suficiente como para darme cuenta de lo que era realmente Disneylandia, ¡necesité que me dieran consejería!

La vida nunca está libre de problemas

No se pierda una gran temporada en su vida deseando tener más, quejándose de lo que no tiene. El verdadero gozo en la vida está en las cosas sencillas: hacer recuerdos con su familia, montar juntos en los tranvías del aeropuerto, jugar escondidas en la casa, ver el atardecer con su cónyuge y mirar las estrellas por la noche.

> *El verdadero gozo en la vida está en las cosas sencillas.*

Cuando nuestro hijo, Jonathan, tenía cinco años y Alexandra tenía dos, planeamos unas vacaciones grandes a Disneylandia. Íbamos a desayunar con Mickey Mouse y a tomarnos fotografías con los demás personajes. Fue toda una odisea, comprar los vuelos con dos niños pequeños hacia California, reservar el hotel y recoger el coche rentado. ¡Invertí la mitad de mis ahorros para el retiro para llegar allí!

Después de que nos registramos en el hotel, nos fuimos directamente al parque. Estaba tan emocionado por mis hijos. Pero no habíamos estado allí ni quince minutos cuando Jonathan dijo: —Papá, quiero regresar al hotel a nadar.

Pensé que no lo había escuchado bien. Le pregunté: —¿Qué quieres hacer qué?

—Quiero volver para ir a nadar.

—No, no, no, Jonathan —respondí—. Estamos en Disneylandia. Vinimos de muy lejos. Mira estos juegos. ¿No te parece que va a ser divertido?

—No —dijo con firmeza—. Papi, quiero regresar para ir a nadar.

—Jonathan —comencé a rogarle—, podemos ir a nadar en cualquier momento en casa a la piscina del vecindario. ¡Estamos en Disneylandia!

Jonathan se sentó en el pavimento, se cruzó de brazos, y en términos nada inciertos declaró: —No quiero estar en Disneylandia. ¡Quiero ir a nadar!

—¡Jonathan —exclamé—, gasté cincuenta dólares en tu boleto! ¡Vas a divertirte lo quieras o no!

Más tarde pensé: *Debí haber hecho lo que hacía mi papá y haberlos llevado al aeropuerto a montarse en los tranvías. ¡Me habría ahorrado mucho dinero!*

Uno no tiene que vacacionar en grande para divertirse. Aprenda a disfrutar las cosas sencillas de la vida. Un error que cometemos con demasiada frecuencia es que pensamos que cuando alcancemos cierta meta entonces seremos felices. "Tan pronto termine la universidad...". "Tan pronto obtenga la promoción...". "Tan pronto me mude a la nueva casa...". "Tan pronto tenga este bebé, voy a disfrutar mi vida". Es verdad, usted va a estar feliz cuando cumpla sus metas, pero hay desafíos que vienen con ellas. He escuchado que dicen: "Con cada bendición viene una carga". Usted jamás entrará en una posición en la que esté libre de problemas, sin conflictos, sin cuentas que pagar y en la que todos lo celebren. Esa no es la realidad. Si usted no aprende a contentarse donde está, no estará contento cuando sus sueños se hagan realidad. Cuando Dios lo bendiga con esa casa nueva, lo que viene con ella es un jardín más grande que podar, más habitaciones que limpiar, más que mantener. Cuando usted sea bendecido con esa promoción, lo que viene con ella es más responsabilidad. Cuando usted tiene ese hermoso bebé, no hay nada como eso en todo el mundo, pero a las tres de la mañana ese bebé querrá comer. Ellos no hacen las cosas en nuestro horario. No pida una mayor bendición si se va a quejar de una carga mayor.

Amamos las nuevas instalaciones de nuestra iglesia. Es un sueño hecho realidad. Dios hizo más de lo que podíamos pedir o incluso imaginar. Pero con esta maravillosa bendición vino una sorprendente cuenta de luz. La primera vez que la vi pensé: *Dios, sí que me gustaban nuestra antiguas instalaciones.* Las buenas noticias son que Dios no le daría la bendición si no pudiera manejar la carga. Usted tiene la gracia que necesita para disfrutar cada temporada. Ahora, haga su parte y escoja estar contento. Es probable que se encuentre en una de las mejores temporadas de su vida en este momento, pero no la está disfrutando porque está enfocado en la carga, en lo que no tiene, en lo difícil que es. Como está esperando a que las cosas cambien, se está perdiendo la belleza de este momento, la alegría del hoy. No vaya por la vida siempre deseando algo más. Vea el regalo en lo que está haciendo ahora. Puedo decirle que estamos viviendo en los buenos tiempos. Dentro de veinte años usted mirará hacia atrás y dirá: "¡Qué fabuloso! Ese fue uno de los mejores momentos de mi vida". No se lo pierda viviendo en descontento.

> *Usted tiene la gracia que necesita para cada temporada.*

Vea lo bueno

Mitch Albom es un gran escritor. Escribió un libro llamado *Las cinco personas que encontrarás en el cielo.* Probablemente haya visto la película. Aunque no es lo que la Escritura enseña acerca de la vida después de la muerte, enseña algo bueno. Se trata de un hombre en sus sesentas que trabajó en un parque de diversiones toda su vida. Sus padres eran los dueños, y eso es todo lo que sabía. Realmente no quería estar allí. Tenía sueños de hacer algo mayor con su vida, pero le seguían sucediendo cosas desafortunadas. Se encontró regresando vez tras vez al parque de diversiones: descontento, insatisfecho, nunca sintiendo que era donde se suponía que debía estar, molesto de tener que ir a trabajar cada día. Exteriormente era amable y generoso con las personas. Dejaba lo que estuviera haciendo para ayudar a otros, pero por dentro era infeliz y se sentía como un fracaso en la vida.

En cierto momento una pequeña niña que estaba en uno de los juegos se encontraba en peligro a punto de sufrir una lesión grave. Corrió a ayudarla y salvó la vida de la pequeña niña, pero en el proceso murió. Fue al cielo y se le dijo que conocería a cinco personas. Estas personas serían clave para ayudarlo a escoger qué tipo de cielo le gustaría tener. Si quería vivir en una playa, en un palacio o en las montañas, era su decisión.

Una persona que conoció era un hombre al que había ayudado durante la guerra. Él hombre le dijo lo importante que era para él. Luego conoció a otras tres personas con las que había sido bueno. Ellos le expresaron su sentido amor y agradecimiento por lo que había hecho por ellos. A la última que conoció fue a la niña cuya vida había salvado. Comenzó a darse cuenta de que durante todo su tiempo en la Tierra se había sentido como si estuviera en el lugar equivocado y en el trabajo equivocado, pero de hecho estaba en el lugar correcto. Dios había estado dirigiendo sus pasos. Había hecho una diferencia con su vida. Cuando dio unos pasos hacia atrás y miró esto desde una nueva perspectiva, escogió que su cielo fuera el parque de diversiones, el lugar que había rechazado todos esos años.

¿Podría ser que usted se encuentre en el lugar correcto para la temporada en la que se encuentra, pero que no lo esté disfrutando? Probablemente como él, si pudiera dar unos pasos hacia atrás y verlo desde una nueva perspectiva se daría cuenta de que

YO SOY SEGURO

CAPÍTULO NUEVE

Póngase cómodo con quién es usted

Hay una presión subyacente en nuestra sociedad por ser el número uno. Si no somos el mejor, el líder, el más rápido, el más talentoso, la más hermosa o el más exitoso, se nos enseña que no debemos sentirnos bien con nosotros mismos. Tenemos que trabajar más duro. Que correr más rápido. Que debemos mantenernos a la cabeza.

Si un vecino se muda a una casa nueva, en lugar de sentirnos inspirados y estar felices por él, somos intimidados a pensar: *Eso me está haciendo ver mal. Tengo que mantener el ritmo.* Si un compañero de trabajo obtiene una promoción, nos sentimos como si estuviéramos quedándonos atrás. Sabemos que no nos podemos comparar cuando un amigo nos dice que se van a ir de vacaciones a Europa y nosotros vamos a casa de la abuela a unas doce millas o diecinueve kilómetros de distancia.

Si no tenemos cuidado, siempre habrá alguien o algo haciéndonos sentir como si no fuéramos a la par. No estamos yendo lo suficientemente lejos. Siempre que compare su situación con la de los demás, nunca se sentirá bien consigo mismo porque siempre habrá alguien más talentoso, más hermosa, más exitoso.

> *Siempre que compare su situación con la de los demás, nunca se sentirá bien consigo mismo.*

Tiene que darse cuenta de que no está corriendo la carrera de alguien más. Usted está corriendo su propia carrera. Usted tiene una misión específica. Dios le ha dado exactamente lo que necesita para la carrera que ha sido diseñada para usted. Un amigo, un compañero de trabajo o un pariente al parecer tienen un don más significativo. Pueden desempeñarse mejor y más rápido que usted. Eso está bien. Usted no está compitiendo con ellos. Ellos tienen lo que se necesita para su misión. Usted cuenta con lo que necesita para su misión.

No cometa el error de tratar de seguirles el paso, preguntándose: *¿Por qué no puedo cantar así? ¿Por qué no puedo ser el gerente? ¿Cuándo voy a alcanzar el siguiente nivel?* Si usted no está contento con su don, cómodo con quien Dios lo creó, irá por la vida frustrado y con envidia pensando: *Desearía verme como ella. Me gustaría tener su talento. Me encantaría ser dueño de su negocio.* No, si usted tuviera lo que ellos tienen, no lo ayudaría; lo detendría. Ellos tienen una misión diferente.

Deje de tratar de desempeñarse mejor que los demás y entonces comenzará a sentirse bien consigo mismo. No condicione su contentamiento a mudarse a un nuevo vecindario, a que su negocio alcance el de alguien más o a obtener una promoción. Una de las mejores cosas que he aprendido es a estar cómodo con quien Dios me hizo. No tengo que desempeñarme mejor que nadie más

> *No tengo que ganarle a nadie a construir, a conducir, a correr, a ministrar o a producir.*

para sentirme bien conmigo mismo. No tengo que ganarle a nadie a construir, a conducir, a correr, a ministrar o a producir. No se trata de nadie más. Se trata de convertirme en quien Dios me creó.

Acepte el don que Dios le ha dado

Yo estoy completamente a favor de tener metas, de extenderse y de creer en grande. Eso es importante. Pero usted necesita aceptar el don que Dios le haya dado. No debería sentirse menos si alguien al parecer tiene un don más significativo. Se requiere una persona segura para decir: "Estoy cómodo con quién soy". Yo escuchó a ministros que tienen voces profundas y que son grandes oradores. Pueden mover a la congregación con sus palabras y hacer que la piel se le erice, y yo me paro delante de mi congregación con mi acento texano. Eso es lo que me ha sido dado. Puedo mejorarlo. Puedo desarrollarlo. Puedo cultivarlo, pero mi voz nunca va a sonar como la del actor de voz profunda, James Earl Jones. Siempre va a haber alguien que pueda ministrar mejor, que vaya más lejos o que tenga más experiencia. Pero, ¿sabe qué? Eso no me molesta. Sé que tengo los dones que necesito para mi misión.

Esta es la clave: Usted no necesita tener un gran don para que Dios lo use en gran manera. ¿Sabe usted cuál fue el don de David que lo puso en el trono? No fueron sus habilidades de liderazgo. No fue su personalidad dinámica. No fue su capacidad para escribir y tocar música. Fue su don para lanzar piedras con su honda. Era un tirador preciso con la honda. Él podría haber pensado: *Grandioso. Gran cosa. Soy bueno con la honda. Esto no me va a llevar a ningún lado. Estoy en los campos de pastoreo, solo, no hay nadie. Solo un montón de ovejas.* Pero fue su honda, ese don al parecer insignificante, lo que lo facultó para derrotar a Goliat y lo que finalmente puso a David en el trono.

Deje de descontar el don que Dios le ha dado. Podría parecer insignificante. "No soy tan listo como mi hermana. No soy tan talentoso como mi compañero de trabajo. No puedo escribir software como mi colega". Probablemente no, pero hay algo que Dios le ha dado que es único, algo que lo impulsará a su destino, algo que lo llevará a dejar su marca en esta generación. No crea las mentiras que dicen: "Eres promedio. No hay nada especial acerca de ti. No tienes la personalidad que tiene tu primo. No tienes el talento de tu amigo". No, pero usted tiene una honda. No se trata tanto de lo que usted tenga; es la unción que Dios pone en ello. Esa honda, su don, quizá parezca ordinario, pero cuando Dios sopla en él, usted vencerá gigantes del doble de su tamaño. Usted será promovido más allá de su talento. Irá a lugares donde no estaba calificado. No tenía la experiencia. No era el siguiente en la fila, pero de pronto se abrió una puerta. De pronto, usted venció al gigante. De pronto el Compaq Center fue suyo. Sorpresivamente el sueño se cumple.

No espere el título o el puesto

Con demasiada frecuencia procuramos títulos y puestos pensando que nos vamos a sentir bien acerca de nosotros mismos cuando los tengamos. "Cuando llegue a ser gerente de ventas, cuando entre a la escuadra de animación de la universidad, cuando sea el jefe de ujieres, el socio principal, el supervisor en jefe…". Eso está bien. No hay nada malo en los puestos, pero

> *No espere a que la gente lo apruebe, lo afirme o lo valide.*

no necesita uno para hacer aquello para lo que Dios lo haya llamado. No espere a que la gente lo apruebe, lo afirme o lo valide. Utilice su don y el nombramiento vendrá.

Si David hubiera esperado un título, no estaríamos hablando de él hoy. Cuando fue a enfrentar a Goliat todo el ejército lo estaba observando. Y lo interesante es que David no era un general. No era cabo. No era sargento. Ni siquiera era recluta. No tenía un título, un gafete, un uniforme o una sola credencial. Él podría haber dicho: "No puedo hacer nada grande. No tengo un puesto. Solo soy un pastor. Nadie me está celebrando. Nadie está validando mis dones". De hecho, era justo lo opuesto. La gente le estaba diciendo cómo no estaba calificado, cómo era demasiado pequeño y cómo iba a salir lastimado. Eso no le molestó a David. Su actitud fue: *Yo no necesito un título. No necesito un puesto. Ustedes no me llamaron, y ustedes no tienen que aprobarme. Dios me llamó. Él me dio este don. Quizá les parezca pequeño o insignificante, pero no estoy aquí para impresionarlos. No estoy aquí para agradarlos. Estoy aquí para cumplir mi destino.* Salió y venció a Goliat. Unos años después le dieron un título: Rey de Israel. Utilice sus dones y los títulos vendrán.

"Bueno, Joel. Tan pronto me coronen Rey de la Oficina, comenzaré a dar mi mejor esfuerzo". "Tan pronto me hagan el ujier en jefe, voy a llegar temprano y a dar mi todo". Funciona de la otra manera. Usted tiene que mostrar lo que tiene y luego la aprobación, el reconocimiento o la recompensa vendrán.

Cuando mi padre tenía diecisiete años, le entregó su vida a Cristo; fue el primero de su familia en hacerlo. Sabía que había sido llamado a predicar, pero su familia era sumamente pobre. Habían perdido todo durante la Gran Depresión, apenas tenían suficientes alimentos, y no tenían nada de dinero. No podía darse el lujo de ir a la universidad. No tenía un puesto ni un título. Ninguna denominación lo estaba respaldando, y nadie en su familia le estaba diciendo: "John sigue tus sueños. Haz lo que está en tu corazón". Su familia le dijo: "John, más te vale que te quedes en la granja con nosotros y recojas algodón. Si te vas a otro lado vas a fracasar".

Mi papá podría haber pensado: *Siento este llamado. Sé que tendría algo que ofrecer si alguien me apoyara.* Pero él no tuvo que esperar a tener un título o un puesto. No esperó a que la gente lo validara. A los diecisiete comenzó a hacer autoestop a diferentes ciudades para ministrar en los hogares para ancianos, en las prisiones y en las esquinas de las calles. Usó lo que tenía. No parecía mucho. Comparado con otros ministros que habían ido al seminario y que tenían entrenamiento, podría haber sido considerado insignificante, nada calificado y sin experiencia. Pero usted no puede esperar la aprobación de la gente para hacer lo que Dios lo ha llamado.

Lo que usted tiene quizá parezca pequeño. Podría sentirse intimidado, pensando que no tiene los requisitos, el título, el puesto. Eso está bien. Tampoco David. Y tampoco mi padre. Si usted usa lo que tiene, Dios soplará en ello. Su unción en ese don sencillo lo llevará a entrar en la plenitud de su destino.

Cada uno tenemos nuestra propia misión

En la Escritura había un muchacho. Todo lo que tenía era una bolsa con su almuerzo: cinco panes y dos pescados. No era mucho. No era muy significativo. Sin embargo cuando miles de personas estaban hambrientas Jesús tomó su almuerzo, lo multiplicó y alimentó a toda la multitud. Piense en esto: La madre del muchachito se levantó temprano esa mañana para hacer el almuerzo. Horneó el pan y cocinó el pescado, luego salió y recogió un poco de fruta de un árbol y sacó algunas verduras de la tierra. Ella podría haber sido considerada insignificante. Era un ama de casa criando a un niño. Otras personas estaban haciendo cosas más emocionantes, siendo celebradas, causando sensación. Si ella no se hubiera sentido cómoda con quién era, aceptando su misión y segura en sus dones, podría haber estado fuera compitiendo, tratando de ser mejor que otros, pensando: *Me estoy quedando atrás. Me están haciendo ver mal. Yo solo estoy haciendo un almuerzo. No tengo un título importante.*

Pero los títulos no traen realización. Seguirle el ritmo a los vecinos no trae felicidad. Tratar de impresionar a todos sus amigos hará su vida miserable, pero correr su carrera, entender su misión y estar cómodo con

> *Los títulos no traen realización. Seguirle el ritmo a los vecinos no trae felicidad.*

quién Dios lo creó es lo que trae verdadera realización. Escuchamos mucho acerca del muchacho que estuvo dispuesto a dar el almuerzo, pero todo comenzó cuando su madre se tomó el tiempo de preparar el almuerzo. Ella usó su don que parecía pequeño: simplemente hacer un almuerzo.

Pero Dios tomó el almuerzo, lo multiplicó, alimentó a miles y todavía estamos hablando de ello muchos años después.

No descuente el don que Dios le ha dado. Quizá parezca pequeño solamente hacerle el almuerzo a sus hijos, pero usted no sabe cómo Dios va a usar al niño al que le está haciendo el almuerzo. Usted podría estar criando a un presidente, a un líder mundial, a un gran científico, a un emprendedor, a un líder empresarial o a un pastor. Quizá usted no toque al mundo directamente, pero su hijo podría cambiar al mundo. Su misión podría ser ayudar a que su descendencia vaya más lejos. ¿Es lo suficientemente segura como para desempeñar el papel que Dios le ha dado? ¿Está usted lo suficientemente cómodo con no tener que ser el número uno, estar al frente, tener el título, el puesto, seguirle el ritmo a los demás? Ponemos demasiado énfasis en elevarnos a la cima, en ser el líder. Y sí, yo creo en destacar y en tener grandes dones y grandes sueños, pero también sé que no todos pueden ser el líder. No todos pueden estar a cargo de la compañía. No todos pueden estar en la plataforma. Alguien debe abrir las puertas. Alguien tiene que tocar la música. Alguien tiene que mostrarle a la gente dónde sentarse y dónde estacionarse. La belleza de nuestro Dios es que Él nos ha dado a cada uno una misión. Cada uno de nosotros tiene un don y un propósito específicos.

¿Cuál es su misión?

Piense en esto: ¿Quién fue más importante, el muchacho con el almuerzo o la madre que preparó el almuerzo? Sin la madre, no estaríamos hablando acerca del milagro. ¿Quién es más importante? Como pastor principal, ¿soy acaso más importante que los que abren el edificio? Sin ellos, no podríamos entrar. ¿O son los que encienden las luces, el sistema de audio y las cámaras? ¿O posiblemente los que pagaron las cuentas durante la semana? ¿O podrían ser los que echaron los cimientos hace unos cuarenta años y construyeron el hermoso complejo? ¿O serán los que han apoyado financieramente el ministerio a través de los años? Este es el punto. La respuesta es que todos somos igualmente importantes. Sin uno, toda la cosa no funcionaría apropiadamente. Sea lo suficientemente seguro como para desempeñar su papel.

Vemos al que está al frente, recibiendo el crédito y el reconocimiento. Ellos son los líderes. Muchas veces los vemos como nuestro ejemplo y los admiramos. Allí es donde queremos estar, pero si no es adonde hemos sido llamados a estar, si no es para lo que tenemos talento, si no es parte de nuestra misión, entonces nos vamos a frustrar porque no está sucediendo. Y si llegamos allí, nos frustraremos tratando de mantenernos allí, porque si uno se promueve a sí mismo y manipula a otros para abrirse paso a un puesto, uno tiene que trabajar constantemente para permanecer en esa posición. Pero adonde sea que Dios lo lleve, Él lo mantendrá allí. Si usted fuerza las cosas, tendrá que mantenerse en la posición usted mismo.

Es mucho mejor tener la actitud de: *No tengo que ir a la cabeza de mi amigo para sentirme bien conmigo mismo. No tengo que estar en el escenario principal. Estoy feliz estando en el fondo. No tengo que ser el muchacho con el almuerzo. Estoy feliz de ser la mamá que hizo el almuerzo. Estoy feliz de cantar en el coro. Estoy feliz de hacer que la empresa en la que trabajo luzca bien.*

Cuando usted no está compitiendo, no está haciendo comparaciones, no está tratando de ser algo que no es, la vida se vuelve mucho más libre. Se quita toda la presión. Y sí, me doy cuenta de que hay algunas posiciones que llevan más peso y más importancia,

> *Cuando usted no está compitiendo, no está haciendo comparaciones, no está tratando de ser algo que no es, la vida se vuelve mucho más libre.*

pero a los ojos de Dios el ujier es tan importante como el pastor. Las personas que limpian el edificio son tan importantes como las personas que son propietarias del edificio. La secretaria es tan importante como el supervisor.

Dios no lo va a juzgar con base en el don de su vecino o de su hermano o por la manera en que se elevó en la compañía. Él lo va a juzgar con base en la misión que le ha dado. ¿Corriste tu carrera? Y no: ¿Te desempeñaste mejor que tu vecino, o: fuiste más exitoso que tu primo, o: recibiste más crédito o reconocimiento que tu colega? Usted no está compitiendo con ellos. Ellos están corriendo en una carrera distinta.

Dios le va a preguntar a la reina Ester: "¿Tuviste el valor de levantarte y salvar a la nación conforme a los dones y talentos que te di?". Le va a preguntar a la madre del muchacho: "¿Te levantaste temprano y le preparaste el almuerzo conforme a los dones y talentos que te di?". Dos misiones distintas. Dos talentos diferentes. Dios no las va a comparar. Él no va a decir: "Oh, Ester. Estoy mucho más orgulloso de ti. Hiciste mucho más que la madre del muchachito que solamente preparó un almuerzo". No, todo se va a tratar de si cumplimos o no nuestra misión.

No se distraiga con otros

Hace unos años estaba corriendo afuera. Había un hombre delante de mí como a un cuarto de milla o unos cuatrocientos metros que iba corriendo un poco más lento que yo, así que decidí alcanzarlo. Tenía como una milla (o unos cien metros más allá de un kilómetro y medio) para alcanzarlo antes de que tuviera que virar y seguir mi camino. Levanté el paso y podía ver a cada cuadra que me estaba acercando a él. En unos pocos minutos me encontraba como a unas trescientas yardas o unos doscientos setenta y cinco metros, y comencé verdaderamente a acelerar. Usted hubiera pensado que estaba en la vuelta final de los juegos olímpicos. Finalmente le di alcance, lo rebasé y me sentí muy bien de haberle ganado. Por supuesto, ¡él no sabía que estábamos compitiendo! Lo gracioso es que cuando me volví a enfocar en lo que estaba haciendo, me di cuenta de que se me había pasado dar vuelta. Estaba tan enfocado en tratar de pasarlo que me pasé unas seis cuadras de mi camino. Tuve que volverme y regresar.

Eso es lo que sucede cuando estamos compitiendo con otras personas, tratando de desempeñarnos mejor que ellas, vestirnos mejor que ellas, asegurarnos de que somos más exitosos. Terminamos compitiendo en una carrera en la que nunca se supone que deberíamos haber estado. Quítese la presión. Es muy liberador decir: "Para mí está bien que vayas delante de mí, que obtengas más reconocimiento y que hagas algo más emocionante. No me voy a sentir mal conmigo mismo. Si tienes una casa más grande, un coche más llamativo y más éxito, tú tienes lo necesario para tu misión. Yo

> *Usted no será realmente libre hasta que sepa que no está compitiendo con nadie más.*

tengo lo que necesito para mi misión. No tengo que seguirte el paso. No estoy en la misma carrera". Usted no será realmente libre hasta que sepa que no está compitiendo con nadie más.

Esta es una de las razones por las que el rey Saúl perdió el trono. Él había estado feliz corriendo su carrera. La vida era buena hasta que escuchó a algunas mujeres diciendo: "Saúl mató a sus miles, ¡y David, a sus diez miles!". Desde ese momento en adelante, nunca vio a David en la misma manera. ¿Cuál fue su problema? No podía manejar que alguien estuviera adelante de él. Él estaba bien siempre y cuando fuera el número uno, pero no podía manejar ser el número dos. Se distrajo y pasó meses y meses tratando de matar a David, todo porque no estaba cómodo con quién era.

Quizá como Saúl usted está en el nivel mil, pero tiene un amigo que está en el nivel diez mil. La verdadera prueba para ver si Dios puede promoverlo es: ¿puede celebrar a las personas que lo rebasan? ¿Puede estar feliz por ellas y mantenerse enfocado en su carrera, o lo frustra y lo hace pensar: *Tengo que alcanzarlos?* Nuestra actitud debería ser: *Probablemente yo no sea una persona de nivel diez mil. Probablemente Dios me ha hecho una persona de*

nivel mil, pero te puedo prometer esto: voy a ser la mejor persona
nivel mil que hayas visto. No me voy a detener en 950, 980 o 999.
Voy a convertirme en todo lo que Dios ha planeado que yo sea.

No se compare con otros, celébrese a sí mismo

Amigo, su carrera está siendo corrida por una sola persona: usted.
No se distraiga con competir contra un vecino, un amigo o un
compañero de trabajo. Solamente corra su carrera. Esta es una
frase que me gusta: *No se compare con otros. Celébrese a sí mismo.*

Alguien más probablemente conquistó a diez mil. Usted conquistó a mil, pero ¿sabe qué? mil sigue estando bien. Celebre lo
que ha logrado Muy pocas personas pueden decir: "Me simpatizo a mí mismo. Estoy feliz con mis dones. Estoy satisfecho con
la persona que Dios me creó". Recuerde: Usted no necesita tener
un gran don para que Dios lo use en gran manera. Preparar el
almuerzo de un muchacho o tirar una piedra con una honda
como David podría parecer pequeño, pero cuando usted usa lo
que tiene, Dios soplará en ello y hará cosas asombrosas.

YO SOY VICTORIOSO

CAPÍTULO DIEZ

Está bajo sus pies

La manera en que vemos nuestras dificultades con frecuencia determinará si salimos de ellas. Cuando enfrentamos desafíos y las cosas vienen en nuestra contra, es fácil quedar abrumados y comenzar a pensar: *Esto nunca va a funcionar. Voy a tener que aprender a vivir con ello.* Muchas personas se conforman con la mediocridad. Pero Corintios habla acerca de que Dios ha puesto todas las cosas bajo nuestros pies. Si usted va a vivir en victoria, usted tiene que ver cada enfermedad, cada obstáculo y cada tentación como estando bajo sus pies. Esas cosas no son rival para usted. No lo van a detener de alcanzar su destino. Ya han sido derrotadas. Es solo cuestión de tiempo antes de ponerlas en práctica.

Si usted ve un desafío como demasiado grande y dice: "Nunca voy a romper esta adicción. Mi hijo jamás se va a enderezar. Esta enfermedad va a ser mi fin", usted se va a sentir débil, desanimado e intimidado. Usted va a atraer temor, preocupación y duda. Este tipo de pensamiento no solo lo empuja hacia abajo, sino que detiene a Dios de seguir obrando. Usted tiene que cambiar su perspectiva. Esa adicción no lo va a acosar toda su vida. Está bajo sus pies. Esa depresión que ha estado en su familia por años, no va a ser pasada a la siguiente generación. Está bajo sus pies. Usted tiene que ponerle un alto. La lucha, la escasez y pasarla apenas no van a evitar que usted sea bendecido. Todo está bajo sus pies. Solo es cuestión de tiempo antes que usted se abra paso a un nuevo nivel.

Sacúdase las mentiras que le están diciendo: "Es demasiado

grande. Ha sido de esta manera demasiado tiempo. Nunca va a cambiar". Este es un nuevo día.

Dios está diciendo: "Cada enemigo, cada enfermedad, cada obstáculo; no lo van a derrotar. Van a promoverlo". La dificultad tenía el propósito de ser una piedra de tropiezo para mantenerlo derribado, pero Dios va a usarla como una escalera para llevarlo más alto. Mantenga la perspectiva correcta. Está bajo sus pies.

> *Sacúdase las mentiras que le están diciendo: "Es demasiado grande. Ha sido de esta manera demasiado tiempo. Nunca va a cambiar".*

Asegúrese de estar mirando hacia abajo

Esto fue lo que hizo David. Enfrentó todo tipo de enemigos. Dijo en el Salmo 59: "Me dejará mirar triunfante [hacia abajo] a *todos* mis enemigos". Observe que David no dijo "a algunos de mis enemigos". No; "a todos mis enemigos". ¿Qué es lo que voy a hacer? Mirar hacia abajo. ¿Por qué? Porque ellos están bajo mis pies.

Usted quizá esté enfrentando situaciones que no se sienten como si estuvieran bajo sus pies. La enfermedad se ve grande. La dificultad financiera parece imposible. Posiblemente ha luchado con una adicción durante años. Pero no puede avanzar por lo que ve. Usted debe andar por lo que sabe. Andamos por fe y no por vista. En lo natural podría parecer inmenso, pero cuando uno le habla a esos obstáculos por fe, como lo hizo David, usted necesita mirar hacia abajo. Cuando hable con Dios, usted debe mirar hacia arriba. Usted mira hacia arriba pidiendo ayuda. Pero cuando le hable a la enfermedad, mire hacia abajo. Está bajo sus pies. Mire hacia abajo para hablarle a la depresión. Mire hacia abajo para hablarle al temor. He escuchado decir: "Si le quiere decir algo al enemigo, escríbalo en la suela de su zapato, porque él está bajo sus pies".

> "Si le quiere decir algo al enemigo, escríbalo en la suela de su zapato, porque él está bajo sus pies".

El día anterior a una pelea de box, los dos peleadores salen a dar una conferencia de prensa y se paran frente a frente con sus caras a unas pulgadas de distancia. Se miran el uno al otro a los ojos y solo se paran allí y se miran fijamente un buen rato, intentando intimidar al otro. Están diciendo: "Soy más grande, más fuerte, más rudo, más malo. ¡No vas a vencerme!". Cuando usted enfrente un enemigo, algo que lo esté tratando de detener de alcanzar su destino—una enfermedad, un mal hábito, una situación injusta—a diferencia de esos peleadores, no se para frente a frente para ver al enemigo a los ojos. Ese enemigo no está a su nivel. Es posible que ladre muy fuerte. Quizá parezca tan rudo y tan grande que no podrá vencerlo. Pero la verdad es que no es rival para usted. Para que usted mire al enemigo a los ojos, necesita mirar debajo de sus pies. Usted es más que vencedor. Mayor es el que está en usted que el que viene en su contra. El enemigo tiene poder limitado. Dios tiene todo el poder.

Si Dios está con usted, ¿quién se atreve a estar en su contra? Deje de decirse: "Siempre voy a batallar en esta área. Nunca voy a poder adelgazar. Nunca saldré de deudas". Cambie su perspectiva. Usted no es débil, derrotado o inferior. Usted está lleno de poder "yo sí puedo". El Espíritu de Dios, quien levantó a Jesús de los muertos, vive en usted. Ahora, comience a poner las cosas bajo sus pies. Dios declaró: "Les he dado autoridad sobre todos los poderes del enemigo; pueden caminar y aplastarlos". Piense en esa palabra *aplastar*. Una versión dice: "Hollar". Si usted ve estos obstáculos como estando bajo sus pies, como ya derrotados, un nuevo valor se va a levantar en usted. Su fe activará el poder de Dios en una nueva manera.

Convierta las piedras que hacen tropezar en peldaños

Conozco a una mujer que fue diagnosticada con cáncer. Ella está a principios de sus treintas y siempre ha sido tan saludable como puede ser. Cuando recibió las noticias fue una gran sorpresa para ella. Normalmente ella es muy extrovertida y feliz, pero toda su personalidad cambió. Se deprimió mucho. En todo lo que pensaba era en lo mal que estaba y en cómo posiblemente no sobreviviría. En lugar de ver al cáncer hacia abajo, ella lo estaba viendo hacia arriba. Lo hizo inmenso en su mente. El primer lugar donde perdemos la victoria es en nuestros propios pensamientos. Si usted considera el obstáculo demasiado grande, lo mantendrá derrotado.

Por eso es que cuando David enfrentó a Goliat, aunque Goliat era prácticamente del doble de su estatura, era mucho más fuerte y tenía más experiencia y más equipo, lo primero que dijo David fue: "Yo te mataré y te cortaré la cabeza. Y luego daré los cadáveres de tus hombres a las aves". Ese es uno de esos enemigos a los que David vio hacia abajo. Por fe, lo vio como siendo más pequeño. Si David hubiera visto a Goliat en lo natural y hubiera pensado en su propio tamaño e inexperiencia, nunca hubiera tenido el valor de enfrentar a Goliat. David entendió este principio. Sabía cómo ver a sus enemigos como bajo sus pies.

Le dije a esta joven: "Necesitas cambiar tu perspectiva. Comienza a ver al cáncer hacia abajo. En lo natural, podría parecer inmenso, pero cambia a tus ojos de la fe. Tú y Dios son mayoría. Nunca ha tenido el propósito de ser una piedra que hace tropezar. Tiene el propósito de ser un peldaño. Necesitas sacudirte la autocompasión, tomar una nueva actitud y declarar como lo hizo David: 'Cáncer, tú no me vas a derrotar. Estás bajo mis pies. Voy a cumplir con mi destino. Voy a vivir mis días en buena salud. Soy una vencedora y no una víctima'".

Ella cambió su perspectiva. Recuperó su fuego y recuperó su pasión. Por fe comenzó a pelear la buena batalla. Hoy, tiene ya cuatro años libre de cáncer y está muy feliz. Hace un par de años se casó. El cáncer no fue una piedra que hace tropezar. Terminó siendo un peldaño. Pero si ella no hubiera visto el obstáculo como estando bajo sus pies, no creo que hubiera resultado en esa manera. Si permitimos que la vida nos abrume, y vamos por allí preocupados, estresados y encerrados en autocompasión, no solamente vamos a ser afectados mentalmente; sino también físicamente. El estrés y la preocupación debilitan nuestro sistema inmune que a su vez no puede combatir la enfermedad y la dolencia en la manera en que Dios lo creó.

> *El gozo es una emoción, y aun así genera algo físico. Crea fuerza.*

La Escritura dice: "El gozo del Señor es su fuerza". El gozo es una emoción, y aun así genera algo físico. Crea fuerza. Cuando se encuentre en momentos difíciles, tiene que sacudirse la preocupación, sacudirse la autocompasión, sacudirse la decepción. Recupere el gozo. Tenga la perspectiva correcta. Ese enemigo, esa enfermedad, ese obstáculo: está bajo sus pies. No lo va a derrotar. Lo va a promover.

Armado con fuerza

En 2 Samuel 22, dice: "Me has armado de fuerza para la batalla; has sometido a mis enemigos debajo de mis pies". Amigo, Dios conoce cada batalla que usted va a enfrentar, incluyendo cada tentación y cada obstáculo. Él no solamente lo ha puesto debajo de sus pies, sino que lo ha armado con su fuerza para esa batalla. Ya lo ha equipado. Deje de decirse a sí mismo: "Esto es demasiado. No puedo manejarlo". La fuerza más grande del universo está respirando en su dirección. Conéctese con ese poder. Comience a declarar: "Soy bastante capaz. Todo lo puedo en Cristo. Soy fuerte en el Señor". Cuando usted hace eso, algo está sucediendo en el interior. Usted se está fortaleciendo. Su sistema inmune va a funcionar mejor. Usted tendrá más energía. Tomará mejores decisiones.

Todos los que vivimos en EE. UU. hemos ido alguna vez a la oficina de correos y hemos visto los carteles en la pared de "Los 10 más buscados". Debajo de sus fotografías algunas veces dice: "Se encuentra armado y es peligroso". Si el enemigo tuviera una oficina de correos, la fotografía de usted estaría allí. Usted no es un debilucho. Usted no le teme a nada. Usted es un hijo del Dios Altísimo. Él ha infundido su poder "yo sí puedo" en usted. Tiene que comenzar a verse a usted mismo como armado y peligroso.

> *Tiene que comenzar a verse a usted mismo como armado y peligroso.*

Cuando nos levantamos de la cama en la mañana, lo primero que deberíamos hacer es encendernos. Poner nuestra mente en marcha en la dirección correcta. Recuérdese a sí mismo: "Estoy listo para este día. Estoy equipado. Estoy facultado. Tengo puesta mi armadura. Tengo mi calzado de paz. No me voy a molestar. No voy a permitir que la gente se robe mi gozo. No voy a pelear batallas que no estén entre mí y mi destino. Tengo el casco de la salvación. Sé que estoy perdonado. He sido redimido. He sido aprobado por el Dios todopoderoso. He sido seleccionado a mano por el Creador del universo. Tengo mi escudo de la fe. Estoy esperando grandes cosas. Estoy esperando tener un año maravilloso. Tengo mi espada del Espíritu; estoy hablando la Palabra de Dios. Sé que todo enemigo está bajo mis pies. He sido armado con fuerza para esta batalla". ¿Qué estamos haciendo? Encendiéndonos, preparándonos para un día bendecido, victorioso y lleno de fe.

Quizá esté enfrentando cosas que fácilmente podrían robar su gozo: un desafío en una relación, un hijo que no está haciendo bien o una situación injusta en el trabajo. Usted podría estar estresado, en tensión y sin poder dormir de noche. A lo largo del día, especialmente cuando se sienta tentado a preocuparse, necesita recordarse a sí mismo: "Esto está bajo mis pies. Dios está en control. Esto no me va a detener de alcanzar mi destino". Y vuelva a ese remanso de paz.

Manténgase en paz, utilice su estrado

En el Salmo 110 Dios dice que pondrá a sus enemigos por estrado de sus pies. ¿Qué hace usted con un estrado? Usted pone sus pies sobre él. Indica una posición de reposo. Cuando enfrentamos dificultades, con demasiada frecuencia tomamos los asuntos en nuestras propias manos. Nos exaltamos pensando: *Me hicieron mal. Me las van a pagar. Voy a enderezar esta situación.* Nuestro informe médico no está bien. No podemos dormir de noche. Estamos tan tensos. Tan estresados. Pero si Dios quiere poner a su enemigo como su estrado, usted tiene que quedarse quieto y saber que Él es Dios. Cuando usted está molesto y trata de forzar que las cosas sucedan, Dios va a dar un paso atrás y lo va a dejar que lo haga usted solo. Se requiere fe para decir: "Dios, yo sé que estás peleando mis batallas. Sé que vas a enderezar mi camino. Tú prometiste que todas las cosas cooperarían para mi bien. Así que voy a mantener mi gozo y a permanecer en paz".

Cuando pone sus pies en alto y reposa, digámoslo así, Dios tomará esas cosas que al parecer están sobre usted, esas cosas que lo están deteniendo, y Él las traerá debajo de sus pies. Él va a voltear la situación y pondrá a ese enemigo como su estrado. Cuando algo es su estrado, uno podría decir que le es útil. Hace su vida más fácil. Esa es la manera de ser de Dios. Cuando usted permanezca en paz, Dios tomará lo que había sido propuesto para su mal y lo dispondrá a su favor.

Hagámoslo práctico. Probablemente en el trabajo esta semana o en el centro de trabajo alguien no lo está tratando bien. Le están haciendo política, no le están dando el crédito que merece. No se moleste. Solamente siga siendo lo mejor que pueda ser cada día. Manténgase siendo positivo. Su trabajo no es enderezar personas. Su trabajo es mantenerse en paz. Cuando usted está en paz, Dios está peleando sus batallas. Cuando está en descanso, Dios va a poner a sus enemigos por su estrado.

> *No se moleste. Solamente siga siendo lo mejor que pueda ser cada día. Manténgase siendo positivo.*

Esto fue lo que le sucedió a José. Fue traicionado por sus hermanos y vendido como esclavo, luego fue acusado falsamente por la esposa de Potifar y enviado a prisión por algo que no cometió. José no se molestó. No trató de vengarse. No guardó rencor; se mantuvo en paz, permaneció siendo positivo y Dios lo volteó todo. Las personas que le hicieron mal a José terminaron trabajando para él. Sus hermanos, los mismos que lo habían traicionado, volvieron y se inclinaron delante de él. Como él se mantuvo en paz, Dios puso a sus enemigos por estrado de sus pies.

Esto es lo que he aprendido. Dios puede vindicarlo mejor de lo que usted se puede vindicar a sí mismo. Si usted le permite a Dios abrirse paso, será más grande, más dulce, más gratificante y más honroso. Dios puede tomar a las mismas personas que están tratando de derribarlo, las personas que están tratando de hacerlo ver mal, y las puede utilizar para promoverlo. En la Escritura, Amán trató de derribar a Mardoqueo que era el primo de Ester. Le faltaba el respeto a Mardoqueo, lo ignoraba y trataba de hacerlo ver mal. Pero un día el rey le pidió a Amán que tomara el manto real, se lo pusiera a Mardoqueo y que marchara con él por las calles, anunciando a todos qué gran hombre era Mardoqueo. De todas las personas que el rey podría haber escogido para hacer eso, sucedió que escogió a Amán para honrar a Mardoqueo, el mismo que lo estaba tratando de hacer ver mal. Eso es lo que sucede cuando usted le permite a Dios que lo haga a su manera. Ese jefe en la oficina que no le está dando el crédito por su trabajo, no se preocupe por él. Usted no está trabajando para la gente. Está trabajando para Dios. Dios está llevando todos los libros. Probablemente en lugar de que usted trabaje para ese jefe, un día quizá ese jefe estará trabajando para usted.

Manténgase en paz. Dios puede poner a sus enemigos como estrado de sus pies.

Tengo un amigo que trabajó para una empresa durante muchos años. Siempre dio lo mejor de sí, pero por alguna razón no le simpatizaba al dueño de la empresa. Aunque el joven era brillante y talentoso, el dueño no tomaba en cuenta su opinión y lo ignoraba completamente. Pero como sucedió en el caso de José, este joven no se amargó ni le trató de probar a todos quién era. Simplemente se mantuvo siendo positivo y siguió dando lo mejor de sí día tras día. Finalmente este jefe lo despidió.

Este joven salió e inició su propia compañía de bienes raíces y se volvió extremadamente exitoso. Nunca volvió a pensar mucho acerca de su exjefe, ni tenía mala voluntad en su contra. Pero Dios es un Dios de justicia. A Él no se le olvida lo que se le debe. Usted quizá lo deje ir, pero Dios no lo deja ir. Él se va a asegurar de que usted obtenga exactamente lo que se merece.

Varios años después, su exjefe estaba haciendo un recorte en la empresa y necesitaba mudarse a un nuevo edificio. Sucedió que el edificio que el jefe realmente quería era propiedad de este joven. Cuando entró y vio al joven que había despedido y se enteró de que era el propietario y que tendría que negociar con él casi se desmaya. Ahora el exjefe trató al hombre más joven con el máximo respeto. Escuchó cada palabra que le dijo. Y hoy ese exjefe le está pagando la renta al joven que una vez despidió. Ese es Dios trayendo justicia. Ese es Dios poniendo a sus enemigos como estrado de sus pies.

Hay una mesa que está
siendo preparada para usted

Manténgase en paz. Dios cuida su retaguardia. David lo dijo en esta manera en el Salmo 23: "Me preparas un banquete en presencia de mis enemigos". Eso significa que Dios no solamente lo retribuirá, sino que Dios lo bendecirá frente a sus enemigos. Dios podría promoverlo adonde sea, pero Él le dará honor, reconocimiento y favor frente a las personas que trataron de derribarlo. Esa persona que mintió acerca de usted que trató de evitar que usted se levantará más alto, no se preocupe por él o por ella, un día ellos lo verán recibiendo el reconocimiento que usted merece.

Cuando la gente está hablando de usted o esparciendo chismes, solamente imagine que los ángeles están dirigiéndose a la tienda de abarrotes. Dios acaba de encender el horno. Está preparando su cena. Usted no será el único invitado. Van a haber otros espectadores presentes. Esas personas que trataron de aplastarlo, están viéndolo ser promovido. Dijeron que usted no tenía lo necesario. Lo están viendo cumplir sus sueños. Antes no le daban ni los buenos días. Ahora están tratando de rentarle un edificio. Manténgase en paz. ¡Dios lo tiene cubierto!

Todas las cosas que vienen en nuestra contra tratan de molestarnos—gente que habla, dice chismes, esparce rumores, no le muestra respeto—todas son distracciones. Ese es el enemigo tratando de atraernos para que nos salgamos de curso, nos enfade y nos haga gastar valioso tiempo y energía en algo que realmente no importa. No les dé un solo minuto de su atención. Esa no es la batalla que usted se supone que debe pelear. Manténgase positivo haciendo las cosas bien, y Dios lo pondrá bajo sus pies. El pondrá a esos enemigos como su estrado.

Cuando se sienta tentado a preocuparse o a molestarse, solamente imagínese a usted mismo recargado en un sillón grande y cómodo, poniendo sus pies en alto y descansándolos encima de ese problema. Usted está diciendo: "Dios, eso está bajo mis pies.

Sé que Tú estás en control". Cuando usted está en paz, es una

> ### Cuando usted está en paz, es una posición de poder.

posición de poder. Cuando usted está en reposo, Dios está peleando sus batallas.

Conozco a un hombre que estaba tratando de llevar a su esposa a los Estados Unidos. Él es un ciudadano estadounidense, pero su esposa no. Ella vive en Europa. Él fue a la oficina de gobierno para tramitar una visa y preparar los trámites adecuados. El hombre que estaba trabajando detrás del mostrador fue sumamente grosero con él, no quería ayudarlo de ninguna forma y lo que le dijo era muy confuso. Varias semanas después este hombre ya tenía sus trámites realizados y notariados. Volvió a la oficina y el hombre fue igual de grosero. Las otras autoridades le habían dicho que probablemente tardarían unos seis meses en darle la visa, pero este hombre dijo: "No, no. Se va a llevar por lo menos *cinco años*. Estamos completamente atascados. No vamos a poder llegar a hacer su trámite en mucho tiempo".

Este hombre estaba muy frustrado. Incluso se sintió tentado a decirle a este tipo lo que pensaba. Pero en lugar de ello mantuvo la calma, se recordó a sí mismo que eso estaba bajo sus pies. Por fe, él podía ver a Dios poniendo la mesa. Varias semanas después, recibió una llamada del hombre de la oficina para decirle que la visa estaba lista. Estaba impactado. Era un milagro. Fue a la oficina y le dijo al hombre: "¿Qué no me dijo que tardaría cinco años?".

El hombre le respondió: "Así tendría que haber sido. Pero desde que lo conocí no puedo quitármelo de la mente. Me despierto pensando en usted. Como pensando en usted. Me voy a dormir pensando en usted. Usted está haciendo mi vida miserable. ¡Tome la visa y váyase!". Amigo, Dios sabe cómo aplicar presión. Dios sabe cómo hacer que alguien se sienta incómodo. No tiene que pelear la batalla. Manténgase positivo y haciendo la cosas bien y observe cómo Dios pondrá a sus enemigos por estrado de sus pies.

"Ninguna arma forjada contra ti prosperará"

Isaías lo dijo de esta manera: "Ninguna arma forjada contra ti prosperará". No dijo que no tendríamos dificultades o que nunca tendríamos un problema. Esa no es la realidad. Los desafíos vendrán. La gente quizá hable. Probablemente reciba un informe médico negativo. Un familiar podría desviarse del camino. Dios estaba diciendo con esto que el problema podría forjarse, pero que usted puede permanecer en paz sabiendo que eso no va a prosperar en su contra. Porque usted es su hijo, porque usted está en el lugar secreto del Altísimo, Dios ha puesto un vallado de protección, misericordia y favor a su alrededor que el enemigo no puede cruzar. Ninguna persona, enfermedad, problema o discapacidad pueden detener el plan de Dios para su vida. Ni siquiera todas las fuerzas de las tinieblas pueden separarlo de su destino.

Cuando usted enfrente estos desafíos y se sienta tentado a preocuparse, usted necesita decirse a sí mismo: "Este problema quizá ya se formó, pero tengo la promesa del Dios todopoderoso de que no va a prosperar". En otras palabras: "Probablemente estén hablando de mí, tratando de hacerme ver mal, pero no estoy preocupado por eso. Sé que Dios es mi vindicador. Él se encargará de ellos". "Mi hijo quizá se esté juntando con malas compañías. Eso está bien. Porque sé que no es permanente. Es temporal. Porque en cuanto a mí y a mi familia, nosotros serviremos al Señor". "Este informe médico puede ser que no se vea bien, pero sé que Dios hizo mi cuerpo. Me tiene en la palma de su mano. Nada me puede arrebatar de allí".

Leí acerca de los investigadores que estaban estudiando la enfermedad de Alzheimer. Estudiaron los cerebros de personas ancianas que habían muerto, tanto de los que habían tenido la enfermedad como de los que no. Descubrieron que muchas personas que tenían lesiones en su cerebro que los calificaba técnicamente como teniendo Alzheimer nunca mostraron signos de ella cuando estaban vivos. Su mente era clara. Su razonamiento era bueno. Su memoria era precisa. Científicamente tenían Alzheimer pero los síntomas nunca se presentaron. El común denominador era que habían sido personas positivas. Eran esperanzados y se mantenían productivos. Eso fue lo que dijo Isaías. Solo porque el problema se haya forjado no significa que prosperará en contra de usted. Quizá haya muchas cosas que nos ataquen a causa de la genética, cosas que nos han sido heredadas. Las buenas noticias son que Dios tiene la última palabra. Dios puede invalidarlo, así que manténgase en fe. Eso fue lo que sucedió con nuestro amigo Ramiro quien nació sin oídos. Los médicos le dijeron a sus padres: "Nunca va a poder escuchar o hablar". El ataque se había formado. En lo natural, no se veía bien, pero nosotros servimos a un Dios sobrenatural. Ramiro tiene padres que creen que el ataque en su contra no tiene que prosperar. No se sentaron por allí teniendo compasión de ellos mismos: *Pobres de nosotros.* Sabían que estaban armados de fuerza para esa batalla. Sabían que la situación estaba bajo sus pies. Oraron. Creyeron. Declararon el favor de Dios.

Cuando Ramiro tenía solo unos meses de nacido, los doctores descubrieron que tenía el inicio muy pequeño de un tímpano. Estos doctores increíblemente dotados realizaron la cirugía, le hicieron orejas nuevas y ayudaron a corregir el problema. Ramiro mejoró, tuvo más cirugías, y siguió mejorando. Hoy, Ramiro no solamente puede oír y hablar, sino que también puede cantar. El ayuda a dirigir la adoración para los adultos jóvenes. Probablemente lo escuchó en *American Idol* cantando "Sublime gracia" frente a millones de personas.

Sin importar lo que esté

> *Sin importar lo que esté enfrentando, está bajo sus pies. No es permanente. Es temporal.*

enfrentando, está bajo sus pies. No es permanente. Es temporal. El poder que está a su favor es mayor que el poder que viene en su contra. Mantenga la perspectiva correcta. Usted y Dios son mayoría. Usted está armado y es peligroso. El problema quizá haya sido forjado, pero no va a prosperar en su contra.

Manténgase en el lugar de reposo

Probablemente necesite comenzar a poner cosas bajos sus pies. Usted está permitiendo que ese problema lo preocupe o que lo mantenga despierto por la noche. Dios está diciendo: "Yo voy a pelear tus batallas, pero me las tienes que dar". Vuelva a ese remanso de paz. No permita que las personas o que las circunstancias lo enfaden. Si alguien no está haciendo bien hacia usted, permita que Dios sea su vindicador. Él sabe cómo dar una satisfacción a sus ofensas.

Recuerde cuando le hable a esa enfermedad, a ese obstáculo o a esa depresión, como un acto de fe, haga lo que hacía David y véala debajo de usted. No es rival para usted. Si usted ve estos obstáculos como estando debajo de sus pies, Dios promete que pondrá a sus enemigos como estrado de sus pies. En lugar de ser una piedra que hace tropezar, será un peldaño. Así como sucedió con Ramiro, nada se interpondrá entre usted y su destino. Usted vencerá cada obstáculo, derrotará cada enemigo y se convertirá en todo lo que Dios diseñó que usted fuera.

YO SOY PRÓSPERO

CAPÍTULO ONCE

Tenga una mentalidad de abundancia

El sueño de Dios para su vida es que usted sea bendecido en tal manera que sea una bendición para otros. David dijo: "Mi copa se desborda de bendiciones". Dios es un Dios de sobreabundancia. Pero esta es la clave: Usted no puede ir por allí teniendo pensamientos de escasez, de insuficiencia, dificultad y esperar tener abundancia. Si ha estado bajo presión durante mucho tiempo y ha tenido dificultades para suplir sus necesidades, es fácil desarrollar una mentalidad limitada. *Nunca saldré de este vecindario.* O: *Nunca tendré suficiente dinero para enviar a mis hijos a la universidad.* Probablemente, allí sea donde se encuentra en este momento, pero no es donde tiene que quedarse.

Dios es llamado El Shaddai, el Dios de más que suficiente. No el Dios de apenas suficiente o el Dios de simplemente ayúdame a sobrevivir. Él es el Dios de desborde. El Dios de abundancia.

El Salmo 35 dice: "Que digan siempre: ¡Grande es el Señor, pues se deleita en el bienestar de su siervo!". Se supone que debían ir por allí constantemente diciendo: "Dios se deleita en mi bienestar". Era para ayudarlos a desarrollar esta mentalidad de abundancia. Su vida está avanzando hacia lo que usted está constantemente pensando. Si usted siempre está teniendo pensamientos de escasez, de insuficiencia y dificultades, está avanzando hacia las cosas equivocadas. A lo largo del día, medite en estos pensamientos: desbordar, abundancia, Dios toma placer en mi bienestar.

Apenas lo suficiente, lo suficiente y más que suficiente

En la Escritura, los israelitas habían estado en esclavitud durante muchos años. Esa era la tierra de Apenas lo Suficiente. Estaban apenas resistiendo, sobreviviendo, apenas pasándola. Un día Dios los sacó de la esclavitud y los trajo al desierto. Esa era la tierra de Lo Suficiente. Sus necesidades eran suplidas, pero nada adicional. Dice que su ropa no se envejeció durante cuarenta años. Estoy seguro de que estaban agradecidos. No sé usted, pero yo particularmente no quiero llevar la misma ropa durante los siguientes cuarenta años. Si tengo que, no me voy a quejar, pero no es mi idea de abundancia. Tampoco era la idea de Dios. Dios finalmente los llevó a la Tierra Prometida. Esa era la tierra de Más que Suficiente. El alimento y las provisiones eran abundantes. Los racimos de uvas eran tan grandes que tenían que ser cargados entre dos hombres adultos. Es llamada "una tierra donde fluyen la leche y la miel". *Fluyen* significa que no se detenía. Nunca se agotaba. Seguían teniendo abundancia. Allí es adonde Dios lo está llevando.

Quizá en este momento se encuentre en la tierra de Apenas lo Suficiente. Usted no sabe cómo va a poder arreglárselas la próxima semana. No se preocupe. Dios no se ha olvidado de usted. Dios viste los lirios del campo. Alimenta las aves de los cielos. Él va a cuidar de usted.

Quizá se encuentre en la tierra de Lo Suficiente. Sus necesidades son suplidas. Usted está agradecido, pero no hay nada adicional, nada para cumplir sus sueños. Dios está diciendo: "No soplé mi vida en ti para que vivas en la tierra de Apenas lo Suficiente. No te cree para que vivas en la tierra de Lo Suficiente". Esas son temporadas. Esas son pruebas. Pero no son permanentes. No baje sus expectativas. Usted solamente está atravesando esa tierra. Es solamente temporal. Dios tiene una Tierra Prometida para usted. Él tiene un lugar de abundancia, de más que suficiente, donde está fluyendo con provisión, no solamente una vez, sino que usted incrementará continuamente. Usted continuará teniendo abundancia.

Si usted está en la tierra de Apenas lo Suficiente, no se atreva a establecerse allí. Allí es donde se encuentra, pero no es quien es usted. Esa es su ubicación; no es su identidad. Usted es un hijo del Dios Altísimo. Sin importar cómo se vea, tenga esta mentalidad de abundancia. Siga recordándose a usted mismo: "Dios se deleita en mi bienestar. Soy la cabeza y no la cola".

La Escritura dice que Dios suplirá nuestras necesidades "conforme a sus riquezas". Con frecuencia vemos nuestras situaciones y pensamos: *Nunca podré avanzar. El negocio está lento.* O: *Vivo en una casa subvencionada. Nunca voy a salir.* Pero no es conforme a lo que tiene; es conforme a lo que Él tiene. Las buenas noticias son que Dios es dueño de todo. Un toque del favor de Dios puede sacarlo volando de Apenas lo Suficiente y colocarlo en Más que Suficiente. Dios tiene maneras de incrementarlo más allá de su ingreso normal, más allá de su salario, más allá de lo que es predecible. Deje de decirse a sí mismo: "Esto es todo lo que podré tener. Mi abuelo estaba quebrado. Mi papá y mi mamá no tenían nada. Mi perro depende de la beneficencia. Mi gato es indigente". Deje ir todo eso y tenga una mentalidad de abundancia. "No me voy a quedar aquí. Soy

> *"Me dirijo hacia desbordar, a la tierra de Más que Suficiente".*

bendecido. Soy próspero. Me dirijo hacia desbordar, a la tierra de Más que Suficiente".

Cabrito o ternero engordado

Recibí una carta de una joven pareja. Ambos se habían criado en familias de bajos ingresos. Todo lo que vieron como ejemplo cuando estaban chicos fue escasez, dificultad, que no podían avanzar. Sus familias lo habían aceptado, pero esta pareja no. Habían estado asistiendo a Lakewood y no tenían una mentalidad de no tener lo suficiente. Tenían una mentalidad de abundancia. Sabían que Dios tenía una Tierra Prometida preparada para ellos. Tomaron un paso de fe. Con ingresos bastante promedio, decidieron construir su propia casa. No pidieron un préstamo. Cada vez que tenían fondos extra, compraban los materiales y contrataban a los contratistas. Un par de años después se mudaron a una hermosa casa en un lindo vecindario, libres de deudas. Era como si Dios hubiera multiplicados sus fondos. No hace mucho vendieron esa casa por el doble de lo que le habían metido. La mujer escribió: "Nunca soñamos que seríamos tan bendecidos como lo somos hoy". Continuó diciendo: "Mis bisabuelos y mis abuelos siempre me dijeron que si teníamos frijoles y arroz que eso era suficiente. Pero siempre supe que un día tendría carne".

Si usted va a convertirse en todo lo que Dios lo ha creado, tiene que decidirse como ella. Usted no se va a conformar con arroz y frijoles. Usted no se va a quedar atorado en la tierra de Apenas lo Suficiente o la tierra de Lo Suficiente, sino que va a seguir orando, creyendo, esperando, teniendo esperanza, soñando, trabajando y siendo fiel hasta recorrer todo el camino hasta la tierra de Más que Suficiente. Ahora bien, no hay nada malo con arroz y frijoles. No tiene nada de malo sobrevivir. Pero Dios quiere que usted vaya más allá. Dios quiere que usted establezca un nuevo estándar para su familia. Él es un Dios que desborda, un Dios más que suficiente.

Jesús contó la parábola del hijo pródigo. Este hombre dejó su casa y despilfarró todo su dinero, desperdició su herencia y decidió volver a casa. Cuando lo vio su padre—el padre representa a Dios—le dijo a su personal: "Maten el ternero que hemos engordado. Tenemos que celebrar con un banquete".

Pero el hermano mayor se enojó. Le dijo a su padre: "Y en todo ese tiempo, no me diste ni un cabrito".

Déjeme preguntarle. ¿Tiene una mentalidad de ternero engordado o tiene una mentalidad de cabrito? ¿Usted cree que arroz con frijoles es suficiente, o usted dice: "Quiero unas enchiladas, Quiero unas fajitas. Quiero unas sopaipillas"? Usted puede vivir a pan y agua. Usted puede sobrevivir en la tierra de Apenas lo Suficiente. Podemos perseverar en la tierra de Lo Suficiente.

> *¿Usted cree que arroz y frijoles es suficientemente bueno?*

"Solo lo suficiente para pasarla. Justo lo suficiente para pagar mis cuentas esta semana". Pero eso no es lo mejor de Dios. Su Padre Celestial, el que sopló vida en usted, está diciendo: "Tengo un ternero engordado para ti. Tengo lugares para ti en la tierra de Más que Suficiente".

Ahora bien, no vaya por allí pensando que nunca va a avanzar. Que nunca va a vivir en un lugar bonito. Que nunca va a tener lo suficiente para cumplir sus sueños. Deshágase de esa mentalidad de cabrito y comience a tener una mentalidad de ternero engordado. Dios quiere que usted desborde con

> *Deshágase de esa mentalidad de cabrito y comience a tener una mentalidad de ternero engordado.*

la bondad de Dios. Él tiene maneras de incrementar sus recursos con las que nunca ha soñado siquiera.

Un toque del favor de Dios

Recibí una carta de una madre soltera. Ella inmigró a los Estados Unidos proveniente de Europa hace muchos años. El inglés no es su primer idioma. Tuvo tres hijos pequeños y no sabía cómo podría pagar enviarlos a la universidad. Parecía como si estuviera en desventaja, tratando de vivir en un país extranjero completamente sola, sin conocer a nadie.

Solicitó empleo como secretaria en una universidad prestigiosa.

Varias docenas de otras personas solicitaron el mismo puesto. Cuando vio tanta competencia, se vio tentada a sentirse intimidada. Pensamientos negativos estaban bombardeando su mente. Para empeorar las cosas, el señor que estaba conduciendo la entrevista era dura y arrogante. Pero esta madre no se frustró. Ella no tenía una mentalidad de desventaja pensando: *¿De qué sirve? Estoy en desventaja. Nunca voy a avanzar.* Ella tenía una mentalidad de ternero engordado. Ella no veía manera, pero sabía que Dios tenía una forma.

Todos los solicitantes tenían que tomar una prueba de mecanografía. Ella no era rápida escribiendo a máquina, pero comenzó a mecanografiar haciendo su mejor esfuerzo. Sonó la campana señalando que habían terminado sus cinco minutos, así que dejó de escribir. Pero la mujer a cargo se había distraído respondiendo una llamada telefónica y le dijo en una manera brusca. Esa no era tu señal". Pero sí era su señal. Estaba justo frente a ella. Ella dijo: "Esta bien", y escribió otros cinco minutos. Sumaron la cantidad de palabras que ella había escrito—en diez minutos—y las dividieron entre cinco, y por mucho, ella había tenido las mejores habilidades de mecanografía y terminó obteniendo el empleo. Uno de los beneficios de trabajar para esa universidad era que sus hijos podían asistir a esa escuela gratuitamente. Eso fue hace más de treinta años. Hoy, sus tres hijos se han graduado de esta universidad muy prestigiosa, y han recibido más de setecientos mil dólares en educación gratuita.

Un toque del favor de Dios puede lanzarlo a más que suficiente. No se convenza de lo contrario con sus palabras. A lo largo del día, diga: "Yo soy próspero. Voy a desbordar. Prestaré y no pediré prestado".

Un lugar de abundancia

Cuando los israelitas estuvieron en el desierto en la tierra de Lo Suficiente, se cansaron de comer lo mismo todos los días.

Dijeron: "Moisés, queremos comer carne aquí". Se estaban quejando, pero por lo menos unos instantes tuvieron una mentalidad de ternero engordado.

Moisés pensó: *Eso es imposible. ¿Carne aquí en el desierto? ¿Bistecs para dos millones de personas?* No había tiendas de abarrotes, ni bodegas donde comprar camionadas de carne. Pero Dios tiene sus métodos para incrementar para usted aquello que nunca se ha imaginado. Dios simplemente cambió la dirección del viento e hizo que una parvada inmensa de codornices cayera en el campamento. No tuvieron que ir a buscarlas. La comida vino a ellos. Lo interesante es que las codornices normalmente no viajan tan lejos del agua. Si no hubiera existido el fuerte viento, las codornices nunca habrían llegado al desierto. ¿Qué estoy diciendo? Dios sabe cómo traerle su provisión.

Una persona dedicada a la estadística hizo algunas cuentas. Con base en el tamaño del campamento, el número de personas y que hubiera suficientes codornices para hacer montones de tres pies o de noventa centímetros desde el suelo, como dice la Escritura, concluyó que aproximadamente 105 millones codornices llegaron al campamento. Ese es un Dios abundante. Les podría haber dado un par de codornices por persona, que podrían haber sido unas cuatro o cinco millones de codornices. Pero Dios no solamente quiere satisfacer sus necesidades; Él quiere hacerlo en abundancia. La pregunta es: ¿está usted pensando en cabritos o está pensando en terneros engordados?

"Bueno, Joel. Nunca podría darme el lujo de un lugar bonito donde vivir". ¿Puedo decirle esto con todo respeto? Cabrito.

"Nunca podría enviar a mis hijos a la universidad a la que ellos realmente quieren asistir". Cabrito.

"Jamás podría construir ese orfanato. Nunca podría mantener otras familias. Apenas y puedo mantener a mi propia familia".

Amigo, Dios tiene un ternero engordado, un lugar de abundancia para usted. Él no está limitado por sus circunstancias,

> *Lo que lo limita a usted es lo que cree.*

por cómo fue criado o por lo que no tiene. Está limitado por lo que usted cree. Probablemente haya tenido ese cabrito con usted durante años y años. Se han vuelto mejores amigos. Necesita anunciarle hoy: "Lo lamento, pero nuestra relación se terminó. Se acabó. Nos vamos a ir cada quien por su camino".

Quizá chille y se queje: "Baaaaa". Probablemente le pregunte: "¿Conociste a alguien más?".

Dígale: "Sí, encontré a un ternero engordado. Ya no más voy a pensar que no es suficiente, que apenas es suficiente o que es justo lo suficiente. A partir de ahora voy a pensar en más que suficiente; una mentalidad de abundancia".

Apretado y desbordante

Cuando usted viva con esta actitud, Dios lo bendecirá en maneras que nunca ha imaginado. Hablé con una mujer que había pasado por muchas dificultades. Durante años apenas y estaba sobreviviendo pero cada domingo ella y sus dos hijos estaban aquí en Lakewood. A pesar de todos los obstáculos ellos no tenían una mentalidad de cabrito. Se encontraban en la tierra de Apenas lo Suficiente, pero no habían reducido sus expectativas. Sabían que ese no era su domicilio permanente.

Al igual que esta madre, usted necesita ser fiel en el desierto si va a llegar a la Tierra Prometida. No estoy diciendo que todo va a cambiar de la noche a la mañana. Van a haber temporadas de prueba y de sondeo. Habrá pensamientos que le digan: *Esto jamás cambiará,* pero no crea esas mentiras. Siga siendo fiel justo donde se encuentra, honrando a Dios, agradeciéndole que está entrando a la abundancia.

El hijo de esta mujer, desde chico, siempre dijo que iba obtener una beca para ir a la universidad. Él podría haber pensado: *Somos pobres. Estoy en desventaja.* Pero esta madre les había enseñado a sus hijos que Dios es un Dios de abundancia. Un tiempo después, su hijo se graduó como el segundo en su escuela media-superior. No recibió una beca, ni dos, ni siete. ¡Le otorgaron nueve becas, que sumaron en total más de 1,3 millones de dólares! Su licenciatura, su maestría y su doctorado ya quedaron pagados por completo en Georgetown University. Eso es lo que sucede cuando se despide del cabrito y le da la bienvenida al ternero engordado.

Jesús habló acerca de que cuando damos recibimos de vuelta por completo lo que dimos, lo cual después es apretado y sacudido para que haya lugar para añadir más, y que luego se desborda.

¿Qué significa *apretado*? Yo solía hacer galletas de chispas de chocolate con nuestros hijos. La receta pide tres cuartos de taza de azúcar morena. Cuando uno derrama el azúcar morena, es tan gruesa y densa, que cuando llega a la marca de tres cuartos, se tiene que apretar. Al hacerlo, usted puede poner en esa taza casi el doble de lo que uno tenía inicialmente.

Eso es lo que Dios está diciendo. Cuando usted se ve lleno, piensa que ha sido bendecido y que está saludable. Todo lo que usted necesita es una beca. Usted quiere que la casa se venda por lo que invirtió en ella. Usted solamente quiere codorniz para un día o dos. Dios dice: "Eso está bien, pero yo soy un Dios desbordante. Soy un Dios más que suficiente. Estoy a punto de apretarlo y hacer espacio para más de mi incremento. Voy a apretarlo y a mostrarte mi favor en una nueva manera".

Después de apretarlo, va a sacudirlo y no solo lo va a llenar hasta el borde, sino que lo va a llevar un paso más allá y le va a dar tanto más que se va a desbordar. Usted solo quería una beca. Dios dice: "Eso está bien. Voy a darte nueve becas para asegurarnos que estés cubierto". Usted solamente quería recuperar el dinero invertido en la casa. Dios dice: "Voy a hacer que se venda al doble". Usted solamente quiere codorniz para un día o dos. Dios dice: "Voy a darte carne para todo un mes". Esa es la manera de ser de Dios. Porque no entra en acuerdo con Él y le dice: "Dios, estoy listo. Soy un dador. Tengo una mentalidad de abundancia. Señor, quiero agradecerte por una medida completa, apretada, sacudida para que haya lugar para más, desbordante y derramada sobre el regazo de mi vida".

Fuera de la escasez hacia una tierra buena y espaciosa

Un amigo mío tiene un hijo que desde hacía tiempo había obtenido ya su licencia y que realmente quería un coche. Su padre le dijo: "Vamos a creer que Dios te dará un coche". El hijo respondió: "Papá, Dios no me va a dar un coche. Tú me puedes comprar un coche". Él le dijo: "No, vamos a orar". Le pidieron a Dios que de alguna manera abriera un camino para que él pudiera tener un coche. Un par de meses después, el empleador de este hombre le llamó y le dijo: "Durante los dos últimos años cometimos un error en su cheque. Le hemos estado pagando de menos". Le entregaron un cheque con quinientos dólares más que lo que costaba el coche que esperaban comprar.

La Escritura dice: "Yo soy el Señor, ¿hay algo demasiado difícil para mí?". No podemos imaginar lo que Dios hará si usted se deshace de ese cabrito. Dios está a punto de apretar algunas cosas. Está a punto de hacer espacio para mostrarle su incremento en una nueva forma.

Dice en el libro de Éxodo: "He descendido para llevarlos a una tierra fértil y espaciosa". No a una tierra pequeña.

> *"Estoy sacándolos de la escasez a una tierra fértil y espaciosa".*

No a un lugarcito. Estrecho. Atestado. Sin suficiente espacio. Reciba esto en su espíritu. Dios lo está trayendo a una tierra espaciosa. Una tierra de más que suficiente. Una tierra de abundante espacio. Una tierra que está fluyendo con incremento, fluyendo con buenas oportunidades, fluyendo con oportunidad, donde no solamente tenga lo suficiente para usted mismo, sino que se desborde. Desbordando espacio. Desbordando provisiones. Desbordando oportunidades. Si no está en un lugar fértil

y espacioso mi desafío es no se establezca allí. No permita que
se le arraigue la mentalidad de cabrito. No piense que arroz y
frijoles es suficientemente bueno. Ese no es su domicilio permanente. Es solamente temporal. Dios lo está llevando a una tierra
fértil y espaciosa.

"Bueno, Joel —podría decir usted—, ¿es usted uno de esos
ministros de prosperidad?". No me gusta ese término. Eso es alguien que solamente habla de finanzas. La prosperidad para mí
es recibir su salud. Es tener paz mental. Es ser capaz de dormir
por la noche. Tener buenas relaciones. Hay muchas cosas que el
dinero no puede comprar. Y aunque no me gusta el término *ministro de prosperidad*, debo decir que tampoco soy un ministro
de pobreza. No puedo encontrar un solo versículo en la Escritura que sugiera que se suponga que debemos arrastrarnos sin
tener lo suficiente sin poder ser capaces de pagar lo que queremos, viviendo de las sobras en la tierra de No Tengo lo Suficiente. Fuimos creados para ser la cabeza y no la cola. Jesús
vino para que viviéramos una vida abundante. Representamos al
Dios todopoderoso aquí en la Tierra. Deberíamos ser ejemplos
de su bondad—tan bendecidos, tan prósperos, tan generosos,
tan llenos de gozo—que otras personas quieran lo que tenemos.

Si llevara a mis hijos de visita a su casa y la ropa de mis hijos
estuviera andrajosa y desgastada, con agujeros en los zapatos y
sin peinar, usted me miraría y pensaría: *¿Qué tipo de padre es
él?* Sería un mal reflejo de mí. Cuando usted se ve bien, se viste
bien, vive en un lugar agradable, se destaca en su carrera y es generoso con otros, eso trae una sonrisa al rostro de Dios. Le da
placer darle bienestar.

El poder para hacer las riquezas

Mi padre fue criado durante la Gran Depresión. Creció siendo
extremadamente pobre y desarrolló una mentalidad de pobreza.
En el seminario le enseñaron que uno tenía que ser pobre para
mostrarle a Dios que uno era santo. La iglesia que él pastoreaba

se aseguró de que él mantuviera su santidad manteniéndolo pobre. Estaba ganando un poco más de cien dólares a la semana, tratando de criar a sus hijos, apenas sobreviviendo. Una vez él y mi mamá recibieron a un ministro invitado en casa toda la semana. Un domingo después del servicio, un hombre de negocios se acercó a mi padre y le entregó un cheque por mil dólares. Que eran como unos cinco mil dólares de hoy. Le dijo: "Quiero que usted reciba esto personalmente como una ayuda para encargarse de los gastos del ministro invitado". Mi padre tomó el cheque de una esquina como si estuviera contaminado. Él dijo: "Oh, no, jamás podría recibir esto. Debemos ponerlo en la ofrenda de la iglesia". Caminó hacia el recipiente de las ofrendas y a cada paso que daba algo le decía: "No lo hagas. Recibe las bendiciones de Dios. Recibe el favor de Dios". Lo ignoró y lo depositó en la charola de las ofrendas. Cuando lo hizo, dijo que se sintió enfermo del estómago.

Hay algo dentro de nosotros que dice que se supone que debemos ser bendecidos. Se supone que debemos vivir una vida abundante. Es porque somos hijos del Rey. Fue puesto allí por nuestro Creador. Pero esta es la clave: Usted tiene que darle permiso a Dios de prosperarlo. No puede andar por allí con una mentalidad de escasez, pensando: *Solamente voy a tomar las sobras para mostrarle a todos lo humilde que soy. Después de todo, a Dios no le gustaría que yo tuviera demasiado. Eso sería codicioso. Eso sería egoísta.* Deshágase de ese sentido de falsa humildad. Eso solamente va a mantenerlo alejado de la vida abundante.

> *Hay algo dentro de nosotros que dice que se supone que debemos ser bendecidos.*

Considere estas palabras de Deuteronomio 28 en la versión *Nueva Traducción Viviente*: "El Señor te dará prosperidad [...] te bendecirá con muchos hijos, gran cantidad de animales y cosechas abundantes. El Señor enviará lluvias en el tiempo oportuno desde su inagotable tesoro en los cielos [...] y siempre estarás en la cima, nunca por debajo". Usted necesita verse a sí mismo como en la cima, no viviendo de las sobras sin ser capaz de pagar lo que quiere en la tierra de No Tengo lo Suficiente. Venga a la tierra de Más que Suficiente. Esto comienza en sus pensamientos. Dele permiso a Dios de incrementarlo. Dele permiso de bendecirlo con cosas buenas.

Pensamos: *¿Está mal que quiera vivir en una casa linda y que conduzca un buen coche? ¿Está mal que quiera fondos para lograr mis sueños o está mal que quiera dejar herencia para mis hijos?* Dios le está diciendo: "No está mal. Yo tomo placer en tu bienestar". Si fuera malo tener recursos, abundancia y riquezas, ¿por qué Dios habría escogido comenzar el nuevo pacto con Abraham? Abraham es llamado el padre de nuestra fe. La Escritura dice: "Abram era muy rico en ganado, plata y oro". Era el Bill Gates de su época. Dios podría haber escogido a cualquiera, pero escogió a Abraham: un hombre extremadamente bendecido.

David le dejó millardos de dólares a su hijo para que construyera el templo, y aun así David fue llamado por Dios: "Un hombre conforme a mi propio corazón". Deshágase del pensamiento que dice: *A Dios no le gustaría que tuviera tanto. Eso no estaría bien. No se vería bien.* Es justo lo opuesto. Cuando usted se ve bien, hace ver bien a Dios. Cuando usted es bendecido, próspero y exitoso, le trae honor.

Me doy cuenta de que todo lo que tengo proviene de Dios. Sea el traje que llevo, mi coche, mi casa o mis recursos, es la bondad de Dios. Usted no tiene que disculparse por lo que Dios ha hecho en su vida. Vista bien sus bendiciones.

La Escritura dice: "Porque él te da el poder para hacer las riquezas". Dios no le daría el poder para hacer algo y luego condenarlo por hacerlo. No hay nada malo con que usted tenga dinero. La clave es no permitir que el dinero lo tenga a usted. No permita que se convierta en el enfoque de su vida. No busque esa provisión. Busque al proveedor. El dinero es simplemente una herramienta para lograr su destino y hacer avanzar el Reino de Dios.

Mil veces más

Victoria y yo tenemos grandes sueños en nuestro corazón. Va a requerir millones de dólares para hacer lo que está dentro de nosotros. Estos sueños no son solo para nosotros mismos; para una más grande esto o más grande lo otro, sino un sueño de construir orfanatos y un sueño de construir clínicas médicas. No puedo hacer eso con una mentalidad limitada de escasez que dice: "Dios no quiere que tenga tanto". Sé que mi Padre es dueño de todo. Hace calles de oro. Usted no va a llevar al cielo a la bancarrota si cree para tener una vida abundante. Todo lo que Dios tiene que hacer es levantar un pedazo de pavimento y entregárselo. Cuando usted tiene está mentalidad abundante y un deseo de hacer avanzar el Reino, Dios prodigará sobre usted cosas buenas. Él abrirá las puertas de sus bóvedas del cielo para que usted no solamente cumpla con sus sueños, sino para que pueda ser una bendición para el mundo.

Mi oración por usted se encuentra en Deuteronomio 1:11 que dice: "¡Que el Señor, Dios de sus antepasados, los multiplique mil veces más y los bendiga tal como lo prometió!". ¿Puede recibir eso en su espíritu? Mil veces más favor. Mil veces más recursos. Mil veces más ingresos. La mayoría del tiempo nuestros pensamientos van: *¡FALTA! ¡TARJETA! ¡PENALTI!* Porque hemos estado andando en compañía de ese cabrito demasiado tiempo. Es tiempo de dejarlo ir. Es tiempo de tener una mentalidad de ternero engordado. Dios está a punto de apretar algunas cosas. Él está a punto de hacer espacio para más de su incremento. Ahora, levántese cada mañana y diga: "Señor, quiero agradecerte que estás abriendo las bóvedas del cielo hoy, haciendo llover favor, prodigándome cosas buenas. Yo soy prospero".

Si usted tiene está mentalidad de abundancia, creo y declaro que usted no vivirá en la tierra de Lo Suficiente o en la tierra de Apenas lo Suficiente, sino que está entrando a la tierra de Más que Suficiente.

YO SOY UNA PERSONA ENFOCADA

CAPÍTULO DOCE

Redima el tiempo

El tiempo es uno de los bienes más valiosos que tenemos. Es más valioso que el dinero. Usted puede hacer más dinero, pero no puede hacer más tiempo. La Escritura nos dice que redimamos el tiempo. Eso significa: No lo desperdicie. No viva este día desenfocado, indisciplinado y desmotivado. Tenemos la responsabilidad de usar nuestro tiempo sabiamente. No siempre vamos a estar aquí. Este día es un regalo. ¿Está viviéndolo al máximo? ¿Con propósito y pasión? ¿Persiguiendo sus sueños? ¿O está distraído? ¿Indiferente? ¿Solamente haciendo lo que se presente? ¿Está en un trabajo que no le gusta? ¿Saliendo con personas que lo degradan? Eso no es redimir el tiempo; eso es desperdiciar el tiempo. Así como usted gasta el dinero, usted está gastando su vida. Ya sea que la esté invirtiendo o la esté desperdiciando.

El primer paso es establecer metas; metas a corto plazo y metas a largo plazo. ¿Qué quiere lograr esta semana? ¿Dónde quiere estar en cinco años? ¿Tiene un plan? ¿Está dando pasos para llegar allí? No pase otros tres años en un trabajo que no le gusta, haciendo algo por lo que no está apasionado. La vida se pasa volando. Esta es su oportunidad. Uno no puede rehacerla. No podemos volver a vivir nuestros veintes o treintas. Una vez que este día termine, no lo podremos recuperar jamás.

Saque el mayor provecho de cada oportunidad.

Pablo dijo en Efesios: "Saquen el mayor provecho de cada oportunidad. No actúen sin pensar, más bien procuren entender lo que el Señor quiere que hagan". Si va a alcanzar su más alto potencial, usted tiene que ser una persona que viva "a propósito". Usted sabe adónde va. No es vago, distraído, esperando a ver qué sucede. Usted está enfocado. Sacando el mayor provecho de cada oportunidad. Déjeme ponerlo en términos más prácticos: Estar en las redes sociales durante horas al día y enterándose de los últimos chismes no es redimir el tiempo. Jugar juegos de video durante horas al día cuando podría estar estudiando no es redimir el tiempo. Hablar durante horas por teléfono con un amigo que no va a ningún lado y que no tiene sueños no es redimir el tiempo.

Dios le ha dado un presente. Se llama "hoy". ¿Qué está haciendo con ello? Este es un llamado a la acción. Enfóquese. Organícese. Establezca sus metas. Haga sus planes. Dios podría haber escogido a cualquiera para que estuviera aquí, pero lo escogió a usted.

Viva una vida bien invertida

La Escritura habla acerca de vivir vidas bien invertidas. Cuando vamos a la cama por la noche, deberíamos preguntarnos a nosotros mismos: "¿Viví un día bien invertido? ¿Di pasos hacia mis metas? ¿Fui una bendición para alguien más? ¿Invertí mi tiempo o desperdicie mi tiempo? Leí que la persona promedio pasa más de ochenta horas al año buscando cosas perdidas: las llaves del coche, el teléfono celular, las gafas, sus recibos ¡y niños! Alguien dijo que la razón por la que Dios le da bebés a los jóvenes es porque los ancianos olvidarían dónde los dejaron. Hágase un favor: ahórrese ochenta horas al año y organícese. Redima ese tiempo.

Conozco a demasiadas personas que son increíblemente talentosas y que tienen un gran potencial, pero que no son indisciplinadas cuando se trata de cómo invierten su tiempo. Tienen buenas intenciones, pero se distraen con facilidad y terminan saliéndose del curso. Hay mil cosas buenas a las que les puede dar su tiempo cada día. Tiene que ser disciplinado para mantenerse enfocado en lo que es mejor para usted. Si no, usted terminará persiguiendo la última tendencia, tratando de seguirle el ritmo a sus amigos, distraído, enredado en las cosas que no son parte de su destino.

Escuché acerca de un hombre que estaba caminando por el aeropuerto en camino a su vuelo. Vio un letrero en la pared de la terminal que decía: *Conozca su futuro por 25 centavos*. Quedó intrigado así que caminó hacia el lugar y puso una moneda en la ranura. La computadora imprimió una tarjeta: "Su nombre es John Smith. Está en el vuelo de las 2:20 a Boston". No podía creerlo. Pensó: *¿Cómo es que esta cosa sabe mi nombre? ¿Cómo es que conoce mi vuelo?* Un amigo estaba pasando así que lo llamó y le dijo: "Mira esto". Puso otra moneda. Lo hizo de nuevo. "Su nombre es John Smith. Está en el vuelo de las 2:20 a Boston". Su amigo hizo una cara de sorpresa, se encogió de hombros y siguió su camino. El hombre metió su mano en su bolsillo para conseguir otra moneda e intentarlo de nuevo, pero ya no tenía más monedas. Tuvo que caminar mucho para llegar a un puesto de revistas para conseguir cambio. La fila era larga y tuvo que esperar y esperar. Finalmente obtuvo una moneda, volvió y la colocó en la ranura. Le dijo: "Su nombre es John Smith. Usted acaba de *perder* el vuelo de las 2:20 a Boston".

Manténgase enfocado. Es fácil distraerse por las cosas que lo sacan de rumbo, y cuando finalmente despierta, el día ya se fue, el año ya pasó o ya perdió veinte años. Nada será más triste que llegar al final de la vida y pensar: *¿Por qué desperdicié tantos días? ¿Por qué no viví enfocado?* Tome esta decisión conmigo de que usted va a redimir el tiempo. Tenemos una responsabilidad. Dios le ha confiado su vida. Ha soplado su aliento en usted. Ha puesto sus dones y talentos dentro de usted. Usted tiene semillas de grandeza dentro de sí. Usted no

> *Tome esta decisión conmigo de que usted va a redimir el tiempo.*

está en el planeta Tierra ocupando espacio. Usted es una persona de destino. Con ese regalo de vida viene la responsabilidad de desarrollar sus talentos para perseguir sus sueños y convertirse en quien Dios lo creó.

Asegúrese de estar corriendo con un propósito

Regularmente, usted necesita volver a evaluar lo que está haciendo. Vuelva a enfocar su vida. Deshágase de cualquier distracción. Pablo dijo en otro lugar: "Por eso yo corro cada paso con propósito". Cuando comprendemos el valor del tiempo y vemos cada día como el regalo que es, nos ayuda a mantener la perspectiva correcta. Usted se da cuenta de que no todas las batallas valen la pena pelearse. Usted no tiene tiempo de participar en conflictos que no se encuentren entre usted y su destino dado por Dios. Si alguien tiene un problema con usted, siempre y cuando usted esté dando lo mejor de sí, haciendo lo que Dios puso en su corazón, con todo respeto, ese es problema de ellos y no de usted. Usted no tiene que resolver conflictos con cada persona. Algunas personas no quieren estar en paz con usted. Eso es una distracción. No desperdicie su valioso tiempo peleando batallas que no importan.

Cuando usted entiende que sus días están contados, no le responde a cada crítico. No trate de convencer a personas a las que nunca les va a simpatizar que lo aprecien. Acepte el hecho de que algunas personas nunca le van a dar su aprobación. Pero eso está bien. Usted sabe que tiene la aprobación del Dios todopoderoso. Cuando usted está redimiendo el tiempo no está tratando de mantener feliz a alguien que nunca va a estar feliz. Con algunas personas no importa lo que haga por ellos no va a ser suficiente. Pero su felicidad no es su responsabilidad. Siempre sea amable y respetuoso, pero su actitud debería ser: *Si usted no quiere ser feliz, está bien, pero no va a detenerme de ser feliz. Sé que este día es un obsequio, y no voy a vivir tratando de cambiar cosas que no puedo cambiar o tratando de arreglar personas que no quieren ser arregladas.* Eso es redimir el tiempo.

Cuando usted se da cuenta de que su tiempo es imitado, usted no se ofende. No se molesta porque alguien esté jugando a la política; no se estresa porque alguien esté tratando de hacerlo ver mal. Usted lo deja ir y confía en que Dios vindicará sus ofensas.

Una mujer me estaba contando acerca de un familiar que la había ofendido. Ella era muy negativa y estaba comenzando a amargarse. Le dije lo que le estoy diciendo. La vida es demasiado corta para vivir así. Déjelo ir, y Dios será su vindicador. Ella no lo quería escuchar. Ella me dijo: "No, no voy a ser feliz hasta que se disculpe". Lo que ella no se da cuenta es que está desperdiciando días valiosos. Probablemente él nunca se disculpe. Me pregunto cuántos días hemos desperdiciado haciendo cosas similares. No podemos decir que hayamos redimido el tiempo; no apreciamos el día. Solo arrastramos los pies a través del tiempo estando molestos, ofendidos y desanimados.

La Escritura dice: "No permitan que el sol se ponga mientras siguen enojados". La razón por la que muchas personas no tienen

> "No permitan que el sol se ponga mientras siguen enojados".

gozo o entusiasmo es porque se van a la cama cada noche con falta de perdón en su corazón. Están reviviendo sus heridas, pensando en sus decepciones. Este es el problema: Si el sol se pone con amargura, va a salir de nuevo con amargura. Si se pone con resentimiento, vuelve a salir con resentimiento. Eso es boquear las bendiciones de Dios. Está evitando que usted vea el futuro brillante. Si usted quiere que el sol brille resplandecientemente en su vida una vez más, antes de ir a la cama cada noche, usted necesita decir: "Dios, estoy soltando cada cosa negativa que me ha sucedido hoy. Estoy soltando cada herida, soltando cada preocupación, soltando cada decepción. Estoy perdonando a las personas que me han ofendido. Dios, me voy a la cama en paz". Cuando usted haga eso, el sol se pondrá sin que nada lo oculte. Cuando vuelva a salir a la mañana siguiente, usted tendrá un nuevo impulso en su caminar, estará emocionado por el día y listo para su futuro. No se vaya a la cama con algún tipo de derrota todavía en su mente.

Invierta su tiempo sabiamente

Hablé con una joven dama que es reportera de televisión en una estación local en Houston, y durante el huracán Ike estaba afuera cubriendo la historia. Su misión era encontrar personas que estuvieran desalojadas y que tuvieran dificultades para encontrar alimento a causa del huracán. Ella estaba en uno de los depósitos de comida, hablando con las personas de la fila, pero ninguno tenía una historia triste que contar. Todos estaban agradecidos de estar vivos y estaban hablando acerca de cómo iban a lograr salir de eso. Sucedió que Victoria y yo junto con algunos voluntarios de Lakewood estábamos allí. La reportera vino con la cámara y me preguntó: "¿Qué es lo peor que usted ha visto?". Le respondí: "Sí, algunas personas están teniendo dificultades, pero tienen fe; son vencedores. Ellos saben que son ganadores y no víctimas". Ella pensó: *Bueno, sabía que Joel no me iba a decir algo triste*. Ella fue y encontró a Victoria, quien fue todavía peor que yo. Ella le dijo: "Estas personas están en fuego. Saben que Dios está en control y que algo mejor viene en camino".

Cuando la reportera regresó a la estación le dijo a su supervisora: "No pude encontrar historias tristes, pero tengo los comentarios de Joel y Victoria Osteen sobre el huracán". La reportera pensó que estarían emocionados en la estación, pero fue lo opuesto. Ellos no nos querían a nosotros; querían historias tristes. Ella terminó siendo despedida por ese incidente. ¡La dejaron ir! Ella se podría haber desanimado, deprimido y amargado, pero ella entiende este principio de que cada día es un regalo de Dios. Comenzó a agradecerle a Dios que se iban a abrir nuevas puertas y a agradecerle a Dios que venía favor en camino. Poco tiempo después, recibió una llamada de una prestigiosa empresa de comunicación. Vieron su reporte sobre el huracán; el mismo por el que la habían despedido. Y le dijeron: "Nos gustaría ofrecerle un puesto a tiempo completo para que venga y se haga cargo del departamento que hace todos nuestros documentales". Fue como un sueño hecho realidad. Ella no lo podía creer. Ella me dio un gran abrazo y me dijo: "Joel, quiero agradecerles a ti y a Victoria por hacer que me despidieran".

He escuchado decir: "Las decepciones son inevitables, pero la conmiseración es opcional". Sin importar los reveses que enfrente, sin importar quien le haga mal, no tiene que arrastrar los pies por la vida derrotado, deprimido o amargado. Comience a redimir el tiempo. Haga lo que hizo esta reportera. Comience a agradecerle a Dios que Él está en control. Agradézcale que se están abriendo nuevas puertas. Agradézcale que el favor viene en camino. La verdad es que todos pasamos por valles, pero los valles son lo que nos lleva a montañas más altas. No son permanentes; solamente son temporales. Aquí hay una clave: Cuando esté en el valle,

> *Todos pasamos por valles, pero los valles son lo que nos lleva a montañas más altas.*

en lugar de sentarse por allí pensando en sus problemas, vaya y haga algo por alguien más. Trabaje como voluntario mientras esté en el valle. Sirva mientras esté en el valle. Anime a alguien mientras esté en el valle. Pode el césped de alguien más mientras esté en el valle. Cuando usted invierte su tiempo en la manera correcta para ayudar a otros, esas semillas que usted siembre crearán la cosecha que necesita, no solamente para salir del valle, sino para llegar a una montaña más alta, para llegar a un nuevo nivel de su destino.

Vuelva a evaluar con quién pasa su tiempo

No solamente es importante la manera en que invertimos nuestro tiempo, sino con quién lo pasamos. Redimir el tiempo quizá quiera decir recortar algunas relaciones que no le están añadiendo valor a su vida. No pase el tiempo con personas que no están yendo a ninguna parte y que no tienen metas o sueños. Personas que no están enfocadas ni disciplinadas. Que entran en componendas y que toman la salida fácil. Si usted tolera la mediocridad, se va a contagiar. Si se junta con personas envidiosas, criticonas, que no son felices, usted terminará siendo envidioso, criticón e infeliz. Eso es lo que dice Proverbios: Camina con sabios y te harás sabio.

Considere a sus amigos. Así es como usted va a ser en unos años. Si sus amigos son ganadores, líderes, dadores y exitosos, si tienen integridad y un espíritu de excelencia y son positivos y están motivados, entonces esas buenas cualidades se le van a pegar. Cuando usted está con ellos, está invirtiendo su tiempo. Lo están haciendo mejorar. Pero si usted se junta con personas que son descuidadas, indisciplinadas, sin motivación y no van para ningún lado, déjeme darle un gran consejo: Encuentre nuevos amigos. Usted no puede convertirse en quien Dios lo creó juntándose con ellos. Quizá sean buenas personas, y probablemente tengan un buen corazón, pero el destino de usted es demasiado grande, su misión es demasiado importante y su tiempo es demasiado valioso para dejarlos arrastrarlo hacia abajo.

> *Lo único que está deteniendo a algunas personas de un nuevo nivel en su destino son las amistades equivocadas.*

Lo único que está deteniendo a algunas personas de un nuevo nivel en su destino son las amistades equivocadas. Usted no puede juntarse con pollos y esperar remontarse como un águila. No necesita hacer un gran anuncio e ir a decirles: "Sabes qué, te voy a cortar. Joel me dijo que me deshaga de ti". No, hágame un favor y no mencione mi nombre en esto. Pero usted puede gradualmente pasar cada vez menos tiempo con ellos. "Bueno, ¿y si hiero sus sentimientos?". Bueno, ¿y si lo detienen de alcanzar su destino?

Escuché acerca de una señora que estaba reevaluando sus amistades. Su contestadora decía: "Siento mucho haber perdido tu llamada. Estoy haciendo algunos cambios en mi vida. Si no te regreso la llamada, es porque quizá tú fuiste uno de esos cambios". ¡Yo estoy pensando en todas las personas que no me han devuelto la llamada a mí!

Pero esta es la clave: Si no deja ir a las personas equivocadas, nunca conocerá a las personas adecuadas. Algunas veces podemos extender de más una amistad. Fue bueno durante un tiempo. Durante algunos años usted fue satisfecho. Pero ahora usted ha crecido más que ellos. Están avanzando a un ritmo distinto. Sus dones se están destacando en una manera mayor. Eso no los hace malas personas. Es solamente una nueva temporada. A la naturaleza humana le gusta aferrarse a lo viejo. Nos gusta mantener todo igual. Pero la verdad es que es saludable que las temporadas cambien. Eso no significa que no puedan seguir siendo amigos; solamente tenga en claro que no puede pasar tanto tiempo con ellos y llegar a ser quién Dios lo creó.

> *Si no deja ir a las personas equivocadas, nunca conocerá a las personas adecuadas.*

Hay personas que vienen a nuestra vida que son como un andamio. Están diseñadas para estar allí un periodo. Y no estoy hablando de una situación matrimonial: Estoy hablando acerca de amistades. Estas personas nos ayudan a crecer, nos inspiran y nos motivan. Pero como los andamios, en cierto punto, van a tener que ser removidos del edificio. Si los andamios se quedaran puestos, el edificio nunca llegaría a ser lo que tiene que ser. Reconozca a las personas que lo han ayudado. Hónrelas siempre, pero sea lo suficientemente grande como para reconocer que su parte en su historia terminó. Regularmente, usted necesita reevaluar a sus amistades y a las personas con las que escoge pasar el tiempo. ¿Están en la posición correcta? ¿Su posición ha cambiado? ¿Podría ser que es una nueva temporada?

Tenga cuidado con a quién permite usted en su círculo más íntimo

Cuando Jesús estuvo en la Tierra, fue muy selectivo con sus amistades. Todos querían estar cerca de Él. Pero Él solamente escogió doce discípulos con los cuales pasar la mayor parte de su tiempo. De esos doce, tres eran sus amigos más cercanos: Pedro, Jacobo y Juan. Uno de ellos podría ser considerado su mejor amigo: Juan. Era descrito como el discípulo al que Jesús amaba. Probablemente usted conozca muchas personas y tenga muchos conocidos, pero necesita tener cuidado a quién permite en su círculo interno. Usted no puede tener veinte mejores amigos. Entre más alto vaya y más exitoso sea, ese círculo necesita ser más cerrado. Quizá tenga veinte personas a las que llame sus amigos, y eso es excelente. Pero asegúrese de que los dos o tres que usted escoja que sean cercanos a usted estén cien por ciento a su favor. Asegúrese de que ellos creen en usted, que lo defienden y que están con usted en las buenas y en las malas. Es probable que usted no esté viendo lo mejor de Dios porque su equipo es débil. Usted está invirtiendo tiempo valioso en personas que nunca deberían haber sido parte de su círculo interno. Si su equipo es débil, usted va a ser débil.

En Marcos 5, Jesús estaba viajando a otra ciudad para orar por una niñita que había muerto. Cuando llegó a la casa, la Escritura declara que Jesús no permitió que entrara ninguno con Él excepto Pedro, Jacobo y Juan. Su círculo íntimo. ¿Por qué? Jesús sabía cuando entró en esa habitación que la niña estaba muerta, necesitaba personas que no cuestionaran quién era Él. Necesitaba personas que no preguntarán: "¿Estás seguro de que eres el Hijo de Dios? ¿Y si no sana? ¿Tienes un plan de respaldo?".

Cuando uno está en el calor de la batalla, cuando necesita el favor de Dios, cuando necesita una victoria, cuando necesita que una situación legal sea revertida, no se puede dar el lujo de tener personas en su círculo íntimo preguntando: "¿Realmente piensas que te vas a recuperar? Mi abuela murió de lo mismo. ¿Realmente crees que vas a salir de deudas? El negocio está lento". Usted necesita personas que estén unidas en espíritu con usted. Usted necesita personas que le digan: "Si eres lo suficientemente valiente para creerlo, cuenta conmigo. Yo soy lo suficientemente valiente para estar de acuerdo contigo". "Si crees que puedes vencer esa adicción, yo no te voy a dar diez razones por las que no puedes hacerlo. Mi reporte es que bien puedes hacerlo". "Si crees que puedes obtener tu título, o que puedes iniciar ese negocio, o puedes ver tu matrimonio restaurado, entonces cuenta conmigo. Estoy a bordo. Estoy contigo y a tu favor".

Usted necesita personas que se unan en fe con usted que no traten de convencerlo de no hacer lo que está en su corazón. Jesús llegó a esa casa, y todos estaban tan desconsolados. Puede imaginarse las lágrimas, los lamentos y la tristeza. Jesús los miró y dijo: "¿Por qué tanto alboroto y llanto? La niña no está muerta; solo duerme". Su tristeza se convirtió en burla, lo ridiculizaron y se rieron de Él. Como diciendo: "¿Qué quieres decir con que no está muerta? Por supuesto que está muerta". Lo siguiente que hizo Jesús fue muy significativo. Es una clave para vivir en victoria. La Escritura dice que: "La gente se rio de él; pero él hizo que todos salieran". Observe que el Hijo de Dios les pidió que salieran. Les mostró la puerta. Jesús conocía la importancia de tener personas a su alrededor que entendieran su destino. Su actitud fue: *No necesito sus dudas. No necesito que me digan qué hacer. Voy a rodearme de creyentes, de personas de fe, de personas que entiendan mi misión.*

Si usted tiene personas cercanas a usted que constantemente lo estén derribando, diciéndole lo que no puede hacer o que jamás va a lograr sus sueños, entienda que es bíblico mostrarles la puerta. Es probable que sea difícil, pero usted necesita tener la actitud de: *No puedo cumplir mi destino con su espíritu criticón sobre mi vida. No puedo convertirme en quien fui creado si me siguen arrastrando hacia abajo. Los amo, pero no puedo permitirlos en mi círculo interno. Voy a amarlos a la distancia.*

Esto es lo que Jesús hizo. Solamente tomó a los padres de la niña y a Pedro, Jacobo y Juan a la habitación de la niña. Le habló a esa niña, y volvió a la vida. Piense en esto: Jesús podría haberla sanado frente a toda la multitud de personas que se estaban riendo, burlándose y ridiculizándolo. Él es Dios, y Él puede hacer cualquier cosa. Pero nos estaba mostrando este principio: A quién usted tenga en su círculo íntimo es extremadamente importante. Si Jesús se tomó la molestia de pedirle a las personas equivocadas que salieran, si se tomó el tiempo de entresacar a los que dudaban, a los negativos y a las personas que no creían en Él, si Él estuvo preocupado de su círculo íntimo, ¿cuánto más preocupados no deberíamos estar nosotros de nuestro círculo íntimo?

Preste atención a quién está en su equipo. ¿Quién está hablando a su vida? ¿A quién le está dando su tiempo y su atención? En términos prácticos, ¿quién está comiendo con usted todos los días en la oficina? ¿Con quién está hablando tanto por teléfono? ¿Lo están edificando o lo están derribando? ¿Lo están impulsando hacia su destino, o le están diciendo lo que no puede hacer? ¿Están modelando excelencia, integridad, carácter y santidad o son flojos,

> *Preste atención a quién está en su equipo. ¿Quién está hablando a su vida?*

descuidados e indisciplinados? Usted tiene la responsabilidad de redimir su tiempo.

No desperdicie el tiempo con las personas que no lo afilan. Si usted no les muestra la puerta amablemente, pueden evitar que cumpla su destino. Algunas veces sabemos que una persona no es buena para nosotros y sabemos que nos está haciendo ir más lento, pero pensamos que si la dejamos ir, vamos a estar solitarios. Sí, quizá esté solitario durante una temporada, pero usted nunca renuncia a algo para Dios sin que Él le dé algo a cambio. Dios no solamente le dará nuevos amigos, Él le dará mejores amigos. Personas que lo inspiren, que lo celebren y que lo impulsen hacia adelante.

Esto probablemente quiera decir que tiene que cambiar con quién come en la oficina todos los días. Esa persona que siempre está encontrando fallas, que es criticona y que habla mal del jefe; usted no necesita ese veneno en su vida. Eso no es redimir el tiempo. Quizá tenga que dejar de pasar tiempo con ese vecino que siempre está deprimido, derrotado y que siempre tiene una canción triste. Si usted se queda allí, va a terminar derrotado. Es mejor hacer el cambio y estar solitario por una temporada que quedar envenenado de por vida.

No desperdicie otro día

Cuando lleguemos al final de nuestros días, Dios nos va a preguntar: "¿Qué hiciste con el tiempo que te confié? ¿Desarrollaste tus dones y talentos? ¿Cumpliste con tu misión? ¿Cómo invertiste tu vida?". No va a ser una buena excusa decir: "Dios, me distraje, pero mi amigo fue quien me desvió". "Dios, viví amargado, pero fue porque alguien me hizo algo malo". "Dios, fui pesimista, pero fue porque mi empresa me dejó ir". Le estoy pidiendo que deje de presentar excusas y comience a redimir el tiempo. No siempre vamos a estar aquí. La Escritura dice: "La vida de ustedes es como la neblina del amanecer: aparece un rato y luego se esfuma".

Tome la decisión de que usted va a ser una persona que viva a propósito. Establezca sus metas y disciplínese para seguir con ellas. No desperdicie más días. Recorte esas relaciones que no le están añadiendo a su vida. Y no se vaya a la cama con algún tipo de derrota, amargura o negatividad todavía en su mente. Este día es un regalo. Asegúrese de estar invirtiendo su tiempo y de no estar desperdiciándolo. Si usted hace esto, las semillas de grandeza dentro de usted van a arraigarse y a comenzar a florecer. Usted va a ver el favor de Dios en nuevas maneras.

CAPÍTULO TRECE

La gracia para terminar

No se requiere mucho esfuerzo para comenzar cosas: una dieta, la escuela, una familia. Comenzar es fácil. Terminar es lo que puede ser difícil. Casi cualquier jovencita puede tener un bebé, pero se requiere una madre para realmente criar a ese hijo. Cualquier pareja se puede casar, pero se requiere compromiso para continuar a largo plazo. Cualquiera puede tener un sueño, pero se requiere determinación, perseverancia y decisión para verlo cumplirse. La pregunta no es: "¿Comenzará?", sino: "¿Terminará?". ¿Terminará la dieta? ¿Terminará la escuela? ¿Terminará de criar a sus hijos? Demasiadas personas comienzan bien. Tienen grandes sueños. Están emocionadas por su futuro. Pero a lo largo del camino tienen algunos reveses. Toma más tiempo del que pensaron. Alguien no hizo lo que dijo que haría. Con el tiempo se desaniman y piensan: *¿De qué sirve? Nunca va a funcionar.*

Pero Jesús es llamado "el campeón que inicia y perfecciona nuestra fe". No solamente le ha dado la gracia de comenzar; Él le ha dado la gracia de terminar. Cuando se siente tentado de desanimarse, de renunciar a un sueño, de dejar una relación o de no seguir con un proyecto, tiene que recordarse a sí mismo: *No fui creado para rendirme. No fui creado para renunciar. Fui creado para terminar.*

Usted tiene que sacudirse el desánimo. Sacúdase la autocompasión. Sacúdase lo que dijo alguien más. Si sigue avanzando en fe, honrando a Dios, llegará a una fuerza que no tenía antes, una fuerza que lo impulsará hacia adelante. Eso es gracia para terminar. Eso es Dios soplando en su dirección, ayudándolo a convertirse en quién Él creó que usted fuera.

> *La gracia para terminar está disponible, pero usted tiene que conectarse con ella.*

Esta gracia está disponible, pero usted tiene que conectarse con ella. No nos va a hacer ningún bien si nos sentamos en autocompasión pensando en lo difícil que están las cosas y en lo que no funcionó. "Bueno, mi profesor de universidad es tan duro. Nunca pasaré esta prueba".

Amigo, usted tiene la gracia para terminar. Deje de hablar derrota y comience a declarar victoria. "Todo lo puedo en Cristo. Estoy lleno de sabiduría, talento y creatividad. Voy a aprobar este curso". Cuando usted dice eso, la gracia para terminar lo ayudará a hacer lo que no podía hacer solo.

Incluso en las cosas sencillas. Usted comienza a limpiar su casa. Cinco minutos después, usted piensa: "No me gusta estar haciendo esto. Estoy tan cansado. Esto es tan aburrido". En lugar de ello, voltéelo y dígase a sí mismo: "Yo soy fuerte en el Señor. Estoy lleno de energía. Soy saludable. Esto no es rival para mí". Si usted se conecta con esta gracia para terminar, usted aspirará su casa como si estuviera en una misión de parte de Dios; aspirará tierra, monedas, calcetines, niños, ¡cualquier cosa que se interponga en su camino!

"Hasta que quede completamente terminada"

Quizá se sienta tentado a renunciar a un sueño. Las cosas no han salido como estaban planeadas. Iba bien al principio, pero luego tuvo algunos obstáculos y pensó: *Esto no tenía que haber sido.* Esto es lo que he aprendido. El enemigo no trata de detenerlo de comenzar. Él ha visto a muchas personas iniciar. Eso no le molesta. Pero cuando usted tiene una mente determinada y sigue avanzando, haciendo lo correcto, tomando nuevo terreno, cuando él ve que se está acercando más, va a trabajar horas extra para evitar que usted termine. No se desanime cuando tenga reveses, cuando haya personas que vengan en su contra o cuando reciba un informe médico negativo. Esa es una señal de que está avanzando hacia su línea de meta.

Al enemigo no le importó que usted haya comenzado. No le importaba cuando estaba lejos de terminar. No había problema. Pero cuando comenzó a avanzar, eso llamó su atención. Fue en ese momento que le envió algunos obstáculos, algunos desafíos. Cuando usted lo confundió fue cuando pensó que usted se rendiría después de las primeras dificultades. Pensó que se desanimaría cuando ese amigo se puso en su contra, cuando perdió ese cliente, cuando su hijo se metió en problemas, pero en lugar de eso usted siguió avanzando, agradeciéndole a Dios que está en control, dándole gracias de que Él está peleando sus batallas, agradeciéndole que ningún arma forjada en su contra prosperará. ¿Qué estaba haciendo? Se estuvo conectando con la gracia para terminar. Cuando se debería haber debilitado, se fortaleció. Cuando debería haberse deprimido, tenía una sonrisa en su rostro. Cuando debería estar quejándose, tenía una canción de alabanza. En lugar de hablar acerca de lo grande que era el problema, siempre estaba hablando de lo grande que era su Dios. Cuando debía hundirse, Dios lo hizo salir a flote. Cuando no veía un camino, Él abrió un camino. Cuando la gente vino en su contra, Él peló sus batallas y usted salió mejor de lo que era antes.

Usted quizá tenga algunos desafíos en este momento. Es porque usted está progresando. Está avanzando. Siga recordándose a sí mismo que Dios es el campeón que inicia y perfecciona nuestra fe. Él lo ayudó a iniciar. Eso es excelente, pero hay algo más importante: Él va a ayudarlo a terminar. Él no lo trajo hasta aquí para dejarlo.

> *Usted está llegando a un feliz término, un final más gratificante que el que se imaginó alguna vez.*

Dice en Filipenses: "Dios, quien comenzó la buena obra en ustedes, la continuará hasta que quede completamente terminada". Otra versión dice: "La llevará a feliz término", no a un término derrotado, donde apenas logre llegar acabado y quebrado. Usted está llegando a un feliz término, un final más gratificante que el que se imaginó alguna vez.

Participe para ganar

Cuando era adolescente, Dios le dio a José un sueño de que un día gobernaría una nación. Su padre, Jacob, lo amaba mucho. Todo comenzó bien para José. Tenía un gran sueño, una familia que lo apoyaba. La vida era buena. Pero cuando José cumplió diecisiete, las cosas comenzaron a irle mal. Sus hermanos comenzaron a tenerle envidia y se volvieron en su contra. Lo lanzaron a una cisterna y lo dejaron allí para que se muriera. Finalmente cambiaron de opinión y lo vendieron como esclavo. Fue llevado a Egipto y revendido a un hombre llamado Potifar. José realmente no había hecho nada mal, no obstante todo su mundo se había puesto de cabeza. Parecía como si su sueño hubiera muerto; había sido traicionado por su familia y esclavizado en un país extranjero. Si eso no era suficientemente malo, lo echaron en prisión durante años por algo que no cometió.

José podría haberse deprimido, enojado, amargado y molestado. Nada había salido bien. Pero José entendió este principio. Él sabía que tenía la gracia no solamente para iniciar sino para terminar lo que Dios había puesto en su corazón. Él sabía que el enemigo no estaría peleando en su contra si no se estuviera dirigiendo a su destino. Así que se mantuvo en la fe. Se mantuvo haciendo lo correcto cuando estaba sucediendo lo malo. Él no estaba trabajando para la gente sino para Dios.

Un día Faraón, el líder de la nación, tuvo un sueño que no entendía. José pudo interpretar el sueño. Faraón quedó tan impresionado con José que lo sacó de prisión y lo puso a cargo de toda la nación. El sueño de José se cumplió.

Dios ha puesto algo en usted que irá por encima de que la gente esté en su contra. Irá por encima de las malas oportunidades y la injusticia. Usted tiene la gracia no solamente para comenzar. Usted tiene algo todavía más poderoso: la gracia para terminar. Cuando usted tiene una actitud como la que tuvo José, no puede permanecer derrotado. La vida podría empujarlo hacia abajo, pero Dios lo sacará a flote. La gente quizá lo ofenda, pero Dios será su vindicador. Las situaciones quizá parezcan imposibles, pero Dios puede hacer lo imposible. Cuando usted tiene gracia para terminar, todas las fuerzas de las tinieblas no lo pueden detener. Usted quizá sufra algunos reveses, malas oportunidades e injusticia. Pero no se preocupe. Es solamente temporal. Es simplemente una desviación en su camino a su destino. Esa es una señal de que está avanzando hacia su línea de meta.

El enemigo no pelea contra personas que van en el camino equivocado, ni contra los que están desviados, desanimados, distraídos, amargados y enojados. Porque allí es donde él lo quiere. El diablo viene en contra de las personas que se están dirigiendo al cumplimiento de su destino, a los que están tomando nuevos territorios, personas como usted que están llegando a feliz término. Nuestra actitud debería ser: *Me he decidido. Estoy determinado. Voy a seguir avanzando a pesar de la adversidad, a pesar de la pérdida, a pesar del informe negativo, a pesar de los críticos. Mi destino es demasiado grande y mi misión demasiado importante para desanimarme, distraerme o amargarme. No me voy a quedar a la mitad o a tres cuartos del camino. Voy a llegar a ser todo lo que Dios ha creado que yo sea.*

Cuando se sienta tentado a desanimarse y conformarse es porque se está acercando a su avance. Está cerca de ver que un problema se resuelva. Está a

> *Cuando se sienta tentado a desanimarse y conformarse es porque se está acercando a su avance.*

punto de conocer a la persona correcta. Digamos que Faraón
está a punto de llamarlo.

La buena oportunidad está en camino. La sanidad está en camino. El contrato está en camino. Ahora tiene que conectarse
con la gracia para terminar. Amigo, usted ha llegado demasiado
lejos para detenerse ahora. Usted ha creído ya demasiado tiempo.
Ha trabajado demasiado duro. Ha invertido demasiado. Quizá
sea difícil. Las voces negativas probablemente le estén diciendo:
"Nunca va a funcionar. Olvídalo. Confórmate donde estás". Pero
no crea esas mentiras. Usted está cerca de su destino.

Cuando el camino se ponga difícil, usted tiene que pararse
firme y decir: "Voy a ganar. No me afecta esta oposición. No me
afecta lo que veo o lo que siento. Me mueve lo que sé, y esto es
lo que sé: Tengo la gracia para terminar. Esto es lo que sé: Dios,
quien comenzó la buena obra en mí, la continuará hasta que
quede completamente terminada. Así que voy a seguir honrando
a Dios. Voy a seguir siendo bueno con la gente. Voy a seguir
siendo lo mejor que pueda ser". Cada día que usted haga eso,
está pasando la prueba. Usted está un día más cerca de llegar a
su línea de meta.

Fuerza de reserva

La Escritura dice: "Y tu poder dure tanto como tu vida". Esto
significa que su fuerza siempre será equivalente a lo que necesita.
Si fuera a recibir un reporte médico negativo, usted va a tener la
fuerza para tratar con ello. No se va a hacer pedazos. "No puedo
creer que esto esté sucediendo". Su fuerza siempre coincidirá con
lo que tiene en contra.

Cuando mi padre se fue con el Señor, mi primer pensamiento fue: *¿Cómo voy a lidiar con esto?* Mi papá y yo éramos
muy cercanos. Habíamos viajado por el mundo juntos. De
pronto ya no estaba. Pero lo que pensé que sería devastador
y que me sacaría el aire no fue para nada como lo había imaginado. Sentí una paz que no había sentido antes, una fuerza,

una decisión, una determinación. Debía haber estado molesto y ansioso, pero todo el tiempo tenía paz. En lo profundo sentí un descanso. En mi mente habían pensamientos de preocupación, ansiedad y desánimo, pero en mi espíritu podía escuchar a Dios susurrando: "Joel, estoy en control. Todo va a resultar bien. Te tengo en la palma de mi mano". Esa era la gracia para terminar que me estaba impulsando hacia adelante, lanzándome a mi destino.

El salmista dijo en Salmos 46: "Dios siempre está dispuesto a ayudar en tiempos de dificultad". En las dificultades de la vida, si usted entra en calma y apaga las voces negativas, sentirá una paz que supera todo lo que podamos entender. Usted debería desmoronarse, pero hay gracia para cada temporada.

Victoria y yo estábamos en Colorado en una ocasión, atravesando las montañas en coche. Rentamos un gran SUV con un motor de ocho cilindros. Todo el tiempo que íbamos por caminos planos, el motor era tan callado como podía ser. Pero a medida que comenzábamos a subir los serpenteantes caminos de las montañas, cuando pensábamos que el vehículo no lo lograría, cuando parecía que se iba a detener, uno podía escuchar esos dos cilindros adicionales entrar. Uno podía de hecho sentir el coche, casi como si se levantara y despegara con un nuevo poder.

Esos dos cilindros adicionales estuvieron allí todo el tiempo. El poder adicional siempre había estado disponible. Simplemente se presentaba cuando lo necesitábamos. Era fuerza de reserva. Algunas veces en la vida pensamos: *¿Cómo voy a poder subir esa colina empinada? He llegado hasta aquí, pero ¿cómo voy a tratar con esta enfermedad? ¿Cómo voy a criar a este hijo difícil? Pasé por una pérdida, no creo que pueda continuar.* Las buenas noticias son que Dios tiene un poco de fuerza de reserva para usted. Cuando llegue un tiempo difícil, no se preocupe. Hay dos cilindros más a punto de entrar, una fuerza con la que todavía no se ha conectado. Usted va a sentir una fuerza empujándolo hacia adelante, llevándolo adonde no podía ir por sí solo. Eso es gracia para terminar.

He aprendido que entre más cerca esté a su destino, las batallas de vuelven más duras. Entre más alto va en la montaña, más lo promueve Dios y más empinada es la colina. Saldrán críticos de quién sabe dónde. Probablemente la gente no lo celebre. Habrá desafíos inesperados: un problema de salud, un negocio pierde tracción o muere un ser querido. Es fácil pensar: *Iba tan bien. Si solo no hubiera tenido esta mala racha. Ahora tengo esta colina empinada que escalar.* Ese desafío es una señal de que usted se encuentra cerca de su destino. El mismo Dios que le dio la gracia para comenzar es el mismo Dios que lo va a ayudar a terminar. Él sabe exactamente adónde lo está llevando su camino. Nada de lo que usted esté enfrentando es una sorpresa para Él. Él conoce cada colina, cada decepción y cada revés. Él dijo que su gracia es suficiente. Usted jamás llegará a una colina que no tenga la fuerza de escalar.

> *Usted va a vencer obstáculos que parecían infranqueables, logrará sueños que usted pensó eran imposibles.*

Quizá enfrente algunos desafíos, como yo cuando mi papá se fue con el Señor, cuando uno piensa: *No sé si voy a poder subir esta colina.* La razón por la que usted piensa así es porque no había necesitado esos dos cilindros adicionales todavía. Usted no ha sentido la fuerza de la gracia para terminar. Cuando entre, lo va a impulsar hacia adelante. Va a escalar montañas que usted pensó que eran demasiado empinadas. Usted va a vencer obstáculos que parecían infranqueables, logrará sueños que usted pensó eran imposibles. ¿Cómo lo hará? Con gracia para terminar. Se conectará con fuerza de reserva.

Cuide su fuego

Esto fue lo que el apóstol Pablo hizo en la Escritura. Enfrentó algunas colinas inmensas. No parecía como si fuera a cumplir con su destino. Estaba haciendo lo correcto, compartiendo las buenas nuevas, ayudando a otras personas, pero entonces fue arrestado y puesto en prisión. Entre más se acercaba a su destino, más obstáculos enfrentaba. Estaba solo en un calabozo esperando su ejecución. Parecía como si Dios se hubiera olvidado de él. Pero Pablo no estaba derrotado, deprimido o sintiendo lástima de sí mismo. Aunque estaba en cadenas, no podía ser detenido de hacer lo que Dios quería que hiciera. Como Pablo no podía salir y hablar públicamente, pensó: *No hay problema. Voy a comenzar a escribir.* Escribió un libro tras otro. "Esta es una carta para los Efesios. Esta es una carta para los Colosenses, para los Romanos, para los Corintios". Escribió más de la mitad de los libros del Nuevo Testamento, muchos de ellos desde una celda en la cárcel. Sus enemigos pensaron que lo estaban deteniendo, pero estaban haciendo justo lo opuesto: haciendo que su voz fuera amplificada. Aquí estamos unos dos mil años después y todavía sentimos la influencia de Pablo. Lo que habían pensado para mal, Dios lo usó para bien.

La gente quizá trate de detenerlo, pero la gracia para terminar lo llevará adonde se supone que debe estar. Probablemente lo empujen hacia abajo, pero la gracia para terminar lo sacará a flote. Pudiera ser que traten de desacreditarlo o de dejarlo fuera. No se moleste. Son parte del plan para llevarlo a su destino. Dios los usará para impulsarlo hacia adelante. En tanto usted se mantenga en fe y siga honrando a Dios, usted logrará su misión. Él es el campeón que inicia y perfecciona nuestra fe.

Ahora bien, deje de enfocarse en quién está en su contra, en lo empinado de la ladera o lo imposible que parece. Dios tiene la última palabra. Sacó a José de la prisión, Pablo se quedó en prisión, pero ambos cumplieron su destino. Si Dios no le da la vuelta en la manera que usted pensó, Él podría hacer que usted tenga una gran influencia justo en medio de sus enemigos como Pablo. En medio de esas dificultades, usted puede resplandecer, ser una luz brillante y tener el favor de Dios. La conclusión es esta: Ninguna persona puede resistir a nuestro Dios. Ninguna mala oportunidad puede mantenerlo alejado de su destino. Dios le ha dado gracia para terminar. Él va a llevarlo adonde usted debe estar.

Cuando Pablo llegó al final de su vida dijo: "He terminado la carrera". En otro pasaje dice: "Que pueda terminar con gozo mi carrera". Observe que no terminó derrotado, deprimido o agrio. Terminó con una sonrisa en su rostro. Terminó con alegría en su caminar. Terminó con una canción en su corazón. Eso es lo que significa llegar a feliz término.

Todos tenemos cosas que vienen en nuestra contra. Es fácil perder nuestra pasión y arrastrar los pies por la vida desanimados, negativos y amargados, pero no hay victoria si usted termina su carrera de ese modo. Tiene que decidirse: *No solamente voy a terminar mi carrera; voy a terminarla con gozo, con una buena actitud. Sin quejas, sino con una canción de alabanza. Sin pensar en lo que no tengo, sino agradeciéndole a Dios por lo que tengo. Sin ver lo que está mal en mi vida, sino agradeciéndole a Dios por lo que está bien en mi vida.* Cuando usted se conecta con la gracia para terminar, no arrastrará los pies durante el día. Disfrutará el día.

Hace miles de años en Grecia, había una carrera famosa llamada Relevo de Antorchas. Todos los corredores recibían una antorcha. Al inicio de la carrera encendían sus antorchas y los corredores salían corriendo con sus antorchas encendidas. La única manera en la que se podía ganar la carrera era cruzar la meta con la antorcha todavía encendida. Sin importar si llegaba en primer lugar, si se apagaba la llama era descalificado. Así que todo el tiempo que iban corriendo lo principal en su mente era proteger el fuego, cuidándolo de viento o lluvia o cualquier cosa que pudiera apagarlo. Constantemente revisaban sus antorchas para asegurarse de que siguieran encendidas.

Es el mismo principio en la carrera de la vida. Si usted va a terminar su carrera con gozo, tiene que cuidar su fuego. No puede dejar que se apague la llama. Demasiadas personas han perdido su pasión. Siguen corriendo, pero su antorcha ya no está encendida. En algún momento tenían pasión por sus sueños, y luego tuvieron algunos reveses. Ahora están corriendo, lo cual es bueno, pero dejaron que se apagara su llama. Perdieron su celo. Si ese es usted, he venido a volver a encender su fuego. Dios no ha acabado con usted. Usted no ha visto sus mejores días. Usted tiene que sacudirse la depresión. Tiene que sacudirse el desánimo. Hay una llama que todavía está viva

> *Dios no ha acabado con usted. Usted no ha visto sus mejores días.*

dentro de usted. La Escritura habla acerca de cómo debemos avivar la llama, estimular los dones. No es suficiente solamente terminar. Usted tiene que terminar su carrera con su fuego todavía encendido.

Termine su carrera con gozo

Desde que puedo recordar, mi padre batalló con la hipertensión. Hacia el final de su vida, no se sentía bien. Las medicinas lo mareaban. Sus riñones dejaron de trabajar apropiadamente y tenía que ir a diálisis. Solíamos viajar al extranjero un par de veces al año. Él realmente esperaba ese momento. Pero cuando su salud se fue cuesta abajo, tuvo que quedarse en casa e ir a diálisis tres veces a la semana. No quería vivir si no podía predicar. Aunque no se sentía bien, nunca se perdió un domingo.

Victoria solía recogerlo y llevarlo a la iglesia un poco tarde. Algunas veces me llamaba y me decía: "Joel, no estoy segura de que tu papá pueda ministrar hoy. No parece que se sienta bien".

Yo bajaba corriendo del departamento de TV durante el servicio. Cuando llegaba, le preguntaba: "Papi, ¿estás seguro de estar listo para esto?".

Él sonreía y me decía: "Sí, Joel. Estoy listo".

Cuando salía a la plataforma, nadie sabía que no estaba al cien. Todavía tenía impulso al caminar y una sonrisa en su rostro. Podría haberse quedado en casa, negativo y quejándose: "Dios, te he servido todos estos años. Mira en lo que ha terminado. Apenas y puedo ministrar".

En lugar de ello, mantuvo su fuego encendido. Cuidó esa llama. Estaba determinado a no solamente terminar su carrera, sino a terminarla con gozo.

Una noche cuando mi papá tenía setenta y siete años, no se estaba sintiendo bien. Le pidió a mi cuñado Gary que viniera a visitarlo. Estuvieron hablando hasta las dos de la mañana y Gary le preguntó qué pensaba acerca de las dificultades que estaba teniendo.

Mi padre dijo: "Gary, no lo entiendo, pero sé esto: Su misericordia permanece para siempre".

Esas fueron las últimas palabras de mi padre. Justo en ese momento, exhaló su último aliento y se fue con el Señor. Pero piense en esas últimas palabras. No se estaba quejando. Estaba jactándose de la bondad de Dios. No estaba magnificando su problema, sino magnificando a Dios. Cruzó la meta con su fuego todavía encendido, con su antorcha todavía encendida.

> *Cruzó la meta con su fuego todavía encendido, con su antorcha todavía encendida.*

La Escritura habla acerca de cómo los santos de la antigüedad murieron en fe. La verdad es que un día todos nos vamos a morir. Usted tiene que tomar una decisión. ¿Va a morir en fe? O va a morir negativo, amargado y quejándose: "No puedo creer que haya sucedido esto".

Decida que va a morir lleno de gozo, con su fuego todavía encendido, con su antorcha todavía encendida.

Nunca se rinda

En 1968, los Juegos Olímpicos se celebraron en la ciudad de México. Durante el maratón, un joven corredor de Tanzania se cayó y se rompió la pierna. Estaba sangrando y amoratado, pero de alguna manera se las arregló para levantarse y seguir corriendo. Mucho después de que todos habían terminado la carrera, entró al estadio para la vuelta final. Más de cien mil personas habían estado allí desde temprano, pero ahora, una hora o dos después, solamente quedaban unas mil personas. Las luces principales se habían apagado y las cámaras de televisión se habían ido. El evento había terminado oficialmente.

Cuando entró al estadio y se dirigió a esa vuelta final, los pocos cientos de personas lo vieron y se pusieron de pie y comenzaron a ovacionarlo. Lo ovacionaron cada vez más fuerte como si estuviera llegando en primer lugar. Sacando fuerza de la multitud, comenzó a sonreír y a saludar como si fuera a ganar la medalla de oro. Fue un momento conmovedor que fue visto más tarde alrededor del mundo.

Un reportero le preguntó después: "¿Por qué no se salió de la carrera cuando se fracturó la pierna? Nadie lo habría culpado por ello". El joven de Tanzania dijo: "Mi país no me envió a siete mil millas (once mil kilómetros) de distancia para comenzar la carrera, sino a terminarla".

En la misma manera, Dios no sopló su vida en usted, lo coronó de favor y puso semillas de grandeza dentro de usted solo para que comenzara la carrera. Lo envió a terminarla. La Escritura nos habla acerca de cómo el corredor más veloz no siempre gana la carrera y el guerrero más fuerte no siempre gana la batalla, y en otro lugar dice que es el que se mantenga firme hasta el fin. Usted no tiene que terminar primero. Usted no está compitiendo con nadie más. Solo termine su carrera. Mantenga su fuego encendido. No fue creado para rendirse o renunciar. Todos podemos encontrar una razón para salirnos de la carrera. Todos podemos encontrar una excusa. Pero usted tiene que pararse firme y decir: "Estoy determinado a terminar mi carrera".

Si usted se conecta con esta gracia para terminar, esos dos cilindros adicionales entrarán

> *Esos dos cilindros adicionales entrarán cuando los necesite.*

YO SOY FUERTE

CAPÍTULO CATORCE

Usted puede manejarlo

Todos pasamos por desafíos, decepciones y soluciones injustas. Es fácil permitir abrumarnos hasta el punto en el que pensamos: *Esto es demasiado. No puedo manejar esta enfermedad. No puedo manejar este niño problemático. O: No puedo con este tráfico. Me está enloqueciendo. Este problema con esta relación, va a ser mi fin.*

Dios no lo hubiera permitido si usted no lo pudiera manejar. Pero todo el tiempo en que usted se esté diciendo a sí mismo que es demasiado, se va a convencer de escapar. Tenga una nueva perspectiva. Usted no es débil. Usted está lleno de poder "yo sí puedo". Usted es fuerte en el Señor. A lo largo del día, ya sea que esté atorado en el tráfico o enfrentando una gran decepción, su actitud debería ser: *Puedo manejarlo. Puedo manejar a este jefe gruñón. Puedo manejar este niño problemático. Puedo manejar a estas personas que están hablando de mí. Puedo manejar esta situación legal.* Usted no puede tener una mentalidad débil, derrotada. Usted debe tener una mentalidad de guerrero.

> Usted no puede tener una mentalidad débil, derrotada. Usted debe tener una mentalidad de guerrero.

Esto fue lo que hizo José. Él fue traicionado por sus hermanos, echado en una cisterna, vendido como esclavo y pasó años en una prisión extranjera por algo que no cometió. Pero no se deprimió. No comenzó a quejarse. Su actitud fue: *Puedo manejarlo. Dios todavía está en el trono. No lo podría haber permitido a menos que tuviera un propósito para ello, así que voy a permanecer en fe y manteniéndome siendo lo mejor que pueda ser.* Al final, fue hecho el segundo al mando en todo Egipto. Ninguna persona, ninguna adversidad, ninguna decepción y ninguna enfermedad puede detenerlo de su destino.

A mi madre le diagnosticaron cáncer terminal de hígado en 1981 y le dieron solo unas semanas de vida. Ella podría haberse desmoronado y dicho: "Dios, no es justo. Te he servido todos estos años. No lo entiendo". En lugar de eso su actitud fue: *Puedo manejarlo. No soy una víctima. Soy vencedora. Nada me puede arrebatar de las manos de Dios.* Hoy, treinta y cuatro años después, mi madre sigue fuerte, saludable, llena de gozo, llena de paz y ayudando a otros.

Mi padre, en la década de 1950 era el pastor de una gran iglesia denominacional. Su futuro se veía bastante brillante. Acababan de construir un hermoso santuario nuevo. Pero a través de una serie de eventos, mi papá tuvo que dejar esa iglesia. Fue un revés importante, una gran decepción. Había dado años de su vida a ese lugar. Pero no se sentó por allí atendiendo sus heridas. Su actitud fue: *Puedo manejarlo. Sé que cuando se cierra una puerta, Dios siempre abre otra puerta.* Él y mi madre fueron y fundaron Lakewood Church, y aquí estamos todavía fuertes y avanzando.

"Vuelvan a mí en busca de ayuda"

El apóstol Pablo lo dijo así: "Todo lo puedo hacer por medio de Cristo, quien me da las fuerzas". Este es el significado ampliado de su declaración: "Estoy listo para cualquier cosa. Soy rival para cualquier cosa a través de Aquel que me infunde fuerzas". Él estaba diciendo: "El enemigo puede golpearme con su mejor golpe, pero no me va a detener. Soy más que vencedor".

Pablo sabía de qué estaba hablando. Había sido náufrago, pasado la noche en mar abierto y estado días sin comer. Había sido acusado falsamente, golpeado con varas y echado en prisión. Si alguien tenía el derecho, por lo menos en lo natural para ser negativo, amargado y lleno de quejas, debería haber sido Pablo. Pero él entendió este principio. Su actitud fue: *Puedo manejarlo. Estoy listo y soy rival para ello. ¿Por qué? Porque el Dios todopoderoso, el Creador del universo, me ha infundido fuerza. Me ha equipado, facultado, ungido, coronado con favor, puso sangre real en mis venas y me llamó a reinar en vida como un rey.*

En momentos difíciles, al igual que Pablo, usted tiene que hablarse a sí mismo en la manera correcta. Si usted no se habla a sí mismo, sus pensamientos le hablarán. Le dirán: "Es demasiado. Nunca va a cambiar. No es justo. Si Dios te amara, nunca hubiera permitido que esto sucediera". La Escritura dice: "Dios envía la lluvia sobre los justos y los injustos por igual". El que seamos una persona de fe no nos exenta de las dificultades. Jesús contó una parábola acerca de esto en la que una persona construyó su casa sobre una roca. Este honró a Dios. Otra persona construyó su casa sobre la arena. No honró a Dios. Lo interesante es que la misma tormenta cayó sobre ambas personas. El viento sopló y la lluvia cayó sobre ambas casas. La diferencia es que cuando uno honra a Dios, la tormenta puede venir, pero cuando todo haya sido dicho y hecho, usted seguirá de pie. La otra casa construida en la arena se la llevó la inundación. El enemigo puede golpearlo con su mejor golpe, pero como su casa está construida en la roca, lo mejor del enemigo nunca será suficiente. Cuando la tormenta termine, usted no solamente habrá sobrevivido, sino que saldrá más fuerte, incrementado, promovido y mejor de lo que era antes.

Ahora bien, usted tiene que hacer lo que hizo Pablo. Sacúdase la mentalidad de víctima y tenga una mentalidad de vencedor. Usted no es un debilucho. Usted no es escaso. La fuerza más grande del

> *"Estoy listo y soy rival para cualquier cosa que se cruce en mi camino".*

universo está respirando en su dirección. Cada mañana necesita recordarse a sí mismo: "Estoy listo y soy rival para cualquier cosa que se cruce en mi camino. Estoy lleno de poder 'yo sí puedo'. Yo soy fuerte".

Esa enfermedad no es rival para usted. Ese problema en esa relación no va a desviarlo de su destino. La pérdida de ese ser querido no detuvo el plan de Dios para su vida. No permita que lo abrume. Usted puede manejarlo Usted ha sido armado con fuerza. Cuando tenga esta mentalidad de guerrero, esta actitud de fe, sabiendo que usted ha sido equipado y facultado, todas las fuerzas de las tinieblas no pueden detenerlo.

El profeta Isaías dijo: "Vuelvan a mí en busca de ayuda". Cuando usted hace esta declaración: "Puedo manejarlo", no solamente está siendo positivo. Está asiéndose de fuerza. Cuando usted lo dice, se está fortaleciendo. Por eso la Escritura dice: "*Diga* el débil: Fuerte soy". Escuche lo que se está diciendo a sí mismo. "No aguanto este trabajo". "Este profesor es tan difícil que nunca pasaré este curso". "Mi ser querido no sobrevivió. No sé qué voy a hacer". Si usted siempre está hablando del problema, lo va a agotar. Cuando habla derrota, la fuerza se va. La energía se va. La creatividad se va. Ya no permita que esas cosas lo abrumen. Usted no es una víctima. Usted es un vencedor. Si viene a su camino, usted lo puede manejar. Usted está listo y es rival para ello. Si usted se mantiene en acuerdo con Dios, Él tomará lo que tenía el propósito de dañarlo y lo usará para su ventaja. Esa dificultad no lo derrotará. Lo promoverá

Atraviese la prueba de fuego

Leí acerca de un hombre de negocios que había trabajado para una gran empresa de mejora del hogar durante más de treinta años. Tenían tiendas de venta al detalle por todo el país. Ayudó a construir ese negocio de la nada. Pero un día hicieron una reestructuración corporativa. Y decidieron que ya no lo necesitaban. Por supuesto, estaba decepcionado. No parecía justo. Pero en lugar de sentarse por allí cuidando de sus heridas, pensando en lo que había perdido, él tenía la actitud de *Puedo manejarlo. Esto no me va a derrotar. Esto me va a promover.*

En momentos difíciles usted tiene que recordarse a sí mismo que nada es una sorpresa para Dios. Él no está en los cielos rascándose la cabeza diciendo: "Qué horror, lo despidieron. Eso acaba de echar a perder todo". "Oh no, le diagnosticaron cáncer". "José fue echado en una cisterna. ¿Y ahora qué voy a hacer?". Dios conoce el final desde el principio. Él ya ha escrito cada día de su vida en su libro. Las buenas noticias son que si usted se mantiene en fe, su libro termina en victoria.

Este ejecutivo, en lugar de buscar otro trabajo, se juntó con un par de amigos y comenzaron su propia empresa. La llamaron "The Home Depot". Y se ha convertido en una de las tiendas de mejora del hogar más grandes y más exitosas del mundo. ¿Qué estoy diciendo? Que las dificultades no tienen el propósito de derrotarlo. Tienen el propósito de promoverlo. Un revés es simplemente un arreglo para un retorno mayor.

"Bueno, Joel. Es tan difícil y no lo entiendo. No parece justo".

Usted se está dirigiendo a sí mismo a través de sus palabras hacia una derrota. Si se cruza en su camino usted lo puede manejar. Comience a hablarse a sí mismo en una manera nueva. "Soy bastante capaz. Estoy equipado. Estoy facultado. Estoy listo para cualquier cosa".

El hecho es que Dios no nos va a librar de cada dificultad. Él no nos va a guardar de cada desafío. Si lo hiciera, jamás creceríamos. La Escritura dice: "Nuestra fe es probada en el fuego de la aflicción". Cuando se encuentre en un momento difícil esa es una oportunidad para mostrarle a Dios de qué está hecho. Cualquiera puede volverse negativo y amargarse y culpar a Dios. Es fácil perder su pasión. Pero si usted quiere pasar la prueba, si usted quiere que Dios lo lleve a un nuevo nivel, no puede ser un debilucho. Usted tiene que ser un guerrero. Párese firme y declare con Pablo: "Puedo manejarlo. Estoy listo para ello. Soy rival para ello. Yo sé que Dios todavía está en el trono. Está peleando mis batallas, y del otro lado de esta dificultad está un nuevo nivel de mi destino".

Colosenses 3:12 dice: "Dado que Dios los eligió para que sean su pueblo santo y amado por él, ustedes tienen que vestirse de tierna compasión, bondad, humildad, gentileza y paciencia". Esto quiere decir que Dios nos ha dado el poder de resistir lo que venga con una buena actitud. Probablemente en la oficina usted no está siendo tratado en una manera justa. Una cosa es ir a trabajar pesimista, desanimado, quejándose y hablando mal del jefe. Eso no requiere nada de fe. Pero si usted quiere pasar la prueba, tiene que ir a trabajar con una sonrisa en su cara, con una actitud positiva, siendo bueno con la gente, haciendo más de lo que se le pida. En casa, probablemente su esposa o sus hijos no lo están tratando en la manera que deberían. Es fácil pensar: *Los voy a tratar en la manera en que me están tratando.* O: *Estos niños son irrespetuosos, no voy a darles ni los buenos días.* Pero si quiere pasar la prueba, tendrá que ser bueno con la gente incluso cuando no estén siendo buenos con usted. Usted tiene que hacer lo correcto cuando esté sucediendo lo equivocado. Véalo como una oportunidad para crecer. Cada vez que usted haga lo correcto, vendrá una bendición. Cuando usted sea positivo y haga lo bueno, siempre habrá una recompensa.

> *Si quiere pasar la prueba, tendrá que ser bueno con la gente incluso cuando no estén siendo buenos con usted.*

Con mucha frecuencia el error que cometemos es decirnos constantemente a nosotros mismos: "No es justo. No está bien. Cuando ellos cambien, cuando mejore, entonces tendré una mejor actitud". Usted tendrá que dar el primer paso. Haga su parte, y Dios hará su parte. Deje de preocuparse por que Dios cambie a otra persona y primero permita que Dios lo cambie a usted. ¿Hay algo que usted esté permitiendo que lo abrume? Piensa que es demasiado. Por qué no se levanta cada mañana y hace esta declaración: "Dios quiero agradecerte porque puedo manejar cualquier cosa que me salga al encuentro hoy. Puedo manejar un jefe difícil. Puedo manejar quedarme atorado en el tráfico. Puedo manejar que no resulten mis planes. Señor, gracias de que tendré una buena actitud adondequiera que esté". Usted tiene que decidir antes de salir de la casa que nada que enfrente lo va a alterar. Decida con anticipación.

Todas las cosas cooperarán para su bien

Una amiga iba a recibir a su familia para la cena de Noche Buena y luego iban a ir a casa de sus suegros para la comida de Navidad. Ella estaba a cargo de llevar los postres para ambas fiestas. Ella es una persona sumamente organizada y detallista. Un par de semanas antes de la Navidad, llamó a su pastelería favorita, donde había pedido postres muchas veces antes. Esta vez pidió siete tartas: dos de pacana, dos de calabaza y tres de merengue de limón. Como tuvo que trabajar durante la mañana de Noche Buena, en la tarde iba a pasar a recoger con su madre las tartas a la pastelería. Pero ese día inesperadamente cayó una tormenta de nieve. Era muy difícil recorrer los caminos. Toda la ciudad estaba congelada. No obstante, ella y su mamá hicieron frente al mal clima. Finalmente llegaron a la pastelería, justo antes de que cerrara en Noche Buena.

Mi amiga caminó al mostrador, le entregó al joven su recibo y le dijo: —Estoy aquí para recoger mis siete tartas.

Meneó la cabeza y respondió: —Lo lamento, señora. Ya no tenemos más tartas.

Ella dijo: —Eso es imposible. Las pedí hace dos semanas. Tengo que tener estas tartas para mi cena de Navidad.

Él repitió: —Lo lamento. Hacía tan mal clima que no pensamos que alguien más vendría, así que vendimos todas las tartas.

Ella estaba muy alterada y comenzó a decirle a su madre lo mal que estaba eso y cómo iba a llamar al dueño, cómo estaba arruinando su Navidad, y más y más.

Otra clienta acababa de entrar detrás de ellas y escuchó todo lo que estaba pasando. Esta mujer caminó hacia mi amiga con una gran sonrisa y le dijo: "Hola, es Navidad. ¿Por qué está tan alterada? Voy a orar para que encuentre sus postres".

Mi amiga puso los ojos en blanco y pensó: *Señor, no necesito oración. Necesito tartas.* Le agradeció a la señora por orar y luego ella y su madre salieron de la pastelería y se subieron al coche.

Su madre le dijo: —¿Por qué no llamas a la pastelería que está del otro lado de la ciudad?

Exasperada, mi amiga respondió: —Ay, Mamá, jamás podremos cruzar la ciudad con este clima. Además, ya no les van a quedar tartas en Noche Buena. Su madre finalmente la convenció de llamar a la pastelería. Cuando preguntó si les quedaba alguna tarta, la mujer le dijo: "Déjeme ver". Volvió al teléfono y le dijo: "Solamente nos quedan siete tartas: dos de pacana, dos de calabaza y tres de merengue de limón".

Amigo, Dios está en completo control. Usted no tiene que molestarse cuando las cosas no salen como usted quiere. Usted tiene el poder de permanecer calmado.

Usted puede manejar cualquier situación. Deje de permitir que haya cosas pequeñas que roben su gozo. Cada día es un regalo de Dios. La vida es demasiado corta para vivirla pesimista, ofendido, amargado o desanimado. Comience a pasar las pruebas.

> *Usted tiene el poder de permanecer calmado. Usted puede manejar cualquier situación.*

Comience a creer que Dios está dirigiendo sus pasos. Crea que Dios está en control de su vida. Crea que Él tiene soluciones a problemas que usted no ha tenido. Si usted se mantiene en calma y en fe, Dios promete que todas las cosas cooperarán para su bien.

"Bueno, Joel —puede decir usted—, yo estuve en ese mismo tipo de situación, pero no tuvo un buen final. Ya no les quedaban

más tartas". Quizá Dios está tratando de ayudarlo a adelgazar.
¡Usted puede manejarlo!

Las cosas no se
le van a pegar

Todos hemos visto cómo una araña teje su tela con el fin de
capturar a otro insecto. Esa red está llena de una sustancia pe-
gajosa, de modo que cuando otro insecto entra en contacto con
ella, no solo se enreda en la red, sino que se queda pegado. ¿Alguna vez se ha preguntado cómo la araña que está tejiendo la
red puede caminar por ella sin quedarse pegada? Parecería que
podría quedar atrapada en su propia red. Pero Dios hizo a la
araña para que libere un aceite especial que fluye por sus patas.
De esa manera puede simplemente deslizarse por la red. Podría
decirse que la araña no se queda pegada por la unción que está
en su vida. En una manera similar, Dios ha puesto una unción
sobre su vida. Es como el aceite que no permite que las cosas
se peguen.

Cuando usted camina en su unción, sabiendo que puede manejar cualquier cosa que venga, las cosas que deberían derribarlo
no podrán hacerlo. Fue despedido. No fue justo. Usted debería
estar desanimado. Debería alterarse, pero se mantiene en fe y
termina con un mejor empleo. Una relación se termina. Usted
debería amargarse, debería desanimarse, pero se mantiene avanzando y Dios abre una nueva puerta. En la oficina, la gente le
está haciendo política, hablando detrás de sus espaldas. Usted
debería tratar de vengarse. Usted debería tratar de cobrárselas,
pero a causa de esta unción, simplemente se le resbala.

Probablemente se pregunte al igual que yo: *¿Cómo logré pasar
la pérdida de mi padre?* ¿Cómo fue que logré pasar por esa temporada lenta en el trabajo? ¿Cómo logré pasar por esa enfermedad,
ese rompimiento? Es a causa de la unción que Dios puso sobre su
vida. Él le dio fuerzas cuando usted pensaba que no podía seguir
adelante. Le dio gozo cuando debería estar desanimado. Abrió

un camino cuando parecía imposible. Ahora todos podemos decir con David: "Hubiera yo desmayado, si no hubiera creído que había de ver la bondad del Señor". Conclusión: Dios le ha infundido fuerzas. Él lo ha equipado y facultado. Usted está listo y es rival para cualquier cosa que se cruce en su camino. Cuando enfrente dificultades, recuérdese a sí mismo: "Estoy ungido para esto. No voy a desmoronarme. No voy a empezar a quejarme. Puedo manejarlo. Sé que Dios todavía está en el trono. Él está peleando mis batallas, y si Dios está a favor mío, ¿quién podrá atreverse a ponerse en mi contra?".

Otro amigo mío ha tenido cáncer tres veces. Nunca lo escuché quejarse una sola vez. Jamás lo he visto deprimido. Solíamos jugar baloncesto juntos. Nadie sabía siquiera que algo andaba mal. Él no tiene una mentalidad débil, derrotada de "pobre de mí". Tiene mentalidad de guerrero. Sabe que lo puede manejar. Está ungido para ello. Hace un par de años, el cáncer regresó por tercera vez. Los doctores le dijeron que antes de que se sometiera a la quimio iban a cosechar sus leucocitos para poderlos usar para ayudar a restaurar su sistema inmune después del tratamiento. Le preguntó a los doctores cuántas células necesitaban. Le dieron una cifra. Él dijo: "Señores doctores, les voy a dar el doble de lo que necesitan".

Durante los siguientes meses, a lo largo del día iba por todos lados diciendo: "Padre, te agradezco que mis leucocitos se están multiplicando. Se están fortaleciendo, incrementando. Van a hacer exactamente aquello para lo que los creaste". ¿Qué estaba haciendo? Estaba hablando consigo mismo. Asiéndose de esa fuerza.

Regresó a ver a los médicos, quienes le dijeron: "Usted es un hombre de palabra. Nos ha dado cuatro veces la cantidad que estábamos esperando". Tomó ese tratamiento, y hoy está totalmente libre de cáncer, saludable y fuerte.

Rehúsese a rendirse

La Escritura dice en Filipenses 1:28: "No se dejen intimidar por sus enemigos de ninguna manera". No se intimide por ese cáncer. No es rival para usted. La enfermedad no puede evitar que cumpla su destino. Dios lo tiene en la palma de su mano. Nada lo puede arrebatar de allí. Si no es su tiempo para morir, no se va a morir. No se inti-

> *No se intimide.*

mide por ese problema financiero. No se intimide por lo que alguien dijo acerca de usted. Hay unción en su vida que lo sella, lo protege, lo habilita y lo faculta. Dios le ha infundido fuerza. La Escritura lo llama "su gran poder que actúa en nosotros".

Yo estaba en la playa en una ocasión cuando nuestros hijos eran mucho más chicos. Alexandra tenía tres años y Jonathan seis. Estábamos teniendo un buen tiempo, jugando en la arena, haciendo castillos, cuando este abejorro amarillo vino y se posó junto a Alexandra. Huyó corriendo, asustada. Espanté al abejorro para que se fuera. Volvimos a jugar. Unos treinta segundos después, el abejorro estaba de regreso volando a nuestro alrededor. Mis hijos comenzaron a gritar: "¡Papi! ¡Dale! ¡Dale!". Tomé la toalla y lo derribé a la arena. Pensé: *¡Ya le enseñé quién manda aquí!*

Un minuto después, allí estaba de nuevo el abejorro, zumbando a nuestro alrededor, volando por nuestra cabeza. Esa vez tomé mi toalla y no solamente lo derribé a la arena, sino que tomé mi zapatilla deportiva y lo aplasté en la arena tan duro como pude. Estaba cansado de tratar con él. Volvimos a jugar. Un par de minutos después, fui a revisar para asegurarme de que siguiera muerto. No lo podía creer. Noté que un ala comenzó a moverse. Entonces, la otra ala salió de debajo de la arena. Pensé: *Este es un abejorro del infierno.* Comenzó a caminar a lo largo del arena como si estuviera mareado. Me sorprendí de que no solamente estaba vivo, sino de que pudiera levantarse de nuevo. En ese momento, comenzó a volar para alejarse de mí.

Justo cuando pensé que había aprendido su lección "No te metas con Joel" el abejorro dio vuelta y regresó a zumbar alrededor de mi cabeza por lo menos unas tres o cuatro veces. Tuve que agacharme para evitarlo. Era como si estuviera diciendo: "¡Jajajajá! No pudiste matarme".

Alexandra exclamó: "¡Papi, mátalo para siempre esta vez!".

Respondí: "No, Alexandra. Este abejorro merece vivir. Soy mil veces más grande que él, y aun así no pude mantenerlo en el piso". Esa es la manera en que usted necesita verse a sí mismo. Sin importar qué tan grande se vea el enemigo. Sin importar lo poderoso que pueda parecer. Hay una fuerza en usted que es más poderosa que cualquier oposición. El que vive en usted es más poderoso que el que viene en su contra. Al igual que ese abejorro, rehúsese a rendirse, rehúsese a caer en la autocompasión, rehúsese a quedar abrumado. En lugar de ello, tenga esta actitud: *Estoy listo y soy rival para cualquier cosa que se atraviese en mi camino. He sido ungido con "su gran poder que actúa en nosotros". He sido armado con fuerza para esta batalla.* Cuando tiene esta mentalidad de guerrero, esta actitud de "puedo manejarlo", entonces todas las fuerzas de las tinieblas no pueden desviarlo de su destino.

Probablemente ya haya decidido: *Ya no puedo manejar esta enfermedad. No puedo manejar este problema en el trabajo. No puedo manejar cuidar de mis padres ancianos y también de mi familia.* Deje de decirse a sí mismo que es demasiado. Esos pensamientos negativos de derrota están agotando su energía. Usted no estaría allí si no pudiera manejarlo. Dios no lo habría permitido si no estuviera listo y fuera rival para ello. Usted está ungido para ello. Cuando se esfuerce por ir más

> *Cuando se esfuerce por ir más allá de lo que viene en su contra, del otro lado de esa dificultad hay un nuevo nivel de su destino.*

allá de lo que viene en su contra, del otro lado de esa dificultad hay un nuevo nivel de su destino.

Usted saldrá mejor

Escuché acerca de un hombre adinerado que era conocido por ser sumamente excéntrico en una manera exagerada. Una noche estaba teniendo una gran fiesta en su casa. En su patio trasero, la piscina estaba llena de tiburones y caimanes.

Le anunció a todos los invitados: "A cualquiera que nade de un lado a otro de mi piscina le daré cualquier cosa que quiera".

En unos minutos hubo un gran chapuzón. Volteó a ver y este hombre estaba nadando a toda velocidad, esquivando a los caimanes y maniobrando alrededor de los tiburones tan rápido como podía. Logró llegar al otro lado justo a tiempo y saltó fuera del agua totalmente en pánico.

El hombre adinerado se acercó y le dijo: —No lo puedo creer. Usted es la persona más valiente que haya conocido. Ahora bien, ¿qué quiere que le dé?

El hombre miró alrededor de la piscina y respondió: —Lo que quiero más que nada es, ¡el nombre de la persona que me empujó!

Este es mi punto: Algunas veces en la vida se siente como si nos hubieran empujado. No lo estábamos esperando. Un informe médico malo. La relación no sobrevivió. El negocio se va a pique. Quizá sea una sorpresa para nosotros, pero no es una sorpresa para Dios. Si usted es derribado, no se siente por allí atendiendo sus heridas. Haga lo que hizo este hombre y simplemente vaya por ello. Simplemente manténgase siendo lo mejor que pueda ser. Siga honrando a Dios. Siga haciendo lo que usted sabe que debe hacer. Dios ya le ha dado la fuerza, la sabiduría, el favor y la determinación no solo para pasar al otro lado, sino para salir mejor de lo que era antes.

Recuerde, esa dificultad no lo va a derrotar. Lo va a promover. Usted puede manejarlo. Aprópiese de su fuerza. Levántese cada mañana y recuérdese a sí mismo: "Estoy listo y soy rival para cualquier cosa que se atraviese en mi camino. Yo soy fuerte". Si usted hace esto, Dios promete que Él le infundirá fuerzas. Usted vencerá cada obstáculo, derrotará a cada enemigo y vivirá la vida victoriosa que le pertenece.

YO SOY UNA PERSONA UNGIDA

CAPÍTULO QUINCE

Usted está ungido

No tenemos que ir por la vida haciendo todo por nuestra cuenta, tratando de lograr nuestros sueños solamente en nuestra propia habilidad, tratando de vencer desafíos en nuestra propia fuerza, nuestro propio intelecto y nuestro propio duro trabajo. Tenemos una ventaja. Dios ha puesto su unción en usted. La unción es un empoderamiento divino. Lo faculta para hacer lo que usted no podría hacer por sí mismo. Lo llevará a lograr sus sueños aun y cuando no tenga el talento. Lo ayudará a vencer obstáculos que parecían infranqueables.

He oído decir lo siguiente: "La unción para nosotros es como la gasolina para un coche". Usted puede tener el coche más caro, con un motor enorme, un exterior hermoso, y lujos en el interior, pero si no le pone gasolina, no va a avanzar, no le va a servir de mucho. En una manera similar, usted ha sido hecho a la imagen del Dios todopoderoso. Usted está lleno de un potencial increíble. Tiene semillas de grandeza. El combustible que usted necesita para su grandeza, para vencer los obstáculos y lograr sus sueños es la unción en su vida. La unción solamente se activa donde hay fe. En lugar de quejarse acerca de cómo no va a funcionar o de cómo usted jamás logrará sus sueños, voltee eso y comience a declarar: "Estoy ungido. Estoy equipado. Estoy facultado. Soy bastante capaz". Cuando usted tiene esta actitud de fe y está hablando palabras de victoria, le

> *"La unción para nosotros es como la gasolina para un coche".*

está poniendo gasolina a su coche. Usted está estimulando su unción. Es en ese momento que irá a lugares a los que no podía ir por sí mismo. Es en ese momento que verá los avances. Las situaciones de pronto cambiarán a su favor.

Usted podría trabajar con personas negativas y difíciles de tratar. Es fácil de pensar, *no soporto ir a trabajar, esta gente me desespera.* Eso está drenando su combustible. Su coche no avanzará adecuadamente. Dios no lo tendría allí si usted no pudiera manejarlo. Tenga una nueva perspectiva. Usted ha sido ungido para trabajar en ese ambiente difícil. Usted ha sido ungido para soportar compañeros de trabajo gruñones. Usted ha sido ungido para tratar con un jefe enojón. Deje de decirse a sí mismo lo difícil que es y comience a declarar: "Estoy ungido. Voy a disfrutar mi trabajo. Voy a poner una sonrisa en mi rostro. Voy a ser bueno con la gente. Este es el día que hizo el Señor. Voy a decidir estar feliz". Cuando usted haga eso, Dios peleará sus batallas. Dios quitará a las personas equivocadas del camino. Él lo va a llevar adonde se supone que debe estar.

Probablemente usted se encuentre criando a un hijo difícil. Le está tomando mucho tiempo y esfuerzo. Usted no ve de qué manera poder continuar. Usted tiene que recordarse a sí mismo que está ungido para criar a su hijo. Dios no lo puso allí y le dijo: "Muy bien. Buena suerte. Estás por tu cuenta. Vamos a ver qué es lo que puedes hacer". Él ya lo equipó y lo facultó para cada situación. Deje de hablar de lo difícil que es y comience a declarar: "Todo lo puedo hacer por medio de Cristo. Soy fuerte en el Señor. Soy bastante capaz de criar a mi hijos". Usted tiene que estimular la unción. Eso es lo que lo mantiene avanzando.

Posiblemente usted está tratando con una enfermedad. Lo golpeó inesperadamente. Usted podría desanimarse, dejarse abrumar y quejarse: "No puedo creer que me esté pasando esto". En lugar de ello, tenga una nueva perspectiva. Esa enfermedad no es una sorpresa para Dios. No tomó a Dios fuera de guardia. Dios ya lo ha ungido. Usted tiene la fuerza, la paz, la determinación y la confianza que necesita. Usted no es escaso. Usted está ungido. Las fuerzas que están a su favor son mayores que las fuerzas que están en su contra. En estos tiempos difíciles, usted tiene que declarar lo que afirmó Isaías: "La unción en mi vida está pudriendo todo yugo". "La unción es mayor que este cáncer". "La unción es mayor que esta depresión". "La unción está llevándome a vencer". Cada vez que usted dice: "Estoy ungido", las cadenas se rompen. El temor se tiene que ir. La depresión se tiene que ir. La sanidad viene. La fuerza viene. La fe viene.

Su tiempo viene

Cuando David era un adolescente, el profeta Samuel vino a su casa y lo ungió para ser el siguiente rey de Israel. De todos los hijos de Isaí, Samuel escogió a David y derramó el aceite de la unción sobre su cabeza. Lo interesante es que después de que Samuel lo ungió, envió a David de vuelta a los campos de pastoreo para cuidar de las ovejas. David vivió como pastor durante años aunque tenía la unción del rey. La Escritura nos dice que "vivamos y reinemos" como un rey. Cada uno de ustedes tiene la unción de un rey, la unción de una reina. Esto significa vivir una vida abundante para cumplir con sus sueños dados por Dios, para criar hijos que serán poderosos en la tierra, para dejar su marca en esta generación.

Pero así como fue cierto para David, aunque usted ha sido ungido, en el camino a su destino habrá tiempos de prueba, en los que no verá que suceda nada, tiempos de espera en los que tendrá que ser paciente y mantenerse haciendo cosas, momentos en los que no pareciera que alguna vez algo vaya a cambiar. Usted tiene que mantenerse en fe y seguir creyendo: *Mi tiempo viene. Dios lo ha hablado sobre mí. Él ha puesto la promesa en mi corazón. Quizá yo no vea como pueda suceder. Las probabilidades quizá estén en mi contra. Pero tengo un arma secreta. La unción está en mi vida.*

Si usted se mantiene en fe y no se desanima ni se convence de zafarse de ello porque no está sucediendo conforme a su programa, Dios lo llevará adonde se supone que debe estar. Dios sabe lo que está haciendo. Él no se ha olvidado de usted. Usted quizá piense que no tiene la habilidad, el talento o la experiencia

> *La unción en su vida compensará lo que usted no tenga.*

de lograr lo que está en su corazón, pero eso está bien. La unción en su vida compensará lo que usted no tenga. Usted puede tener menos talento, pero con la unción de Dios, usted va a ir más allá que las personas que tienen más talento. No es solamente su intelecto, su conocimiento o su experiencia lo que va a determinar qué tan alto va a ir. Es el hecho de que el Dios todopoderoso está soplando en su vida. La unción va a causar que usted logre sueños que no podría haber cumplido por su cuenta jamás. Lo impulsará a su destino.

Usted no es "solo" alguien

Es fue lo que le sucedió a una mujer en la Escritura llamada Débora. En el libro de Jueces ella se describe a sí misma como una "madre en Israel". Esto fue significativo. Estaba diciendo que ella no estaba trabajando en el mundo corporativo. No tenía una posición impresionante, un puesto, influencia o prestigio. Ella no era necesariamente supertalentosa o altamente preparada. Ella era una madre criando a sus hijos. En ese tiempo, las mujeres no tenían los papeles de liderazgo que tienen hoy. Eran vistas como secundarias, sin influencia. Débora podría haber sido considerada "solo una madre".

¡Pero puedo decirle que usted no es "solo" alguien! Usted es un hijo del Dios Altísimo. La gente quizá trate de descartarlo, descontarlo y derribarlo. "Usted no tiene el talento, la capacitación, el puesto o el título. Usted proviene de la familia equivocada". Lo que no pueden ver es que Dios ha puesto algo en usted que reemplaza todo eso, algo que lo lleva a romper barreras, a destacarse, a cumplir sueños, a hacer lo que no podía hacer. Yo estoy a favor de obtener la mejor educación que pueda, de desarrollar sus talentos y mejorar sus habilidades, pero usted no se encuentra limitado por su propia habilidad, su propia preparación, su propio intelecto o su propia experiencia. Eso lo llevará a cierto nivel, pero para alcanzar su más alto potencial necesita la unción sobre su vida. Usted necesita que Dios abra puertas que usted no puede abrir. Usted necesita favor que no tiene para que trabaje a su favor, buenas oportunidades que no merece y sabiduría que no aprende en la escuela. Eso es lo que la unción hace. Lo lleva adonde no podría ir por su cuenta.

> *Usted no se encuentra limitado por su propia habilidad, su propia preparación, su propio intelecto o su propia experiencia.*

Esta madre en Israel, Débora, estaba viviendo en una nación vencida por la violencia y toda clase de caos. Los caminos principales se habían puesto tan mal que no se podían recorrer. La gente estaba siendo atacada y asaltada constantemente; no había orden. Parecía como si esa fuera la manera en que siempre sería. Pero Dios puso un sueño en el corazón de Débora para hacer algo al respecto. Ella podría haber presentado una abundancia de excusas. "Dios, soy solo una mujer. Nadie me va a escuchar. Solo soy una madre criando a mi hijo. No estoy en el gobierno. No tengo a nadie respaldándome, no hay fuerza policiaca, ni ejército". Pero Débora entendió este principio. Ella sabía que Dios había puesto algo en ella que la llevaría a destacarse.

La Escritura dice que las carreteras estaban desocupadas y que Israel había estado en cautiverio durante veinte años hasta que Débora, una madre en Israel, se levantó. Débora dio un paso de fe y otras personas comenzaron a unírsele. No pasó mucho tiempo antes de que el ejército del enemigo fuera destruido y el orden restaurado. Todo había salido bien. La nación estaba en calma y apacible.

¿Cómo podía esta madre afectar a toda la nación? Era la unción en su vida. Usted no se encuentra limitado por a quién conoce, o lo influyente que es o por cuanto ingreso tiene. Hay algo que va más allá del talento, los ingresos y la experiencia. Es la unción que Dios ha puesto en su vida. Deje de presentar excusas sobre lo que no puede hacer. "Joel, solo soy una mamá". ¡Una mamá con la unción es más poderosa que un Director General sin ella! "Bueno, solo soy un estudiante". "Solo soy un hombre de negocios". "Solo soy un contador, no puedo hacer nada grandioso". ¿Por qué no? Débora, una madre, cambió a toda su nación. Puedo decirle de primera mano, no soy la persona más talentosa. No tengo la mayor experiencia, la mayor capacitación o la mayor preparación académica, pero sí tengo la unción. También usted.

En la temporada correcta cosechará

Cuando mi padre se fue con el Señor en 1999, tomé el desafío de pastorear la iglesia aunque nunca había ministrado antes. Todas las voces me decían: "No eres un ministro. No puedes ponerte frente a la gente. No vas a saber qué decir. Nadie te va a escuchar". En lugar de permanecer en esos pensamientos, me veía en el espejo y me decía: "Joel, estás ungido. Eres el hombre para el trabajo. Este es tu momento. Has sido levantado para un momento como este". ¿Qué estaba haciendo? Le estaba añadiendo combustible a mi coche. Estaba estimulando la unción.

Siempre habrán voces negativas que traten de convencerlo de dejar a un lado sus sueños, tratar de convencerlo de establecerse donde está, pero déjeme alentarlo. Usted es el hombre o la mujer para el trabajo. Usted ha sido levantado. Usted tiene lo que se necesita. Está calificado. Está ungido. Está aprobado. Tiene suficiente talento. Es lo suficientemente fuerte. Tiene la experiencia suficiente. Usted y Dios son mayoría. Deje de descartarse a sí mismo. Deje de presentar excusas.

Si usted sigue tomando pasos de fe, haciendo lo que pueda, Dios hará lo que usted no pueda. Él traerá a las personas correctas y abrirá las puertas adecuadas. Él le dará la sabiduría y la creatividad. Él hará que todo quede integrado. No se conforme con la mediocridad. Usted fue creado para grandeza. Usted tiene la unción del rey. Quizá esté en los campos de pastoreo en este momento. Quizá sienta como si estuviera haciendo algo insignificante, pero donde está usted ahora no es adonde se va a

> *Usted fue creado para grandeza. Usted tiene la unción del rey.*

quedar. Eso no es permanente. Es temporal. Usted va a salir. No ha alcanzado su más alto potencial. Comience a hablarse a sí mismo en la manera correcta. "Soy la persona correcta para el trabajo. Este es mi momento. He sido levantado. Voy a entrar a la plenitud de mi destino".

David pasó años en los campos de pastoreo, pero la clave fue que nunca olvidó que tenía la unción del rey. Podía haber sido fácil para él pensar: *Seguro escuché mal a Samuel. Sé que él me ungió, pero estoy seguro de que no me he convertido en rey. Probablemente no le atinó esta vez.* No, todos los días se seguía recordando a sí mismo: "Estoy ungido. Mi tiempo viene. Voy a marcar una diferencia con mi vida". ¿Qué estaba haciendo? Le estaba añadiendo combustible a su coche. No parecía como si fuera a llegar a algún lado. Sonaba como si estuviera gastando su aliento y haciéndose ilusiones, pero Dios ve lo que usted está haciendo y escucha lo que usted dice. Cada día que usted viva en fe, con expectación, está un día más cerca de ver sus sueños realizarse. Dios conoce cuando es el tiempo correcto. Si todavía no ha sucedido, significa que todavía está en camino. Dios lo está preparando. Usted está creciendo. Se está fortaleciendo. Algunas veces, Dios sabe que la bendición va a ser tan grande que no podríamos manejarla si sucediera en este momento, así que nos está madurando. Lo que Dios tiene en su futuro va a ser mayor que cualquier cosa que haya visto en el pasado.

Pablo lo dijo de esta manera: "Así que no nos cansemos de hacer el bien. A su debido tiempo, cosecharemos numerosas bendiciones si no nos damos por vencidos". Su debido tiempo ya viene. Usted va a entrar en esa unción del rey, en esa unción de reina. Usted apenas está comenzando. El sueño de Dios para su vida es mucho mayor que el que usted tiene. Si Dios lo hubiera hecho antes, usted no habría estado preparado. Este es su tiempo. Está a punto de entrar en aquello para lo que fue creado. Usted va a entrar en un nuevo nivel de su destino. Las decepciones, los retrasos y los reveses del pasado eran parte del plan de prepararlo para este momento. Nada fue desperdiciado. Lo fortaleció. Usted desarrolló confianza, resistencia y seguridad. Ahora usted está preparado para este tiempo. Está en la pista a punto de despegar. ¡Usted va a ver la supereminente grandeza del favor de Dios!

Su copa se desbordará de bendiciones

David estaba fuera en los campos de pastoreo. No parecía que algo estuviera sucediendo, pero llegó a su debido tiempo. El rey Saúl envió un mensaje diciendo: "Envíame a David tu hijo, el que está con las ovejas. Lo necesito en el palacio". David comenzó a trabajar para Saúl. Ese fue otro paso en camino a su destino. No estaba todavía en el trono, pero por lo menos llegó al palacio. Observe esta frase: "Envíame a David tu hijo, el que está con las ovejas". Usted quizá sienta como que está con las ovejas hoy. En otras palabras, usted está haciendo algo que se siente insignificante. Usted sabe que tiene más en usted, pero ha estado en el fondo año tras año.

> *Probablemente esté en los campos de pastoreo, pero no se ponga cómodo allí.*

No se desaliente. Su tiempo viene. No se va a quedar con las ovejas. Dios lo va a llevar del fondo al frente. Usted quizá esté en los campos de pastoreo, pero no pierda las esperanzas. No se acomode allí. Usted tiene la unción del rey. Usted está destinado para realizar grandes cosas. El palacio ya viene. La victoria de acerca. La promoción está en camino. La gente no lo puede detener. Las adversidades no lo pueden detener. La enfermedad no lo puede detener. El Dios todopoderoso lo ha ungido. Lo que Él ha hablado sobre su vida sucederá.

Hace unos años hablé con una madre soltera. Me dijo acerca de lo mucho que batallaba para pagar las cuentas. Tenía que trabajar en dos empleos muchas horas. Se sentía mal de no poder estar allí con sus hijos. No tenía tiempo libre para salir o para tener ningún tipo de vida social. Parecía como si esa fuera la manera en que siempre sería. Ella estaba "con las ovejas", por decirlo así. Estaba en los campos de pastoreo. Se habría desanimado y se habría establecido allí, pero sabía en lo profundo que tenía la unción de una reina. Sabía que había sido hecha para más que estar simplemente batallando, resistiendo y no teniendo lo suficiente. Seguía recordándose a sí misma que la unción puede podrir cualquier yugo. La pobreza, escasez y apenas sobrevivir son un yugo. No acepte esto como su destino. Jesús vino para que usted viviera una vida abundante. Debemos ser la cabeza y no la cola. Y sí, todos pasamos por temporadas secas, pero no son permanentes. Son temporales. En cierto punto la sequía llega a un final y usted verá una abundancia de lluvia; una abundancia de favor.

Me gusta como lo dijo David en el Salmo 23: "Dios, me honras ungiendo mi cabeza con aceite". Y continuó diciendo: "Mi copa se desborda de bendiciones". Cuando usted camina en su unción, sabiendo quién es y de quién es usted, en cierto punto su copa se desbordará de bendiciones. Usted verá a Dios derramar bendiciones que no podrá contener. No se atreva a conformarse con las ovejas en los campos de pastoreo. El palacio ya viene.

En cierta ocasión, la madre soltera fue invitada a cenar por una pareja que vivía a una calle de la suya, y a quienes había visto solamente una vez. Esa noche le entregaron las llaves de un coche nuevo que le habían comprado. Ella pudo vender su coche y pagar la mayoría de sus deudas de modo que ya no tenía que trabajar tanto. Hace poco me enteré de que se casó con el ejecutivo de una empresa grande. Ahora ella y sus hijos ya no están con las ovejas. Están en el palacio. Dios los ha bendecido. Él ha hecho mucho más abundantemente, arriba y más allá.

Amigo, usted no fue creado para pasarla apenas, para recibir las sobras o para vivir en los campos de pastoreo. Usted fue creado para victoria, para abundancia, para el palacio. El mismo Dios que hizo incrementar a la madre soltera lo puede hacer incrementar a usted. La unción sobre su vida hará que la gente sea buena con usted. Hará que usted se encuentre en el lugar correcto en el tiempo oportuno, trayendo favor, promoción e incremento.

Unciones frescas

David estaba en el palacio tocando el arpa para el rey Saúl. Era una posición temporal. No se suponía que estaría allí mucho tiempo. Pero David era tan bueno en lo que hacía que el rey Saúl creó un nuevo puesto exclusivamente para David. Se convirtió en escudero. Si usted da lo mejor de sí justo donde está y se destaca en lo que hace, las puertas correctas siempre se abrirán para usted. Probablemente no haya espacio para una promoción en su trabajo hasta donde usted puede ver en este momento, pero no se preocupe. Sus dones le harán espacio. Si no hay una posición, Dios puede hacer que sus empleadores generen un nuevo puesto. Probablemente usted esté a tiempo parcial, creyendo incrementar su trabajo. Usted necesita prepararse. Al igual que David, usted va a estar a tiempo completo. Usted ha pasado la prueba. Ha sido fiel en los campos de pastoreo. Sabía que tenía más en usted y no se volvió perezoso. No se quejó. Se mantuvo en fe, confiando en el tiempo de Dios. Ahora su debido tiempo ha llegado. Usted va a entrar en esa unción del rey. Lo que Dios le ha prometido, Él lo hará realidad.

Años después, el rey Saúl fue muerto en una batalla. Ahora era el momento de David. Tenía treinta años y estaba a punto de tomar el trono. En este tiempo, Israel se dividió en dos reinos: Judá e Israel. En 2 Samuel 2 dice: "Después llegaron los hombres de Judá y ungieron a David rey del pueblo de Judá". Él sirvió allí siete años y medio, entonces unió a los dos reinos. Cuando David tenía treinta y siete, los hombres de Israel se unieron a los hombres de Judá y ungieron a David nuevamente para que fuera el rey sobre todo Israel.

Lo interesante es que David fue ungido cuando era adolescente para llegar a ser rey. Cuando los hombres de Judá llegaron a ungirlo de nuevo, él pudo haber dicho: "Oigan, ya fui ungido. Ya no lo necesito. Sucedió cuando era adolescente. Samuel lo hizo". Siete años y medio después cuando los hombres de Israel vinieron a ungirlo rey sobre todo Israel, podría haber dicho: "Esto no es necesario. Ya fui ungido dos veces. No necesito ser ungido nuevamente". Pero David entendió la importancia de tener una unción fresca.

> *Usted no puede ganar las batallas de hoy con la unción de ayer. Necesita tener una unción fresca.*

Usted no puede ganar las batallas de hoy con la unción de ayer. Necesita tener una unción fresca.

Con demasiada frecuencia tratamos de hacer las cosas en nuestras propias fuerzas. Es puro batallar. Nada de promoción. Ni incremento. Nos está aplastando. No nos damos cuenta de que todo lo que tenemos que decir es: "Dios, necesito una unción fresca. Dios, lléname con nuevas fuerzas, nuevas ideas, nueva creatividad y nueva pasión". Cuando usted haga eso, Dios soplará frescura en su vida. La razón por la que las cosas se añejan y simplemente soportamos nuestro matrimonio, nuestro trabajo y arrastramos los pies a lo largo del día es que no estamos estimulando la unción. Con regularidad necesitamos orar: "Dios, necesito una unción fresca en mi matrimonio, una unción fresca en mi carrera, una unción fresca en mi mente y en mis pensamientos. Dios, ayúdame a ver las cosas desde la perspectiva correcta".

La unción pudre el yugo

Si David hubiera tomado el trono sin la unción fresca, no podría haber tenido el éxito y el favor que tuvo. Cuando usted se humilla y dice: "Dios, no puedo hacer esto por mi propia cuenta. Necesito tu ayuda. Necesito tu favor. Necesito tu sabiduría. Dios, necesito una unción fresca", usted está demostrando su dependencia de Él. Cuando usted reconoce a Dios en esa manera, Él le dará sabiduría más allá de su edad. Dios lo ayudará a lograr cosas que jamás habría logrado por su propia cuenta. Cada vez que usted comience un nuevo trabajo o incluso un nuevo puesto, siempre pida esa fresca unción. Padres, cuando tengan un bebé oren: "Dios, dame una unción fresca para criar a este niño". Estudiantes, cuando comiencen un curso nuevo, humildemente pidan: "Dios, dame una unción fresca para este semestre". Usted está diciendo: "Dios estoy listo para nuevas oportunidades, nuevas habilidades, nuevas amistades y nuevas ideas". Probablemente, usted esté enfrentando un desafío hoy—su salud, sus finanzas, una relación—. En lugar de quejarse por ello, por qué no dice: "Dios, dame una unción fresca para vencer este desafío". Es la unción la que pudre el yugo.

Así como los hombres de Judá ungieron a David para esta nueva temporada, creo que Dios está liberando una unción fresca en su vida. Usted va a ir adonde jamás ha estado. Usted va a ver que las situaciones negativas se tornen positivas. Cadenas de adicciones y malos

> *Usted va a ir adonde jamás ha estado.*

hábitos se rompan. Vienen en camino la sanidad, la promoción y la restauración.

Usted va a entrar en la plenitud de su destino. Amigo, usted tiene la unción de un rey, la unción de una reina. No se conforme con la mediocridad. Estimule la unción. Cada mañana recuérdese: "Estoy ungido. Estoy equipado. Estoy facultado". Recuerde siempre pedir esa unción fresca. Si usted hace esto, yo creo y declaro, al igual que David, que usted llegará a trono y que entrará en la plenitud de su destino.

CAPÍTULO DIECISÉIS

Confíe en el tiempo de Dios

En la vida siempre estamos esperando algo: que se realice un sueño, conocer a la persona correcta, que un problema cambie. Cuando no está sucediendo tan rápido como nos gustaría, es fácil frustrarse. Pero tiene que darse cuenta de que en el momento en que usted oró, Dios estableció un tiempo para que la promesa se cumpliera. Dios tiene un tiempo señalado para que conozca a la persona correcta. Hay un tiempo señalado para que el problema se resuelva, un tiempo señalado para su sanidad, su promoción y su avance. Pudiera ser mañana, o la próxima semana o en cinco años a partir de ahora.

Pero cuando uno entiende que el tiempo ya ha sido establecido, se quita toda la presión. Usted no vivirá preocupado, preguntándose si alguna vez va a suceder. Se relaja y disfruta la vida, sabiendo que la promesa ya ha sido programada por el Creador del universo.

Quizá haya estado orando por una situación durante largo tiempo y no vea que suceda nada. Podría sentirse desanimado fácilmente. Pero, ¿y si Dios retirara la cortina y le permitiera ver en el futuro, y usted viera que el 12 de febrero a las 2:33 de la tarde, usted fuera a conocer a la persona de sus sueños? Usted no estaría desalentado. Estaría emocionado. Comenzaría a hacer ejercicio e iría a comprarse ropa nueva. ¿Por qué? Porque sabe que el gran día viene.

Aquí es donde se requiere la fe. Dios promete que hay tiempos establecidos en nuestro

> *Su debido tiempo quizá sea mañana a las 9:47.*

futuro, pero Él no nos dice cuándo van a ser. Su debido tiempo quizá sea mañana a las 9:47. Usted recibirá la llamada que ha estado esperando. Su debido tiempo podría ser el 25 de octubre dentro de dos años. Usted recibirá una buena oportunidad, y eso lo lanzará a un nuevo nivel.

Mi pregunta es: "¿Confía en Dios lo suficiente para creer que vienen esos tiempos establecidos?". ¿Está dispuesto a esperar con una buena actitud, sabiendo que vienen en camino? ¿O se va a desanimar y a pensar: *No lo sé, Joel. He estado tratando de romper con esta adicción desde la escuela media-superior?* Usted tiene que tener una nueva perspectiva. Dios tiene un tiempo señalado para que rompa esa adicción. Ya está en su futuro. No permita que los pensamientos negativos lo convenzan de que no es cierto. Hay un tiempo señalado para estar completamente bien, un tiempo señalado para que Dios resuelva la situación legal. No deje de preocuparse acerca de ello. Deje de vivir estresado, pensando: *¿Y si no llego a conocer a la persona correcta? ¿Y si nunca me recupero?*

"Espera con paciencia, porque sin lugar a dudas sucederá"

La Escritura dice: "Pues solo los que creemos podemos entrar en el descanso de Dios". La manera en que usted sabe que está realmente creyendo es que tiene descanso. Está en paz. Usted sabe que la repuesta viene en camino. Usted sabe que las personas correctas y las oportunidades correctas ya han sido establecidas en su futuro.

El 8 de enero de 1986 a las cuatro de la tarde entré a una joyería para comprar una batería para mi reloj. De allí salió la mujer más hermosa que había visto. Era Victoria. No se lo dije a ella, pero pensé: *Este es mi debido tiempo.* ¡Me tomó un año convencerla de que también era su debido tiempo!

El 3 de diciembre de 2003, a la una treinta de la tarde, cuando el alcalde Brown nos entregó las llaves del Compaq Center, no fue un momento ordinario. Fue un tiempo señalado ordenado por el Dios Altísimo.

En la misma manera, hay tiempos establecidos en su futuro. Usted ha orado, creído y permanecido en fe. Déjeme asegurarle que va a entrar en tiempos establecidos de favor, a un tiempo señalado en el que un problema súbitamente se resuelve, un tiempo señalado en el que conozca a la persona adecuada, un tiempo señalado en el que una buena oportunidad lo lance muchos años hacia adelante.

Eso fue lo que dijo Habacuc. "La visión se realizará en el tiempo señalado. Aunque parezca que se demora en llegar, espera con paciencia, porque sin lugar a dudas sucederá". No se tardará. Nada de que: "Probablemente llegue". Tampoco: "Eso espero". Dios ya ha establecido

> *"La visión se realizará en el tiempo señalado".*

la fecha. El tiempo señalado ya ha sido puesto en su calendario. Otra versión dice: "Se cumplirá sin retraso".

Algunas veces pensamos: *Todos están avanzando más rápido que yo. Todos mis amigos están casados, y yo todavía estoy soltero. Mis compañeros de trabajo están siendo promovidos, pero yo sigo atorado aquí.* No se desaliente. Dios sabe cómo compensar lo que parece tiempo perdido. Dios no siempre nos lleva de manera lógica de A a B a C. Algunas veces Dios lo llevará de A a B a C, y luego lo lanzará hasta llegar a S, T, U, V. ¿Qué pasó? Usted llegó a un tiempo señalado que lo empujó cincuenta años en el futuro. Deje de preocuparse acerca de quién se le está adelantando y simplemente corra su carrera. Sea el mejor que pueda ser. Siga honrando a Dios con su vida. Siga tratando bien a la gente, y Dios lo llevará adonde se supone que debe estar. Se cumplirá esa promoción, esa sanidad, ese avance y esa persona correcta, ciertamente sin retraso. Nuestro Dios no es un Dios aleatorio. Él es un Dios preciso. Tiene soluciones en fila para usted sincronizadas al segundo.

Conozco a una joven que estaba creyendo conocer al hombre

correcto. Estaba entrando en sus treintas y jamás había tenido realmente una relación seria con nadie. Estaba comenzando a preguntarse qué iba a pasar. Un día ella iba conduciendo a casa del trabajo, pinchó y se estacionó a un lado de la vía rápida. En unos segundos, otro coche se detuvo. De él descendió un apuesto joven que se acercó a su ventana y le dijo: "¿Puedo ayudarte?".

Ella le echó una mirada y le dijo: *"Creo que sí puedes"*.

No solamente le cambió la rueda, sino que la invitó a cenar. Terminaron enamorándose. Un año y medio después, se casaron. Hoy, son tan felices como se puede ser. No fue una coincidencia. No fue un golpe de suerte. Era un tiempo señalado ordenado por el Creador del universo. Piense en lo preciso que es el tiempo de Dios. La rueda tuvo que pincharse en su debido tiempo. Una hora más tarde, y no hubiera sucedido. Tenía que haber la cantidad adecuada de tráfico. Demasiados coches y hubiera llegado tarde. Muy pocos coches y hubiera llegado temprano. Él tenía que salir de su trabajo en el momento justo. Una llamada adicional de quince minutos y eso jamás habría funcionado. El tiempo estaba sincronizado a la milésima de segundo para que todo cayera en su lugar.

El tiempo señalado es el mejor tiempo

¿Qué estoy diciendo? Usted puede confiar en el tiempo de Dios. Dios lo tiene todo dilucidado. Aquello por lo que usted está orando y por lo que está creyendo se cumplirá sin retraso. Si no ha sucedido todavía, no significa que algo esté mal. No significa que Dios está enojado con usted. No significa que nunca vaya a resolverse. Dios ya ha establecido el tiempo hasta el último segundo. No tiene de qué preocuparse. Usted no tiene que vivir frustrado. Manténgase en paz. Entre en su descanso. Dios lo tiene en la palma de su mano. Sus pasos están siendo dirigidos por el Creador del universo; no aleatoriamente, ni en una manera vaga, sino hasta una milésima de segundo.

Hasta el detalle más fino y pequeño. Cuando usted entiende esto, toda la presión es removida. Usted no va a ir por allí preguntándose cuándo va a suceder algo. "Dios, ¿cuándo vas a cambiar a mi marido? Dios, ¿cuándo vas a responder mi oración?". Cuando usted sepa que el tiempo ha sido establecido, tendrá paz. Sea que vaya a suceder en veinte minutos o en veinte años, usted sabe que lo que Dios le prometió sucederá.

> *Cuando usted sepa que el tiempo ha sido establecido, tendrá paz.*

Una gran oración que deberíamos hacer todos los días es: "Dios, dame la gracia para aceptar tu tiempo". Me encantaría decirle que si se mantiene en fe, si usted cree, Dios siempre va a responder su oración en veinticuatro horas o por lo menos en la semana siguiente. Pero sabemos que esa no es la realidad. Dios promete que será fiel a su Palabra, pero nunca le pone un margen de tiempo. Sería mucho más fácil si Dios nos dijera cuando nos vamos a recuperar, cuando vamos a conocer a la persona correcta o cuando se va a enderezar nuestro hijo. Pero eso no requeriría nada de fe. Se requiere fe para decir: "Dios, no sé *cuándo* lo vas a hacer, pero confío en ti lo suficiente como para creer que Tú lo *harás*, y que la respuesta ya está en mi futuro".

La Escritura dice: "La visión se realizará en el tiempo señalado". El tiempo señalado es el mejor tiempo. Dios puede ver todo el panorama de nuestra vida. Él sabe lo que viene delante. Él sabe lo que va a necesitar, a quien vamos a necesitar y cuando necesita aparecer. Si Dios hiciera todo lo que le pedimos en nuestro programa, eso nos limitaría. Porque algunas veces lo que estamos pidiendo es demasiado pequeño. Dios sabe que la persona sin la cual pensamos no podemos vivir no va a ser buena para nosotros en diez años, así que nos cierra la puerta en este momento. Dios sabe que si nos diera esa promoción que tanto queremos en este momento nos detendría de una promoción mucho mayor que tiene preparada para nosotros dentro de tres años. Dios tiene la ventaja de verlo todo.

Entre más tiempo vivo, más confío en Él. ¿Cuántas veces ha visto en retrospectiva y he dicho: "Dios te agradezco por no responder esa oración. Gracias por no permitir esa persona en mi vida"? Dios sabe lo que está haciendo.

Aquello por lo que está orando puede ser bueno. Quizá sea parte de su destino, pero no es el tiempo señalado. Si hay un debido tiempo, significa que hay un tiempo indebido. Si no ha sucedido todavía, en lugar de frustrarse y preocuparse y preguntar: "Dios, ¿cuándo va a crecer mi negocio? Dios, estoy muy solitario. ¿Cuándo voy a conocer a alguien?". Tenga una nueva perspectiva. "Dios, Tú sabes lo que es mejor para mí. Tú puedes ver todo el panorama. No voy a vivir frustrado. Dios, confío en tu tiempo".

No espere que suceda en su propio tiempo

Vivimos en una sociedad que quiere todo en este momento. Hemos sido programados para la inmediatez. No me haga esperar. Pero la Escritura dice: "Gracias a su fe y perseverancia, heredarán las promesas de Dios". Es fácil tener fe. "Dios, creo que voy a lograr mis sueños. Dios, creo que voy a vencer este obstáculo". Tenemos la parte de la fe dominada. Asegurémonos de dominar también la parte de la perseverancia. "Dios, no solamente voy a creer por grandes cosas, sino que confío en tu tiempo.

> *"Gracias a su fe y perseverancia, heredarán las promesas de Dios".*

No me voy a desanimar si no sucede de inmediato. No me voy a rendir porque se haya llevado una semana, un mes o cinco años. Sé que el tiempo señalado ya está en mi futuro, así que voy a creer con fe y perseverancia porque sé que viene en camino".

Cuando Victoria estaba embarazada de nuestro hijo, Jonathan, los primeros meses fueron sumamente emocionantes. Sin un solo problema. Pero unos seis meses después, Victoria comenzó a sentirse incómoda. Se le empezaron a hinchar los pies. Para el séptimo mes, le dolía la espalda. No podía dormir bien. Para el octavo mes, ella estaba diciendo: "Dios, quiero tener este bebé en este momento. Estoy cansada de esperar". Pero sabíamos que Dios tenía un tiempo señalado. El niño no estaba listo. Seguía creciendo y desarrollándose. Si Dios le hubiera permitido tener el bebé antes, el niño no habría sido saludable.

Algunas veces oramos: "Dios, dame esta promesa en este momento. Estoy incómodo. Estas personas no me están tratando bien. El negocio está lento". Lo que no podemos ver es que algo no está listo. Quizá es otra persona la que se va a involucrar. Dios todavía está trabajando en ellos. Probablemente sea otra situación que va a ser parte de su destino. Todavía no está en su lugar. O probablemente Dios está haciendo una obra en usted, desarrollando su carácter, haciéndolo crecer en ese proceso.

La Escritura dice: "Cuando el faraón dejó salir al pueblo israelita, Dios no los llevó por el camino que va al país de los filisteos, que era el más directo, pues pensó que los israelitas no querrían pelear cuando tuvieran que hacerlo", quiere decir que no estaban preparados para la guerra. Dios podía ver todo el panorama. Él sabía que si los llevaba por el camino más corto, sus enemigos serían demasiado poderosos y los vencerían. Así que a propósito, Dios se los llevó por una ruta más larga para protegerlos y fortalecerlos de modo que pudieran cumplir con su destino.

Si algo no está sucediendo en su propio programa, recuérdese a usted mismo: "Dios sabe lo que está haciendo. Él tiene mis mejores intereses en su corazón. Yo no estaría teniendo este retraso a menos que Dios tuviera una buena razón para ello". Y mientras está esperando, no cometa el error de dilucidar todo. "Dios, he estado orando por mi hijo durante tres años. ¿Por qué no cambia?". Si usted está constantemente tratando de dilucidar cosas, eso solamente lo va a frustrar. Entrégueselo a Dios. Diga con David: "Dios, en tu mano están mis tiempos".

Y añada: "No voy a preocuparme de por qué no ha sucedido algo todavía o por qué se está llevando tanto tiempo. Dios, confío en ti. Sé que en el tiempo señalado todo lo que me has prometido se cumplirá".

Las puertas se abrirán

Un par de años después de que mi padre murió, realmente quería escribir un libro. Tenía un fuerte deseo, pero no conocía a ningún editor ni nada acerca de la industria editorial. Varias veces comencé a llamar a un amigo que conocía a un editor, pero no me sentía bien al respecto. Sabía que no estaba bien. A lo largo de los siguientes años se me acercaron diferentes editores e incluso se me ofreció un contrato. En la superficie parecía bueno. Eran buenas personas, pero dentro todavía podía escuchar ese silbo apacible diciéndome: "Joel, sé paciente. Este no es el correcto. Confía en mi tiempo. Algo mejor está por venir".

Lo puse en espera mes tras mes. No me preocupé acerca de ello. No estaba frustrado. Mi actitud era: *Dios, mis tiempos están en tus manos. Cuando quieras que escriba un libro yo sé que tú abrirás las puertas.*

Usted puede hacer lo correcto en el tiempo equivocado y perderse lo mejor de Dios. El momento lo es todo. Sea paciente y permita que Dios abra las puertas. Es probable que tenga que llamar a la puerta. Usted tendrá que realizar el esfuerzo. Soy un firme creyente en ser agresivos y perseguir los sueños, pero no tiene que forzar las puertas para que se abran. No necesita tratar de hacer que a la gente le simpatice usted. No tiene que convencer a nadie para entrar. Si usted es paciente y espera el tiempo de Dios, Él le *dará* los deseos de su corazón.

> *Usted puede hacer lo correcto en el tiempo equivocado y perderse lo mejor de Dios.*

Un día, a través de una serie de eventos inusuales, conocí a un editor. Sabía que eran las personas adecuadas. Me sentí bien al respecto. Todo cayó en su lugar. Y ese libro, *Su mejor vida ahora*, se convirtió en un éxito inmenso y se ha publicado en muchos idiomas. Eso es lo que sucede cuando usted espera el tiempo de Dios.

Quédense quietos y sepan

Este principio es especialmente importante cuando estamos enfrentando desafíos. Si usted recibe un informe médico negativo, pierde a su mejor cliente en la oficina o alguien en el trabajo está hablando tras sus espaldas y tratando de hacerlo lucir mal, es fácil quedar todo agitado y pensar: *Tengo que entrar allí a aclarar las cosas. Voy a arreglar a esa persona. Necesito obtener un segundo empleo. Jamás lo lograré sin ese cliente.* Así que con frecuencia pensamos que tenemos que hacerlo solamente en nuestra propia fuerza.

Es en ese momento que muchas personas toman decisiones rápidas que terminan empeorando el asunto. La Escritura dice: "¡Quédense quietos y sepan que yo soy Dios!". Cuando se sienta abrumado y se sienta tentado a tomar todo en sus propias manos, necesita quedarse quieto. La batalla no es suya. La batalla es del Señor. Pero siempre y cuando usted la esté peleando, tratando de hacerla suceder a su manera, tratando de cobrársela a alguien, alterado, preocupado, entonces Dios dará un paso atrás y le permitirá que usted lo haga por su propia cuenta. Pero cuando usted lo deja ir de sus manos y dice: "Dios, confío en ti. Sé que tú ya tienes el tiempo señalado para sacarme de esto. Ya has señalado el tiempo para vindicarme. Has señalado el tiempo para traer sanidad. Así que voy a quedarme quieto y a saber que tú eres Dios". Es en esos momentos cuando Dios peleará sus batallas.

Esto es lo que los israelitas hicieron. Estaban rodeados por un ejército inmenso superados en número por mucho. Estaban tan preocupados y estresados. Se estaban poniendo el equipo, tratando de diseñar algún tipo de estrategia para pelear contra el enemigo. Justo antes de salir a la batalla, decidieron orar. Dios les dijo: "Ustedes ni siquiera tendrán que luchar. Tomen sus posiciones; luego quédense quietos y observen la victoria del Señor".

Observe la condición. Dios lo va a resolver todo. Dios lo va a restaurar. Dios lo va a vindicar, *si usted toma su posición y luego se queda quieto*. En otras palabras, si usted espera el debido tiempo, si usted es paciente y no da a luz Ismaeles, entonces Dios tiene Isaacs en su futuro.

Probablemente usted esté enfrentando un gran desafío. No puede dormir bien. Está alterado y frustrado. Dios le está diciendo lo mismo que les dijo a ellos: "Quédate quieto. Ya lo tengo solucionado. Yo controlo todo el universo. Ya he establecido el momento para librarte. Ya he establecido el tiempo no solamente para sacarte de eso, sino para sacarte en una mejor posición de la que estabas antes".

Ahora haga su parte y descanse. Confíe en el tiempo de Dios. Dios sabe lo que está haciendo. Es probable que usted no comprenda por qué se está tardando tanto, pero algunas veces Dios retrasa una respuesta a propósito simplemente para tener la oportunidad de mostrar su poder en una mayor manera.

Cuando Faraón no dejaba ir a los israelitas, Dios le pidió a Moisés que le dijera que si no cambiaba de opinión, Dios enviaría una plaga tras otra sobre Faraón y su pueblo. La Escritura dice que Dios endureció el corazón de Faraón. No fue el enemigo. Dios hizo que fuera obstinado y que no se rindiera.

Moisés le advirtió: —Faraón, si no nos dejas ir, Dios va a enviar langostas que se van a comer todos tus cultivos y destruirán el suministro de alimentos.

Faraón respondió: —No me importa. Que lo haga. No voy a cambiar de opinión.

Una plaga tras otra y él no se rendía. ¿Por qué? Dios quería mostrar su poder en una mayor manera. Cuando todas esas plagas estaban dañando a Faraón y a su pueblo, ni una sola plaga afectó a los israelitas que vivían en esa misma zona.

Todo lo prometido sucederá

Su situación podría estar tomando más tiempo de lo que pensaba. Probablemente sea algo más difícil de lo que haya experimentado. Eso no significa que el enemigo esté obteniendo lo mejor de usted. Eso no significa que Dios se fue de vacaciones y que ya no le preocupa. Al igual que con Faraón, Dios no lo ha resuelto porque quiere mostrar su favor en su vida en una manera maravillosa. Dios va a mostrar su fuerza, su sanidad, su bondad y su poder como no se han visto nunca. Usted bien podría prepararse. Cuando Dios lo saque de esta, todos a su alrededor no tendrán duda alguna de que el Dios al que usted sirve es un Dios asombroso.

Mi desafío es: confíe en el tiempo de Dios. Quédese quieto y usted verá a Dios liberarlo. Cuando usted permanezca en descanso, el Dios todopoderoso peleará sus batallas. Amigo, hay momentos señalados en su futuro. Deje de preocuparse por cuándo va a suceder. Dios puede ver todo el panorama. Él sabe lo que es mejor para usted. Atrévase a decir con David: "Dios, en tu mano están mis tiempos". Cuando usted hace esto, toda la presión es removida. Usted no tiene que pelear y tratar de forzar que las cosas sucedan. Usted sabe que Dios ya lo tiene todo resuelto. Así que puede relajarse y disfrutar su vida mientras está esperando que las promesas se cumplan. Si usted entra en su descanso, confiando en el tiempo de Dios, porque usted tiene fe y paciencia, creo y declaro que usted va a entrar en tiempos establecidos de favor, tiempos establecidos de sanidad, tiempos establecidos de promoción y tiempos establecidos de avance. Dios le va a dar los deseos de su corazón. Todo lo que Él le ha prometido se cumplirá.

> *Dios le va a dar los deseos de su corazón.*

CAPÍTULO DIECISIETE

Dios ama a las personas imperfectas

La mayor parte del tiempo creemos que Dios nos ama siempre y cuando tomemos buenas decisiones, resistamos la tentación y tratemos bien a la gente. Sabemos que Dios está de nuestro lado. Pero el problema con este tipo de razonamiento es que todos cometemos errores. No importa qué tan buena persona sea usted, van a haber ocasiones en las que no se desempeñe perfectamente, tiempos en los que tenga dudas, momentos en los que fracase. Usted sabe que debería haberse mordido la lengua, pero les dijo sus cosas de todos modos. Usted dijo que sería la última vez, pero cedió ante lo malo nuevamente. Cuando no nos desempeñamos perfectamente es fácil pensar que Dios está lejos de nosotros. "Lo eché a perder. Dios no va a querer tener nada que ver conmigo".

Siempre hay personas que me piden: "Joel, ¿podrías orar por mí? Sé que Dios jamás escucha mis oraciones, no con la vida que he vivido, los errores que he cometido". Digo esto con todo respeto, pero algunas veces la religión aflige a las personas. Dice: "Si le da la espalda a Dios, Él le dará la espalda a usted. Si usted toma malas decisiones, no espere que Dios lo ayude a salir de ello. Fue su propia culpa". Pero la verdad es que cuando usted falla, Dios no lo abandona. Él viene corriendo hacia usted. Cuando usted falla, Dios no dice: "Qué mal. Tuviste tu oportunidad". Él viene en pos de usted con una mayor pasión.

> *Cuando usted cae, Dios no lo abandona. Él viene corriendo hacia usted.*

Escuché a alguien decir: "Cuando usted comete un error, Dios ya no lo ama igual que antes. Lo ama un poco más; tanto así, que va en pos de usted. Incrementa la intensidad. Y no lo deja solo hasta que lo ve restaurado y de vuelta en el camino correcto". En otras palabras, Dios expresará su amor en una manera mayor. Él enviará personas que se crucen en su camino para alentarlo, para ayudarlo a reencender su fe. O posiblemente cuando esté caminado por el vecindario y escucha sonar las campanas de la iglesia usted siente una calidez dentro. Esa es la misericordia de Dios viniendo en pos de usted, diciendo: "Quizá fallaste, pero sigues siendo mi hijo. Quizá me decepcionaste, pero no voy a abandonarte. Probablemente hayas perdido la fe en mí, pero yo no he perdido la fe en ti".

No tenemos que llevar a cabo un desempeño perfecto en el que nunca dudemos ni cometamos un error. Ciertamente, deberíamos hacer nuestro mejor esfuerzo cada día para honrar a Dios. Pero lo que estoy diciendo es: No se maltrate a usted mismo si no se desempeña perfectamente todo el tiempo. Dios ama a las personas imperfectas.

Cuando Pedro cometió lo peor

Piense en Pedro. Antes de que Jesús lo escogiera como discípulo, Jesús sabía que Pedro lo negaría, pero lo escogió de todos modos. Dios conoce cada error que vamos a cometer. Todos nuestros días han sido escritos en su libro desde el principio hasta el final. Dios conoce cada vez que fallaremos, cada vez que tomaremos la salida fácil y cada vez que perderemos los papeles. Las buenas noticias son que Dios aun así lo escogió. Aun así dice: "Ese es mi hijo", y Él todavía lo ayudará a cumplir con su destino. ¿Por qué? Porque el amor de Dios no está basado en nuestro desempeño. Está basado en nuestra relación. Somos sus hijos.

Cuando Jesús estaba a punto de ser crucificado, le dijo a Pedro: —Antes de que cante el gallo, negarás tres veces que me conoces.

Pedro dijo: —¡No! Aunque tenga que morir contigo ¡jamás te negaré!

Arrestaron a Jesús. Pedro estaba viendo todo llevarse a cabo a la distancia. Una jovencita se acercó y señaló a Pedro y le dijo: —Tú eras uno de los que estaban con Jesús, el galileo—y era que lo había visto con Jesús.

Pero Pedro lo negó frente a todos: —No sé de qué hablas. ¡Mujer, ni siquiera lo conozco!

Lo negó una vez. Pero sucedió una segunda vez. En ese momento la joven fue más enfática y les dijo a los guardias: —¡No hay duda de que este hombre es uno de ellos! Este hombre estaba con Jesús de Nazaret—pero Pedro nuevamente lo negó.

En la tercera vez, unos hombres fueron quienes lo acusaron. Pedro se alteró y comenzó a maldecir. —¡Hombre, no sé de qué hablas! ¡Que me caiga una maldición si les miento! ¡No conozco al hombre!

Y justo en ese momento el gallo cantó.

Jesús volteó a ver a Pedro. Sus ojos se encontraron. Se puede imaginar cómo se habrá sentido Pedro. Cuando Jesús más lo necesitaba, cuando estaba en su momento más bajo, Él necesitaba un amigo que lo defendiera, pero Pedro no lo hizo. La Escritura dice: "Y Pedro salió llorando amargamente". Se sentía avergonzado. Sin duda se estaba recriminando a sí mismo pensando: *Pedro, ¿qué te pasa? ¿Cómo puedes ser tan cobarde?*

No mucho tiempo después, crucificaron a Jesús. Pedro nunca tuvo la oportunidad de arreglar las cosas. Nunca tuvo la oportunidad de decir: "Jesús, perdóname. Fallé. Te prometo que voy a apoyarte la próxima vez". Tuvo que cargar la culpa y la pesadez de haber traicionado a su amigo, el Mesías, a quien amaba entrañablemente.

> *Todos hemos cometido errores. Pero ninguno de nosotros hemos fallado tanto como Pedro.*

Todos hemos cometido errores. Todos hemos fallado. Pero ninguno de nosotros hemos fallado tanto como Pedro.

Ninguno de nosotros ha negado a Cristo cuando Él nos necesitaba más, cuando estaba a punto de ser crucificado. Uno podría pensar que Pedro podría haber perdido su destino. Con toda seguridad, Dios no querría tener nada que ver con Él. No; cuando usted comete un error, Dios no se aleja de usted. Él va hacia usted. Él no lo ama menos. Él lo ama más. Viene en pos de usted.

Crucificaron a Jesús en viernes. El domingo por la mañana, María Magdalena fue a la tumba para revisar su cuerpo. Cuando llegó, vio que la piedra había sido removida. Entró y un ángel apareció y le dijo: "No se alarmen. ¡Jesús no está aquí! ¡Ha resucitado! Ahora vayan y cuéntenles a sus discípulos, incluido Pedro, que Jesús va delante de ustedes a Galilea".

De todas las personas en el mundo que Dios podría haber mencionado en este momento histórico, a la única persona que señaló específicamente fue a Pedro. Dios estaba diciendo: "Pedro, sé que piensas que estoy decepcionado y que ya no voy a querer tener nada que ver contigo nunca jamás. Pero Pedro, así no soy yo. Yo soy el Dios de la otra oportunidad. Cuando caes, yo vengo corriendo hacia ti. Cuando me das la espalda, yo no te doy la espalda".

Dios le está diciendo a todas las personas que han caído, a las personas que han cometido errores: "No solamente estoy vivo, sino que todavía te amo. Todavía creo en ti. Si dejas ir la culpa y sigues adelante, todavía te llevaré adonde se supone que debes estar".

Ahora usted tiene que hacer su parte y recibir la misericordia de Dios. Si Pedro hubiera escuchado las voces acusadoras y se hubiera ido por allí recriminándose, se hubiera quedado atorado donde estaba. Me imagino que cuando escuchó a María decir:

—Pedro, el ángel dijo específicamente que te dijéramos que Jesús está vivo.

Él le respondió: —María, ¿de veras dijo mi nombre?

—Sí. Él nos dijo: "Incluido Pedro".

Cuando Pedro escuchó eso, algo se encendió dentro de él.

Se sacudió la culpa, se sacudió la autocompasión y de seguro pensó: *Quizá fallé en el pasado, pero eso no tiene que detenerme de mi futuro. Todavía voy a convertirme en quien Dios diseñó que yo fuera.* Poco después de eso, Pedro salió y ministró y tres mil personas vinieron a conocer al Señor; la mayor cantidad alguna vez registrada en la Escritura. Esto no hubiera sucedido si Pedro no hubiera entendido este principio: Dios no nos hace a un lado cuando cometemos errores. Dios no cancela nuestro destino porque hayamos tomado algunas desviaciones. Quizá hoy, usted se esté criticando a usted mismo por no estar donde pensó que estaría en la vida. Ha tomado algunas malas decisiones. Ahora está permitiendo que la culpa lo aplaste. Esa pesadez lo está deteniendo de lo mejor de Dios. Así como Dios llamó el nombre de Pedro específicamente, está llamando su nombre hoy, diciendo: "Díganle a Juan, díganle a Guillermo, díganle a Ricardo, díganle a María, que los he perdonado. No me han decepcionado. No les estoy reteniendo mi bendición. Todavía tengo un futuro maravilloso en frente de ellos". Dios está llamando su nombre hoy. Él está corriendo hacia usted.

Las misericordias de Dios siempre son mayores

La Escritura habla acerca del Dios de Abraham, el Dios de Isaac y el Dios de Jacob. Puedo entender cómo Él es el Dios de Abraham. Después de todo, Abraham es el padre de nuestra fe. Puedo entender cómo Él es el Dios de Isaac. Isaac fue extremadamente obediente, incluso dispuesto a ser sacrificado. Pero cuando dice que es el Dios de Jacob, no hace mucho sentido ya que Jacob era un defraudador que iba por allí engañando personas. Robó la primogenitura de su hermano.

> *Pero cuando dice que Él es el Dios de Jacob, no hace mucho sentido ya que Jacob iba por allí engañando personas.*

Jacob era conocido por tomar malas decisiones. No obstante, Dios es llamado Dios de Abraham, Isaac y Jacob. ¿Qué estaba diciendo Dios? "No solo soy el Dios de las personas perfectas. No solo soy el Dios de las personas que nunca cometen un error. Soy el Dios de las personas que han fallado. Soy el Dios de las personas que han fracasado. Soy el Dios de las personas que tienen un pasado difícil".

Es interesante que más tarde en su vida Jacob haya cambiado sus caminos. Enderezó su vida. Dios cambió su nombre de Jacob a Israel. Eso era para marcar este nuevo comienzo. Dios podría haber sido conocido como el Dios de Abraham, Isaac e Israel. Eso parece tener más sentido ya que ese fue su nuevo nombre una vez que fue restaurado y redimido. Pero Dios a propósito lo dejó como el Dios de Abraham, Isaac y Jacob para establecer para siempre que "no solo soy el Dios de las personas perfectas. También soy el Dios de las personas imperfectas".

Probablemente usted haya cometido errores, pero anímese. Él es el Dios de Jacob. Él todavía es su Dios. Usted quizá haya perdido el control, batallado con una adicción o puesto su integridad en entredicho. No se recrimine. Él es el Dios de Jacob. Él también es su Dios.

En el Evangelio de Juan aparece una mujer que había estado casada cinco veces y que ahora estaba viviendo con un sexto hombre. Puede imaginarse el quebranto de corazón y el dolor por el que había pasado. Estoy seguro de que se sentía golpeada por la vida; no viviendo realmente, sino solo existiendo.

Jesús estaba a punto de viajar a otra ciudad y me imagino que les dijo a sus discípulos: —Tenemos que pasar por Samaria.

Le dijeron: —Jesús, ese es el camino largo. Hay un atajo, una ruta mucho más rápida.

Trataron de convencerlo de no hacerlo.

Él respondió: —No, no entienden. Tengo que pasar por Samaria. Allí hay una mujer que se siente condenada. Ella está a punto de rendirse en la vida. Debo ir a expresarle mi amor. Tengo que alentarla, hacerla volver al camino correcto.

Esta mujer es conocida como "La mujer del pozo". Es interesante que a la primera persona a la que Jesús se reveló como el Mesías no fuera un líder religioso. No fue a los sacerdotes y a los rabinos de la sinagoga. Fue a esta mujer; una mujer que había cometido errores, una mujer que había sido golpeada por la vida; una persona imperfecta. Ese encuentro cambió su vida.

Pero demasiadas personas, como ella, están sentadas en las bandas de la vida. Sienten como si hubieran fallado demasiadas veces. Han fracasado y no han estado a la altura. Ahora están permitiendo que las voces acusadoras los convenzan de que ya están acabados, de que han decepcionado a Dios: "No puedes esperar el favor de Dios". Usted tiene que recibir esta verdad en lo profundo de su espíritu: Quizá haya cometido errores, pero Dios no está corriendo de usted. Él está corriendo hacia usted. Él no lo ama menos. Él lo ama más. Él está expresando su amor por usted hoy. Usted no estaría leyendo esto si Dios no le estuviera extendiendo su mano. Deshágase de la culpa, sacúdase la condenación, deje de pensar en lo que podría o debería ser, y regrese al juego. Usted no tiene por qué estar sentado en la banda; no ha decepcionado a Dios. Nada de lo que usted ha hecho fue una sorpresa para Dios. Haga su parte y comience a avanzar. Usted todavía puede cumplir su destino. La misericordia de Dios es mayor que cualquier error que haya cometido.

> *Deshágase de la culpa, sacúdase la condenación, deje de pensar en lo que podría o debería ser, y regrese al juego.*

No mezcle su desempeño con su identidad

La Escritura habla acerca de cómo Dios escudriña la Tierra para mostrarse fuerte en personas cuyos corazones se han vuelto perfectos para con Él. No dice que Dios esté buscando un desempeño perfecto. Dios está buscando personas que tengan un corazón que se haya vuelto perfecto para con Él. Eso significa que si usted se levanta cada día con un deseo de agradar a Dios, si usted en lo profundo realmente quiere honrarlo, entonces, como Pedro, tendrá momentos en los que caiga. Usted quería resistir, pero cedió. Las buenas noticias son que eso no cancela su destino. Su desempeño quizá no sea perfecto, pero como su corazón es perfecto para con Dios, Él todavía tiene algo maravilloso en su futuro.

No importa lo que haya hecho, no vaya por allí recriminándose. No puede cambiar el pasado. Aprenda de sus errores, pero no se quede atorado allí. Siga avanzando. Reciba la misericordia de Dios. Sea lo suficientemente valiente para decir: "Dios, fallé. Sé que estaba equivocado. Debería haber hecho las cosas mejor. Pero, Dios, sé que no tienes esto en mi contra. Sé que no solo eres el Dios de Abraham. También eres el Dios de Jacob; el Dios de las personas imperfectas".

Cuando Tomás escuchó que Jesús había resucitado de la tumba y que la gente lo había visto vivo, todos estaban muy emocionados; excepto Tomás. Él era más práctico y más lógico. Me imagino que les dijo: "Si ustedes quieren creer, está bien, pero yo no. Una persona no puede haber estado muerta tres días y volver a la vida. Yo no voy a creer a menos que lo vea con mis propios ojos. Quiero ver las marcas de los clavos en sus manos". Tomás había pasado tanto tiempo con Jesús como los demás discípulos; sin embargo, ellos estaban llenos de fe. Todos eran creyentes. Tomás estaba lleno de dudas. Tenía todas estas preguntas.

Un día estaban juntos en un aposento, y Jesús entró caminando *a través* de las puertas. Casi se desmayan. Lo interesante es que Jesús no se fue donde con Andrés para decirle: "Andrés, ya estoy aquí". No caminó hacia Mateo para darle un gran abrazo. Jesús caminó directo hacia Tomás, se saltó a todas las personas que tenían fe y se fue hacia la persona en la habitación que tenía dudas. No lo hizo pedazos diciéndole: "Tomás, ¿qué te pasa?". Fue como si le estuviera diciendo: "Tomás, sé que no crees. Sé que tiene dudas. Tienes preguntas. Y, Tomás, eso está bien. Entiendo. Es por eso que vine primero contigo. Ahora siente las marcas de los clavos en mis manos. Siente las marcas en mi costado".

Observe el patrón. Cuando usted tiene dudas como Tomás, cuando usted falla como Pedro, cuando fracasa como la mujer que estuvo casada cinco veces, piensa que Dios está lejos de usted. Es justo lo opuesto. Dios vino a las personas que tenían dudas antes de acudir con las personas que tenían fe. Tratamos de poner a Dios en una caja y decirle a quién salvar y a quién bendecir y a quién perdonar y a quién sanar. Entre más vivo, más me doy cuenta de que los caminos de Dios no son nuestros caminos. Dios salvará a las personas menos pensadas. Él les mostrará misericordia cuando pensamos que merecen juicio.

Tomás dudó en esta ocasión, no obstante llegó a ser conocido como "Tomás, el que dudó". Probablemente no fue algo que duró una semana o dos de su vida, pero la gente lo etiquetó como Tomás, el que dudó. Las buenas noticias son que Dios no lo juzga por un error. Nosotros lo llamamos, Tomás el que dudó. ¿Sabe cómo lo llama Dios? Tomás el que creyó, Tomás el perdonado, Tomás el redimido, Tomás el restaurado, Tomás el sorprendente. Lo que no escuchamos mucho es que Tomás fue y tocó a toda la India. Se le adjudica el crédito de haber sido el que trajo las Buenas Nuevas a toda esa nación.

Es probable que usted haya batallado con una adicción toda su vida, pero sepa esto; Dios no lo está juzgando por ese revés. Deshágase de esa etiqueta negativa. Pudiera ser que usted haya fracasado en los negocios, echado a perder una relación, hecho algo de lo que no esté orgulloso. No permita que eso se vuelva su identidad. Deje de verse a sí mismo como Tomás el que dudó, Tomás el adicto, Tomás el indisciplinado, Tomás el que fracasó. Usted tiene que cambiar eso. Comience a verse como Tomás el bendito, Tomás el libre, Tomás el redimido, Tomás el exitoso. Atrévase a declarar: "Yo soy perdonado. He sido redimido".

Con demasiada frecuencia confundimos nuestro desempeño con nuestra identidad. Probablemente usted fracasó, pero no es un fracaso. Eso fue lo que usted hizo. El fracaso es un suceso. Ese no es usted. Usted es un hijo del Dios altísimo. Ha sido seleccionado a mano por el Creador del universo. Probablemente batalle con una adicción, pero usted no es un adicto. Eso fue lo que usted hizo. Ese no es usted. Usted se encuentra libre. Está limpio. Restaurado.

> *Con demasiada frecuencia confundimos nuestro desempeño con nuestra identidad.*

Deje de repetir sus fracasos

No vaya por allí solazándose en sus errores pasados. Deje de repetir las veces en las que ha fallado, las ocasiones en que cedió a la tentación, el momento en que echó a perder la relación, el tiempo que no funcionó. Todo lo que eso va a hacer es deprimirlo. Así como usted tiene un control remoto para cambiar el canal de la televisión, usted tiene que cambiar el canal de su mente. Usted no se encontrará libre de culpa ni disfrutará su vida si está constantemente repitiendo los recuerdos negativos de su pasado. Si va a estar repitiendo algo en su mente, repita sus victorias. Repita las veces en las que honró a Dios. Repita las veces en las que ayudó a alguien más en necesidad. Eso cambiará su perspectiva.

Hace unos años una joven señorita llamada Rachel Smith ganó el concurso de belleza Miss EE. UU. Ella es una jovencita brillante que va por todo el mundo ayudando a los niños menos afortunados. Más tarde ese año, ella compitió en el concurso Miss Universo. Cuando caminó por el escenario durante la competencia de vestido de noche, sola, con millones de personas observando alrededor del mundo, perdió el equilibrio y cayó al piso quedando completamente acostada de costado. Se sintió avergonzada, pero se levantó tan rápido como pudo y puso de nuevo una sonrisa en su rostro. El público no fue nada considerado. Hubo chiflidos, risas y abucheos, lo cual fue bastante humillante. A pesar de su caída, llegó a las cinco finalistas de la competición. Su tarea siguiente era responder una pregunta seleccionada al azar por los jueces. Volvió al escenario donde acababa de caer unos minutos antes. Uno de los jueces sacó una pregunta del sombrero. Su pregunta fue: "Si pudieras revivir cualquier momento de tu vida nuevamente y hacerlo de manera distinta, ¿qué momento sería?".

Su momento más embarazoso acababa de suceder veinte minutos antes. ¿Cuántos de nosotros no hubiéramos dicho: "Quiero hacerlo en una manera diferente. Me gustaría revivir eso"? Pero sin perder un instante dijo: "Si pudiera revivir algún momento de mi vida nuevamente, sería mi viaje a África, trabajando con los huérfanos, viendo sus hermosas sonrisas, sintiendo sus cálidos abrazos". En lugar de revivir un momento de dolor, un momento de vergüenza, ella escogió revivir un momento de alegría, un momento en el que ella estaba haciendo una diferencia, cuando ella estaba orgullosa de sí misma.

En la vida, todos vamos a tener momentos en los que caigamos, momentos embarazosos, situaciones injustas. Puedo asegurarle que aparecerán en la pantalla de su mente una y otra vez. Usted tiene que ser bueno en cambiar el canal. Ponga el

> *Usted tiene que ser bueno en cambiar el canal. Ponga el canal de sus logros. Cambie a la estación de sus victorias.*

canal de sus logros. Cambie a la estación de sus victorias. Sintonice las veces en las que ha estado orgulloso de sí mismo.

Sacúdase la culpa

Amigo, sus pecados han sido perdonados. Cada error que usted haya cometido y que cometerá alguna vez ya ha sido pagado por completo. La verdadera pregunta es: ¿Recibirá la misericordia de Dios? Usted no tiene que ir por la vida sintiéndose culpable, sintiéndose mal por dentro, no emocionado por su futuro. Dios está corriendo hacia usted hoy. Él conocía cada error que usted cometería. Él no lo ama menos. Él lo ama más. Él no solamente es el Dios de Abraham; Él es el Dios de Jacob. Le está diciendo: "Quizá hayas fallado. Probablemente fracasaste. Pero no me has decepcionado. Todavía te amo. Todavía creo en ti. Todavía tengo un futuro maravilloso frente a ti".

Su desempeño probablemente no haya sido perfecto, pero como su corazón es perfecto para con Él, Dios se va a mostrar fuerte a su favor. Si usted se sacude la culpa y recibe la misericordia de Dios, no solamente va a vivir más libre, sino que todavía se convertirá en todo lo que usted fue creado.

YO SOY UNA PERSONA PROTEGIDA

CAPÍTULO DIECIOCHO

Está rodeado

Todos hemos escuchado la frase: *Están rodeados*. La mayor parte del tiempo pensamos que es algo malo. Nos han cercado, los adversarios nos superan en número y están a nuestro alrededor esperando nuestra rendición. Pero la Escritura habla acerca de un tipo de rodeo distinto. Dice: "Todo el universo fue formado por orden de Dios". No solo está hablando del *universo* físico, ni de una formación solamente en sentido creativo. Las palabras en el idioma original para "universo" es *eones*, que significa "edades", "siglos" o "tiempos"; y la idea detrás de la palabra "formado" es que fue "constituido" o establecido como un cerco o como un marco. Está diciendo que Dios tiene un vallado alrededor de sus tiempos. Ha puesto un límite, una frontera, alrededor de su vida. Nada puede penetrar esta protección sin que Dios lo permita. Los problemas, las enfermedades, los accidentes: no pueden suceder simplemente al azar. Usted está rodeado.

No tiene que preocuparse por su futuro. Hay un marco alrededor de su salud, un marco alrededor de sus hijos y un marco alrededor de sus finanzas. Es un límite establecido por el Creador del universo. No solamente nada puede entrar sin el permiso de Dios, sino que hay mejores noticias, usted no se puede salir. No puede cometer un error lo suficientemente grande para romper ese marco. No puede estar demasiado adicto, demasiado desalentado, demasiado enojado. Es un marco de destino. Dios no va a permitir que se salga de curso de tal modo que todavía no pueda cumplir con su propósito. Usted quizá llegue justo al borde y esté a punto de hacer algo que lo meterá en problemas, pero choca contra el marco. Dios lo empujará de regreso.

Hubo un hombre que me dijo que estaba sumamente harto de su jefe. Había trabajado en la empresa durante muchos años. Su jefe siempre era arrogante y hacía comentarios sarcásticos, y este hombre había llegado a su límite. Estaba a punto de decirle a su jefe lo que pensaba de él. Sabía que lo despediría, pero en ese punto ya no le importaba. Mientras estaba acostado en cama la noche anterior, tenía su discurso preparado y estaba repasándolo como una olla hirviendo, pensando: *Le voy a decir: "No me simpatizas. No te necesito. Eres un pésimo jefe".* Y muchas otras cosas más. Iba a echarle en cara sus faltas.

Lo primero que hizo la mañana siguiente fue que entró con determinación a la oficina de su jefe sin llamar a la puerta, todo encendido. Y entonces sucedió lo más extraño de todo. Se aturdió. No podía recordar lo que iba a decir. Su mente quedó totalmente en blanco. Miró a su jefe y le dijo: "Eh...eh...eh...¿gustaría una taza de café?". Más tarde me dijo: "Joel, traté de decirle sus verdades. Traté de ser cruel. Simplemente no pude hacerlo". ¿Qué sucedió? Dio contra el marco. Dios sabe cómo protegerlo, no solo de accidentes, no solo de las personas equivocadas. Dios lo protegerá de usted mismo. Algunas veces nosotros somos lo más peligroso que enfrentamos.

> *Algunas veces nosotros somos lo más peligroso que enfrentamos.*

En medio de la reunión familiar, usted está a punto de decirle sus cosas a un pariente. De alguna manera usted siente una paz que viene sobre usted. O la persona se sale de la habitación en el momento justo. Eso no es una coincidencia. Más le vale agradecerle a Dios por ese marco.

En la vía rápida, a esa persona que se le cerró, usted está a punto de hacerle una señal con su mano. Y no estoy hablando de: "A Dios sea la gloria". Se acerca furioso al coche por un costado, levanta su mano, pero en lugar de hacer lo que había pensado, solamente sonríe y los saluda amigablemente.

¿Qué sucedió? Chocó contra su marco. Este marco nos ha mantenido fuera de más problemas de lo que nos damos cuenta. Más le vale agradecerle a Dios por su marco o quizá ya no tendría empleo. Si no fuera por el marco, probablemente ya no estaría casado. Cuántas veces estábamos a punto de decirle a nuestro cónyuge exactamente lo que pensábamos de él, y exactamente lo que debían hacer, y escuchamos el silbo apacible diciendo: "No lo hagas. Muérdete la lengua. Aléjate". Y seguimos el consejo. Ese es el marco.

La persona correcta en el momento oportuno

En la Escritura, David experimentó este marco. Él y sus hombres habían estado protegiendo a un hombre adinerado llamado Nabal que tenía miles de ovejas. Estaban acampando junto a él. Simplemente como un favor, se aseguraron de que no hubiera bandidos que lo molestaran a él o a su propiedad. Un día David le pidió a sus hombres que le fueran a pedir a Nabal un poco de comida. Nabal era un hombre sumamente grosero y malo. Les dijo a esos hombres: "Yo no les debo nada. Nunca les pedí que hicieran esto. ¡Salgan de mi propiedad!".

Cuando David escuchó lo que dijo Nabal, estaba furioso. Le dijo a sus hombres: "Empaquen. Vamos a liquidar a Nabal y a cualquiera que esté relacionado con él en alguna forma". Esto puso en marcha a David. Al dirigirse hacia casa de Nabal, enojado, ofendido y listo para vengarse, Dios envió a una joven llamada Abigail, quien era esposa de Nabal, para interceptar a David antes de que atacara. Ella se encontró con David en el camino con obsequios y alimentos.

Abigail le dijo: —David, tú has sido llamado a ser nuestro próximo rey. Estás destinado para realizar grandes cosas. Mi esposo, Nabal, es un necio. ¿Por qué vas a desperdiciar tu tiempo peleando con él? Podrías perder tu destino—y con sus palabras lo hizo volver en sí.

David respondió: —Tienes toda la razón—dio vuelta y regresó a casa.

¿Sabe usted que era Abigail? Ella era parte del marco. Dios ordenó que ella estuviera ahí en el momento oportuno, para saber exactamente lo que tenía que decir. Si David se hubiera distraído, hubiera matado a Nabal y a todos sus hombres y hubiera causado todo un revuelo derramando sangre inocente, ese error lo hubiera detenido de tomar el trono. David llegó al límite, pero chocó contra su marco.

Dios es tan bueno. Él siempre enviará a la persona correcta para decirle lo correcto con el fin de evitar que pierda su destino. David dijo: "Hubiera yo desmayado, si no hubiera creído que había de ver la bondad del Señor". Podría haber dicho: "Hubiera yo desmayado sin este marco".

> *La persona correcta aparecerá para decirle lo correcto con el fin de evitar que pierda su destino.*

Aun y cuando huyamos en dirección contraria

Jonás experimentó el marco. Dios le dijo que fuera a la ciudad de Nínive, pero no quería ir allá. Él dijo algo como: "Dios, eso es lo que Tú quieres que haga. Pero yo quiero ir por mi propio camino". Se fue en la dirección opuesta. Dios siempre le permitirá hacer lo que usted quiera. Lo va a dejar seguir su propio camino, pero es tan misericordioso que en cierto punto, usted va a chocar con su marco. Dios le permitió a Jonás que se fuera en la dirección opuesta. Jonás terminó en un barco en alta mar en medio de una gran tormenta. Finalmente le dijo a la tripulación que él era el problema. Su tripulación no tuvo misericordia. Le dijeron algo como: "Jonás, ¿tú eres el problema? Enhorabuena. Largo de aquí". Lo echaron por la borda.

Uno podría pensar que este sería el fin de la vida de Jonás. Él se merecía los problemas que tenía. Sabía lo correcto, pero hizo lo opuesto. No tenía a quién culpar excepto a sí mismo. Estoy seguro de que Jonás sintió que ya estaba acabado. Se despidió, puso sus asuntos en orden y se hundió. Pero lo que no entendió Jonás era el marco que Dios había puesto alrededor de su vida. Sí, cometió un error, pero no estaba fuera del marco. Sí, estaba en problemas, pero esos problemas no fueron una sorpresa para Dios. Dios permitió una dificultad en el marco de Jonás que no lo dañara, sino que lo empujara hacia su destino divino. Cuando al parecer ya no había esperanza para Jonás, cuando estaba en el mar haciendo agua sin la oportunidad de sobrevivir, viene un gran pez y se lo traga. ¿Sabe usted qué era el pez? Así como Abigail con David, el pez fue parte del marco de Jonás. Tres días después ese pez lo vomitó en tierra seca. Me imagino que Jonás dijo: "¿Saben qué? Creo que voy a ir a Nínive después de todo".

Al igual que Jonás, usted puede correr tanto como quiera, pero las buenas noticias son que nunca se saldrá de su marco. Usted se mantendrá chocando contra él una y otra vez. Siempre lo devolverá hacia su destino divino. En otras palabras, usted puede salir a divertirse, vivir la vida e ignorar a Dios. Pero mientras sus amigos se estén divirtiendo, mientras que ellos estén disfrutando la vida, usted en lo profundo se sentirá miserable, pensando: *¿Por qué no puedo disfrutar esto? ¿Por qué estoy tan insatisfecho?* Es a causa del marco que Dios puso sobre su vida. Usted se siente arruinado por vivir una vida derrotada, mediocre y sin compromiso. El llamado de Dios está sobre usted. Usted puede seguir su propio camino, pero Dios tiene una manera de regresarlo a su curso.

Dios ha construido un marco que usted no puede penetrar. El enemigo no lo puede penetrar. Las drogas no lo pueden penetrar. Las personas equivocadas no lo pueden penetrar. El Dios

Altísimo lo ha cercado. Ha puesto límites alrededor de su vida, tan fuerte que todas las fuerzas de las tinieblas no pueden entrar y usted no puede salir. Y sí, puede cometer errores. Puede huir del llamado. Puede tratar de ignorarlo. Pero el marco alrededor de su vida fue constituido antes de la fundación de los tiempos. Cuando Dios sopló su vida en usted, Él rodeó su mundo con un marco.

> *Puede huir del llamado. Puede tratar de ignorarlo. Pero el marco alrededor de su vida fue constituido antes de la fundación de los tiempos.*

Incluso cuando nuestros hijos toman malas decisiones

Es por eso que los padres no tenemos que preocuparnos por nuestros hijos. Están rodeados. Probablemente se salgan del camino, pero tarde o temprano chocarán con el marco. Probablemente se junten con malas compañías, pero el marco está allí. No pueden ir demasiado lejos para perder su destino. Van a chocar con él una y otra y otra vez, hasta que finalmente digan: "Ya me cansé de luchar. Dios, voy a dejar que esto sea a tu manera. Voy a honrarte con mi vida".

A algunos de ustedes, gracias a que tienen una madre o una abuela que están orando por ustedes, o tienen parientes que honran a Dios, más les valdría darse por vencidos. No tienen oportunidad. Su vallado está bien constituido. Ustedes van a seguir chocando con él hasta que Dios los lleve adonde se supone que deben estar.

Conozco a una madre que estaba muy preocupada por su hijo. Estaba tomando decisiones muy malas. Ella trató de convencerlo de dejar de juntarse con malas compañías y de que viniera a la iglesia. Simplemente no lo hacía. Terminó en la cárcel. Un domingo por la mañana él estaba viendo la televisión en el área común. Otro preso entró y quería ver algo distinto. Comenzaron a discutir y terminaron peleando por el control remoto, tratando de arrebatarlo de las manos del otro.

En ese momento un preso enorme que parecía un jugador de fútbol americano profesional entró. Seis pies seis (un metro noventa y ocho) con músculos que sobresalían de su camisa, tomó el control remoto y dijo: "Dame esa cosa. Yo voy a decidir lo que vamos a ver". Comenzó a pasar los canales y se topó con nuestro programa. Les dijo: "Hoy vamos a ver a Joel". Los otros dos presos se levantaron para irse, pero el hombre tomó a este joven por la camisa y lo sentó y le dijo: "Siéntate. Tú lo vas a ver conmigo". ¿Qué sucedió? Dio contra el marco. Un marco realmente grande debo añadir.

Padres, Dios tiene a las personas correctas no solamente esperándolo a usted sino también a sus hijos y a sus nietos. Deje de preocuparse por ellos y comience a darle gracias a Dios por su vallado. No vaya por la vida diciéndoles a sus amigos cómo sus hijos están tan fuera de curso, y cómo nunca van a hacer lo correcto. No, guárdese eso y entre en acuerdo con Dios. "Señor, quiero agradecerte que mis hijos están rodeados. Los he entregado en tus manos. Y Señor Tú dijiste que los hijos del justo tendrán éxito en todas partes".

A medida que el preso veía el programa con este otro preso de seis pies seis (un metro noventa y ocho) que estaba asegurándose de que lo viera, comenzó a sentir la presencia de Dios. Empezó a llorar. Justo allí en la prisión ese preso enorme lo llevó a Cristo. Ahora veo a este joven en nuestros servicios todo el tiempo sentado junto a su madre.

Quizá no vea cómo pueda suceder. Ese no es su trabajo. Su responsabilidad es mantenerse en paz, sabiendo que sus hijos están rodeados. Sus oraciones están activando el poder de Dios. Cuando usted ora, solamente imagine que el marco, se hace más pequeño, los límites se hacen más estrechos.

Dios no va a permitir que vayan tan lejos como solían. Los hará sentir incómodos en situaciones pecaminosas. No les permitirá disfrutar hacer mal como antes. Dios sabe cómo estrechar ese vallado.

Cuando tenía diecinueve años, yo estaba conduciendo a casa de regreso de un partido muy tarde en la noche. No había nadie en la vía rápida. Iba en un coche deportivo. Lo más rápido que había conducido era como a setenta y cinco millas por hora (ciento veinte kilómetros por hora). Pensé: *Este sería un momento excelente para ver qué tan rápido puede ir este coche en realidad.* Era la una de la mañana, y cinco carriles de vía rápida delante de mí. Estaba en la parte alta de un puente y podía ver como unas dos millas (poco más de tres kilómetros) de camino. Casi no había nadie en el camino, solo un coche o dos aquí y allá, así que pisé el acelerador hasta el fondo y mi coche despegó yendo muy rápido. ¡No le voy a decir qué tan rápido porque mi madre lo va a leer!

Pero mientras iba volando por la carretera, sintiéndome la gran cosa, miré y a mi lado venía otro coche. Pensé: *No lo puedo creer. Quiere desafiarme a una carrera. No puede correr contra mí. Viene en un pedazo de chatarra.* Así que pise el acelerador todavía más, despegué y me adelanté. Cuando volví a ver, allí estaba de nuevo, pero esta vez cuando miré, estaba mostrándome su placa de policía. Casi me fui al cielo en ese instante. Mi corazón se detuvo. Volví a mirarlo, y me dijo con la boca lentamente: "¡Baja la velocidad!". Conduje a treinta millas por hora (casi cincuenta kilómetros por hora) el resto del camino a casa.

Padres, Dios tiene un marco alrededor de sus hijos. Aun y cuando hagan cosas tontas, no pueden salirse del vallado. Dios siempre tendrá a la persona correcta, sea a Abigail, a un preso de seis pies seis (un metro noventa y ocho) o a un oficial de policía en descanso viajando por la vía rápida a la una de la mañana. No podemos salirnos del marco.

Aun y cuando pateamos
en contra del marco

En la Escritura había un hombre llamado Saulo. Era el mayor enemigo de la iglesia. Odiaba a los creyentes. Estaba haciendo que los metieran en prisión, dañando más al pueblo de Dios que ninguna otra persona de ese tiempo. Un día iba por el camino de viaje a Damasco y una luz brillante resplandeció sobre él, tan brillante que cayó al piso y quedó ciego. La voz le dijo: —Saulo, Saulo, ¿por qué me persigues? Dura cosa te es dar coces contra el aguijón. Dios estaba diciendo: "Saulo, te tengo rodeado. Estás tratando de patear, tratando de correr, tratando de ignorar. Pero, Saulo, tienes que entender que yo establecí el marco. Tengo un destino que debes cumplir, el cual no es detener mi obra. Sino hacer avanzar mi obra". Yaciendo en el suelo, sin poder ver, Saulo preguntó: —¿Quién eres, Señor?

La voz retumbó: —Yo soy Jesús, a quien tú persigues.

Observe, cuando la gente lo persiga, lo moleste por honrar a Dios o se burle de usted por ir a la iglesia, no permita que eso lo moleste. Ellos en realidad no se lo están haciendo a usted. Se lo están haciendo a Dios. Saulo estaba dañando a los creyentes, no obstante Dios dijo: "Me persigues". Dios lo tomo personal. La voz le dijo a Saulo que fuera a la ciudad y que viera a Ananías, quien oró por Saulo. Recuperó la vista. Y Saulo se convirtió en el apóstol Pablo, quien fue y escribió más de la mitad de los libros del Nuevo Testamento.

Usted quizá piense que ha ido demasiado lejos o que ha cometido demasiados errores. La gente me dice a menudo: "Joel, simplemente no soy una persona religiosa". Pero nada de eso importa. Todo lo que importa es que el Creador del universo ha puesto un marco alrededor de su vida. Usted puede patear, correr y tratar de ignorarlo. Eso solo lo va a hacer sentir más miserable. Como Dios le dijo a Saulo, es duro seguir dando coces contra el marco. El marco no se va a mover. Hay un llamado sobre su vida, un destino para que usted lo cumpla. Ha sido colocado allí por el Dios Altísimo. La Escritura habla acerca de cómo el llamado de Dios es irrevocable. Dios no va a remover el vallado. Será sabio si usted simplemente se rinde y dice: "Dios mi vida está en tus manos. Voy a vivir para ti. Voy a deshacerme de estos amigos que me están empujando hacia abajo. Voy a buscar ayuda con estos malos hábitos. Voy a ir a la iglesia para servir y crecer. Voy a perseguir los sueños que has puesto en mi corazón". Entre más pronto lo haga, más feliz y más satisfactoria será su vida.

Quizá tenga familiares o amigos como Saulo. Usted ha estado orando por ellos mucho tiempo. No parece como si alguna vez vayan a entrar en el camino. De hecho, entre más ora, peor se ponen. No se desaliente. Manténgase en paz. Al igual que Saulo, ellos están rodeados.

Un muro de protección

Parte de este marco es un muro de protección. Dios tiene un límite alrededor de su vida que el enemigo no puede cruzar. Un amigo mío estaba conduciendo a casa del trabajo el otro día y se detuvo en el alto. Cuando cambió a verde, con precaución miró a la izquierda y a la derecha. Estaba a punto de avanzar cuando algo le dijo fuertemente: "¡Mira de nuevo!". Miró de nuevo a la derecha una segunda vez. Venía un coche a toda velocidad, nunca trató de detenerse siquiera y se pasó el alto. Si él no hubiera visto la segunda vez, hubiera sido golpeado en el costado. No hay cómo describir lo que habría ocurrido.

¿Qué fue eso? El marco. Si no es su tiempo de irse, el enemigo no puede eliminarlo. El marco que ha sido puesto alrededor de su vida fue puesto allí por la fuerza más poderosa del universo. Esa es la razón por

> *El marco que ha sido puesto alrededor de su vida fue puesto allí por la fuerza más poderosa del universo.*

la que el salmista dijo: "Aunque caigan mil a tu lado, aunque mueran diez mil a tu alrededor, esos males no te tocarán". Como si dijera: "No estoy preocupado. No se me puede acercar. Sé que hay un vallado alrededor de mi vida. Nada puede suceder sin el permiso de Dios".

Una vez alguien se estaba quejando conmigo acerca de cómo les habían chocado en la vía rápida. Su coche fue pérdida total. Estaban enojados y desanimados. No sabían si el seguro lo iba a cubrir. Era un coche nuevo. El sentimiento que recibí de ellos era que Dios los había decepcionado. Ellos me dijeron: "Si yo tengo este muro de protección, ¿cómo es que tuve este accidente?". Mantenga la perspectiva correcta. Quizá haya perdido su coche, pero gracias al marco, no perdió la vida. Gracias al vallado, no está paralizado. Gracias al muro, todavía puede ver y hablar y escuchar. Estoy convencido, Dios nos protege de muchas cosas de las que ni siquiera nos damos cuenta. A veces pensamos: *Nunca me pasa algo bueno. Solo fue una semana típica.* Puede agradecerle a Dios por lo que no sucedió. Gracias al marco, no tuvo un accidente. Gracias al vallado, no está en el hospital. Gracias al muro, no fue despedido. Gracias a que está rodeado, sus hijos todavía están saludables y en completa salud.

Hace unos años estaba en San Antonio en el Centro Médico Militar Brooke orando por algunos de nuestros soldados. Este hospital se especializa en tratar personas que han tenido quemaduras. Salí de una habitación y una pareja me detuvo y me pidió que entrara y orara por su hijo que había sido quemado gravemente cuando era soldado en Irak. A media noche, él había estado en la base del ejército abasteciendo los grandes tanques de gasolina. Estaba completamente solo como a una milla (más de un kilómetro y medio) cuando algo causó que los tanques se encendieran. Cuando despertó, estaba a veinte yardas (unos dieciocho metros), boca arriba en el piso, quemándose, sin poder moverse. Llevaba con él municiones que podrían haber explotado en cualquier momento. De la nada aparecieron dos civiles iraquíes y comenzaron a rodarlo en la tierra para detener el fuego. Sin esos dos hombres, ciertamente se habría quemado hasta la muerte. Lo interesante es que esos hombres no tenían permitido estar en la base. Estaban en una zona segura a las tres de la mañana. Los padres me dijeron: "Esos hombres tienen que haber sido puestos allí por Dios para salvar a nuestro hijo". ¿Qué fue eso? El marco. No era su tiempo de irse. El enemigo no determina su destino. Dios sí. Dios es más grande que una explosión, más grande que un accidente, más grande que un coche que se pasa la señal de alto. Dios lo tiene en un marco.

Incluso la muerte no puede penetrar nuestro marco

Cuando tenía diez años, nuestra familia fue a Hawái. Llegamos como a las tres de la tarde y estábamos muy emocionados. Después de que nuestros padres nos registraron en el hotel, los cinco niños corrimos a la playa para nadar. Mi hermano, Paul, y mi hermana Lisa estaban en sus últimos años de adolescencia, y se suponía que tenían que cuidar de nosotros. Rentamos unos flotadores y nos fuimos a las olas. Pero con la emoción de jugar en las grandes olas y de tener tanta diversión, miramos y no podíamos encontrar a mi hermana de ocho años, April. La buscamos y la buscamos como locos; cinco minutos, diez minutos, veinte minutos, treinta minutos. Nunca había sentido un sentimiento tan enfermo en toda mi vida. Estábamos seguros de que April se había ahogado. Las olas eran inmensas. Buscamos durante cuarenta y cinco minutos, luego una hora; todavía nada. Una hora y quince minutos después, vimos a April lejos, lejos en la playa caminando hacia nosotros cargando su flotador. Nunca habíamos estado tan felices y tan enojados con ella al mismo tiempo.

April se había quedado dormida en ese flotador. Eran seis horas más tarde en casa, como las once de la noche, y ella estaba cansada. Se fue a la deriva dos millas (más de tres kilómetros) por la costa. Podría haberse ido a la deriva al mar. Podría haber despertado en aguas profundas y no haber sido capaz de nadar. Podrían haber sucedido mil cosas, pero Dios la tenía en su vallado. Había un límite establecido a su alrededor.

Déjeme asegurarle, la muerte no puede penetrar su marco. Dios tiene que permitirlo. Él completará el número de sus días. Por eso es que siempre le digo a la gente que ha perdido un ser amado, especialmente si se fueron a casa a una edad temprana, que aunque no lo comprendan ahora, que sepan esto: El enemigo no se llevó a su ser querido. Él no tiene ese poder. Dios lo llamó a casa. Dios lo recibió en su presencia. Los ángeles lo cargaron a los brazos del Padre celestial.

Cuando Jesús se levantó de la tumba fue como si dijera: "No tienes que preocuparte más. Tengo las llaves de la muerte". Él estaba diciendo: "Nadie determina tu tiempo excepto yo".

La muerte no puede penetrar su marco. Un accidente no puede penetrar su marco. La enfermedad no puede penetrar su marco. Dios tiene que darle permiso. Él controla todo el universo. Cuando usted entiende esto, usted puede decir con el apóstol Pablo: "Oh muerte, ¿dónde está tu victoria? Oh muerte, ¿dónde está tu aguijón?". Como si dijera: "No te tengo miedo. No puedes derrotarme. Sé que hay un vallado alrededor de mi vida. No estoy preocupado por mi salud. Estoy rodeado. No tengo miedo de conducir en la vía rápida. Aunque caigan mil a mi lado. Eso está bien. Tengo un marco. Aunque mueran diez mil a mi alrededor. No hay problema. Estoy rodeado. Es un muro de protección, una línea de sangre que el enemigo no puede cruzar".

> *La muerte no puede penetrar su marco. Un accidente no puede penetrar su vallado. La enfermedad no puede penetrar su muro.*

Vemos este principio en la vida de Job. Satanás estaba buscando a alguien a quien probar. Dios le dijo a Satanás: —¿Te has fijado en mi siervo Job? Es el mejor hombre en toda la tierra.

Satanás respondió algo interesante. Él dijo: —Sí, pero Job tiene una buena razón para temer a Dios: siempre has puesto un muro de protección alrededor de él.

Estaba diciendo: "Job tiene un marco alrededor de su vida. Si remueves el marco y me permites llegar a él, te maldecirá".

Lo que quiero que usted vea es que el enemigo no puede hacer lo que quiera. Tiene que pedirle permiso a Dios. Dios tiene que permitírselo. Job pasó por un tiempo de prueba. Peleó la buena batalla. Y al final, no solamente no maldijo a Dios, sino que salió con más del doble de lo que había tenido antes.

Cuando usted pasa por momentos difíciles, si tomó una mala decisión, si está enfrentando una enfermedad, no se desanime. Recuerde, el marco sigue en pie. Siga avanzando, y no solamente saldrá de esta, sino al igual que Job, Dios lo dejará mejor que lo que estaba antes.

Usted cumplirá con su destino

Amigo, no se preocupe por su futuro. Usted está rodeado. Hay límites alrededor de su vida colocados por la fuerza más poderosa del universo. No solamente nada puede entrar sin el permiso de Dios, usted no se puede salir. Quizá huya como Jonás, pero siempre habrá un pez esperándolo. Quizá dé coces, como Saulo, pero en poco tiempo usted será el apóstol Pablo. Probablemente esté a punto de tomar venganza de alguien, como David. No se preocupe. Abigail va a aparecer. Ese es el marco.

Ahora, a lo largo del día, en lugar de preocuparse, en lugar de estar estresado, en voz baja diga: "Señor, te agradezco que mi vida esté rodeada. Gracias por que mis hijos están rodeados. Señor, gracias porque mi salud, mis finanzas, mis sueños y mi futuro están rodeados. Yo estoy protegido".

Si usted hace eso, no solamente será más feliz, no solamente tendrá más paz, sino que Dios promete que Él completará el número de sus días. Usted verá su protección, su misericordia y su favor. Y nada lo apartará de su destino dado por Dios.

CAPÍTULO DIECINUEVE

Conviértase en un milagro

Muchas personas están orando por un milagro. Están diciendo: "Dios, por favor envíame un amigo. Dios, necesito ayuda con estos niños. Necesito capacitación. Dios, necesito una buena oportunidad". Tenemos que darnos cuenta de que podemos convertirnos en el milagro que ellos necesitan. Dios usa a la gente. No tiene manos para sanar excepto a través de sus manos. No tiene voz para animarnos excepto a través de nuestra voz. No tiene brazos para abrazar excepto a través de nuestros brazos. Dios traerá personas a su camino para que nosotros podamos ser la respuesta a su oración.

Probablemente no se dé cuenta, pero usted es un milagro en espera de suceder. Alguien que usted conoce está solitario y está orando por un amigo. Usted es el milagro que ellos están esperando. Alguien recibió un mal informe médico. Están preocupados y orando: "Dios, por favor envíame una señal. Hazme saber que todavía estás en control". Usted es esa señal. Una llamada telefónica sencilla para decir: "Estoy pensando en ti. Quiero dejarte saber que todo se va a resolver", y usted se acaba de convertir en su milagro. Alguien está desalentado diciendo: "Dios, no entiendo esta materia. No voy a pasar este curso. Dios envíame a alguien". Usted es ese alguien.

Aparte tiempo para convertirse en el milagro. Esté al tanto de quién está en su vida. No están allí por accidente. Dios los puso allí a propósito. Es

> *En usted hay sanidad.*
> *Hay restauración,*
> *hay amistad, hay*
> *nuevos comienzos.*

porque usted está lleno de milagros. En usted hay sanidad. Hay restauración, hay amistad, hay nuevos comienzos. La vida es mucho más gratificante cuando se da cuenta de que usted puede ser la respuesta para la oración de alguien. Usted puede levantar al caído. Puede restaurar al quebrantado. Puede ser amable con un extraño. Puede convertirse en el milagro de alguien.

Un milagro en espera de suceder

Mi hermano, Paul, es cirujano. Pasa mucho tiempo en África operando a las personas necesitadas allá en medio de la nada. Es una aldea remota a cientos de millas de la ciudad más cercana. La clínica es solamente un pequeño edificio de lámina que apenas tiene electricidad, suministros médicos insuficientes y solamente un médico. En una visita reciente, un joven vino a la clínica en medio de la noche que había sido corneado por un colmillo de elefante justo a través de su abdomen. Paul se lo llevó a la sala de operaciones improvisada para ver si podía salvar su vida. El problema era que no había sangre en el banco de sangre con la cual reponerle al hombre. Paul podría haber pensado: *Qué mal. Me encantaría ayudarlo, pero usted va a necesitar mucha sangre. Simplemente no es su día de suerte.* Antes de que Paul lo operara, se tomó treinta minutos y dio su sangre. Operó al joven y luego le repuso la sangre que había perdido con su propia sangre. ¿Qué estaba haciendo? Se estaba convirtiendo en un milagro. Él podría haber orado: "Dios, está en muy mal estado. Necesita un milagro". Paul se dio cuenta: *Yo soy su milagro.*

Todos sabemos que Dios puede hacer grandes cosas. Sabemos que Dios puede hacer milagros. Pero lo que quiero que veamos es que Él pone milagros en nosotros. Podemos ser la respuesta a las oraciones de alguien. Usted puede ser la oportunidad que están buscando. Usted puede ser la ayuda que ellos han estado anhelando tener. Quizá no sea algo tan dramático como salvar su vida. Probablemente solo sea enseñarle a su compañero de trabajo las habilidades que usted tiene. O ayudar a esa familia que está batallando con la renta. O llevar a ese muchacho a la práctica de béisbol con su hijo cada semana. No es gran cosa para usted, pero es un milagro para ellos. Eso es lo que los empujara hacia su destino.

Si todos tuviéramos la actitud: *Soy un milagro esperando suceder*, ¿qué tipo de mundo sería este? He escuchado lo siguiente: "Algunas veces no necesitamos un milagro, solo nos necesitamos el uno al otro". Mire a su alrededor quién está en su vida. Escuche lo que están diciendo. ¿Hay alguna manera en la que usted puede ayudar? ¿Puede usted decir algo bueno de ellos en la oficina? ¿Necesitan un vestido para una ocasión especial y usted tiene docenas en su armario que nunca se va a poner? ¿Viven solos y su familia está en otro estado? Podría invitarlos a comer con su familia de vez en vez. Hágalos sentir bienvenidos. Esas son oportunidades para convertirse en su milagro.

"El que reanima a otros..."

Un buen amigo mío creció siendo pobre en vivienda subvencionada. Provenía de una familia de un solo padre, y no siempre había estabilidad en casa. Le encantaba leer y escribir, y su sueño era convertirse en un periodista de la televisión. Contra todo pronóstico, obtuvo una beca para una universidad con población mayormente blanca perteneciente a la liga universitaria estadounidense de élite (Ivy League). Él es afroamericano. Su compañero de cuarto provenía de una familia sumamente prestigios e influyente; justo lo opuesto a su familia. Pero estos dos jóvenes se llevaron muy bien desde el inicio y se convirtieron en los mejores amigos. Le comentó a su compañero de cuarto acerca de su deseo de convertirse en un periodista de la televisión. Su compañero de cuarto le dijo: "Si vas a ser un periodista, necesitas mejorar tu vocabulario. No conoces suficientes palabras". Todos los días, su compañero de cuarto sacaba el diccionario y le enseñaba a su amigo una nueva palabra y lo hacía utilizarla en enunciados a lo largo del día. Hicieron esto durante cuatro años seguidos.

¿Qué estaba haciendo su compañero de cuarto? Se estaba convirtiendo en un milagro. Se tomó el tiempo de interesarse en alguien más. Se dio cuenta de que su amigo estaba en su vida por una razón. Hoy, este joven es uno de los principales periodistas de EE. UU. Trabaja para un canal importante y es visto en uno de los noticiarios más prestigiosos. Pero me pregunto dónde estaría si su compañero de cuarto no se hubiera tomado el tiempo de convertirse en un milagro.

"Bueno —quizá diga usted—, yo no quiero leer acerca de ser un milagro. Yo necesito un milagro". Esta es la clave: Si usted se convierte en un milagro, Dios siempre se va a asegurar de que usted tenga los milagros que necesita. Mientras usted esté sembrando estas semillas, las personas correctas, las decisiones adecuadas y las oportunidades que necesita estarán en su futuro. Dios lo va a llevar adonde se supone que deba estar. Esto es lo que dice en Proverbios: "El que reanima a otros será reanimado". Si usted quiere que su sueño se haga realidad, ayude a que el sueño de alguien más se haga realidad. Si usted necesita un milagro, conviértase en un milagro. Cuando se toma el tiempo de invertir en otros, las semillas que usted siembre, siempre van a regresar a usted.

> *Si usted quiere que su sueño se haga realidad, ayude a que el sueño de alguien más se haga realidad.*

Conocí a dos mujeres después de un servicio hace unos años, y pensé que eran madre e hija. Pero la mujer mayor dijo: "No lo somos, pero ella es casi como mi hija". Dijo cómo antes de que nos mudáramos a las nuevas instalaciones de nuestra iglesia desde un local al noreste de Houston, que ella estaba sumamente preocupada de si podría seguir viniendo. Ella es viuda y no se siente cómoda conduciendo en las vías rápidas. Un día, después del servicio, le estaba contando a un grupo de amigos su dilema. La joven, a la que nunca había conocido antes, alcanzó a escuchar lo que estaba diciendo, se acercó y le dijo: —¿Y si yo paso por usted todos los domingos y la traigo?

La mujer mayor quedó sumamente sorprendida, la miró y le dijo: —¿Estás hablando en serio? ¿Dónde vives?

Vivían a treinta minutos de distancia. Pero eso no detuvo a esta joven. Ella podría haber pensado: *Me encantaría ayudar, pero es un camino muy largo, y yo estoy ocupada con mi carrera y el precio de la gasolina está realmente caro.* En lugar de eso, lo vio como una oportunidad de convertirse en un milagro. Ahora, cada domingo, como reloj, se estaciona frente a la rampa de entrada de esta mujer a las nueve treinta de la mañana y la trae a la iglesia. Después de que la mujer mayor me contó la historia, abrazó a la joven y me dijo: "Joel, ella es mi milagro".

Usted no puede ayudar a todos, pero puede ayudar a alguien. Hay personas a las que Dios ha puesto en su camino que están conectadas con su destino. Mientras las ayude a levantarse más alto, usted se levantará más alto. A medida que usted satisfaga sus necesidades, Dios satisfará las suyas. A medida que usted se convierta en un milagro, Dios le dará milagros. Pero justo lo opuesto también es cierto. Si estamos demasiado ocupados para ayudar a alguien más, no vamos a obtener la ayuda que necesitamos. Si estamos demasiado cautivados por nuestros propios sueños como para invertir en otros, o demasiado preocupados con nuestros propios problemas para alentar a alguien más, nos vamos a quedar atorados. Alcanzar su más alto potencial depende de que usted ayude a alguien más a alcanzar su potencial. Es como un bumerán. Cuando ayude a alguien a levantarse más alto, siempre se le regresará, y usted se levantará más alto.

Usted está lleno de milagros

Jesús narró una parábola en Lucas 10 acerca de un hombre que iba por un camino cuando fue atacado y golpeado por bandidos. Lo dejaron en el suelo, casi muerto. Un poco después, pasó un sacerdote. Vio al hombre a la distancia y pensó: *Qué horror, está en muy mala forma. De seguro necesita un milagro. Estaré orando por él.* Y siguió su camino. Luego pasó otro hombre, un levita, o un asistente de los sacerdotes, quien hizo algo mejor. Fue adonde estaba el hombre, lo revisó y sintió lástima por él. Pensó: *Esto es realmente injusto. Espero que alguien lo ayude*, y siguió su camino.

Entonces pasó un tercer hombre, un samaritano. Al igual que los primeros dos, pensó: *Con toda seguridad necesita un milagro.* Pero lo llevó un paso más allá y dijo: "¿Saben qué? Yo soy su milagro. Estoy en el lugar correcto en el momento justo. Dios lo puso en mi camino para que pueda ser un sanador, para que pueda ser un restaurador, para que le pueda dar un nuevo comienzo". El samaritano fue a él, se arrodilló y comenzó a cuidar de él. Le dio agua de su cantimplora y se quitó la bufanda para vendar sus heridas. Entonces el samaritano lo levantó suavemente del piso, lo colocó en su animal y lo ayudó milla tras milla a medida que caminaban a la ciudad más cercana. Cuando llegaron a la posada local, le pagó por adelantado al dueño y le dijo: "Cuídelo. Déjelo quedarse todo el tiempo que quiera. Dele todo lo que necesite. Y le prometo que cuando vuelva, le pagaré los gastos extra".

Mi pregunta es: ¿Cuál de estos hombres es usted? Es fácil estar tan ocupados y pensar: "No tengo tiempo de ayudar a los demás. Tengo mis propios problemas". Ayudar a otro puede ser la clave para ver que nuestra situación cambie. Las personas que usted vea que necesiten ánimo, que necesiten que los lleve, que necesiten sangre, que necesiten lograr un sueño; son oportunidades para que usted vaya a un nivel más alto. Cuando reanime a otros será reanimado.

Es interesante que Jesús utilizó a un sacerdote como un ejemplo en su parábola. No podía detenerse. Tenía que llegar al templo. Tenía sus obligaciones religiosas que cumplir. No tenía tiempo de molestarse con este hombre. Después de todo, si lo ayudaba podría manchar de sangre su vestidura blanca o hacerla "inmunda". Podría no verse presentable en el templo. Tenía todo tipo de excusas. Pero la verdadera religión se ensucia. La verdadera religión no se esconde detrás de vitrales o de ropa elegante. Va adonde están las necesidades.

> *La verdadera religión se ensucia. Va adonde están las necesidades.*

Cuando usted se agacha para levantar a alguien, a los ojos de Dios no puede levantarse más alto. Lo más cercano al corazón de Dios es ayudar a las personas en necesidad. Cuando usted toma tiempo para restaurar al quebrantado, usted derrama el ungüento sanador en sus heridas, los anima, limpiando sus lágrimas, dejándoles saber que hay nuevos inicios; esa es la religión de la que habló Jesús. La verdadera religión no juzga a las personas para ver si merecen nuestra ayuda. "Bueno, ella está en necesidad, pero no creo que esté viviendo un estilo de vida de rectitud". "Está sufriendo, pero es su culpa. Él solo se metió en esa adicción. Ellos se metieron solos en problemas".

Jesús dijo: "Es el enfermo el que necesita médico, no el saludable". Dios no nos llamó a juzgar a la gente. Nos llamó a sanar a las personas. Nos llamó a restaurar personas. Nos llamó a convertirnos en sus milagros. Cualquiera puede encontrar fallas. Cualquiera puede ser criticón y presentar excusas para pasar de largo. Eso es fácil. Pero, ¿dónde están las personas que se van a tomar el tiempo de amar? ¿Dónde están las personas que van a meter las manos y a ensuciarse y ayudar a restaurarlos con amor?

Este tercer hombre, el samaritano, de inmediato fue al hombre y comenzó a ayudarlo, marcando una diferencia. No lo pensó dos veces. Se convirtió en el milagro. Ese es el tipo de persona que quiero que seamos. No un transeúnte. No demasiado ocupados en nuestras carreras con nuestro trabajo en la iglesia. No personas como el segundo hombre que siente lástima por ellos, pero que dice: "Desearía que esto no hubiera sucedido. Me siento mal. Voy a estar orando". Convirtámonos en el milagro.

Dios está contando con nosotros. Usted puede levantar al caído. Puede sanar al que sufre. Puede ser amigo del solitario. Puede ayudar a que un sueño se realice. Usted está lleno de milagros.

Derrame el ungüento sanador

La popular cantante cristiana Tammy Trent es amiga mía. Ella me contó como ella y su esposo, Trent, habían ido a una isla tropical de vacaciones para celebrar su undécimo aniversario de bodas. Trent era un buzo bastante talentoso que podía sumergirse sin tanque de oxígeno durante seis o siete minutos por vez. Llegaron a la playa el primer día muy emocionados. Trent se metió al agua y comenzó a explorar las cuevas submarinas. Tammy se quedó en la playa para disfrutar el hermoso paisaje. Pasaron diez minutos y no había visto señal de su marido, lo cual la puso un poco preocupada. Veinte minutos, y sin señal alguna todavía. Treinta minutos, y ella todavía no podía ver a Trent. Comenzó a entrar en pánico y llamó a las autoridades. Enviaron botes y comenzaron a buscarlo hora tras hora. Lamentablemente, encontraron el cuerpo sin vida de Trent al día siguiente.

Tammy no solamente estaba en choque y totalmente devastada, sino que estaba en un país extranjero, sin conocer a nadie. Sus padres de inmediato reservaron un vuelo para ir al día siguiente. El problema es que todo esto sucedió el 10 de septiembre de 2001. El día siguiente fue el 11 de septiembre. Todos los vuelos fueron cancelados. Tammy estuvo días sola, sintiéndose abandonada y olvidada. Estaba tan entumecida que no podía pensar correctamente. Finalmente pudo orar y dijo: "Dios, si todavía me amas, envía a alguien a ayudarme. Dios, envía a alguien para hacerme saber que todavía estás presente".

Unos minutos después, alguien llamó a la puerta de su habitación. Era la encargada de la limpieza, una mujer mayor proveniente de Jamaica. Ella le dijo: "No quiero entrometerme en sus asuntos, pero cuando estaba limpiando la habitación contigua, no pude evitar escucharla llorar a través de las paredes y me estaba preguntando si había algo por lo que usted quisiera que orara con usted". Tammy le contó lo que había sucedido y la empleada jamaiquina puso sus brazos alrededor de Tammy y la abrazó como si fuera su propia hija. En ese momento, a miles de millas de casa, Tammy supo que Dios todavía estaba en control. La responsable de la limpieza se tomó el tiempo de ser una sanadora. Ella fue sensible a las necesidades a su alrededor, incluso a escuchar llanto de otra habitación. Ella conocía que una razón por la que estaba aquí en la Tierra era ayudar a enjugar las lágrimas. Ese día, ella derramó ungüento sanador en las heridas de Tammy. Ella se convirtió en un milagro.

Muéstrenles que se interesan en ellos

La Escritura habla acerca de cómo un día Dios enjugará todas las lágrimas. No habrá tragedia, no habrá más enfermedad, no más dolor. Pero mientras tanto, Dios está contando con usted y conmigo para enjugar esas lágrimas. ¿Está levantando al caído? ¿Está usted restaurando al quebrantado? ¿Está tomando tiempo de ayudar a alguien en necesidad? Es excelente venir a la iglesia y celebrar. Esto es importante. Venimos para ser alentados y llenados y fortalecidos. Pero nuestra verdadera misión comienza cuando salimos del edificio. Mire a su alrededor y encuentre al desalentado. Escuche el clamor de auxilio. Quizá no lo escuche con sus oídos, pero puede escucharlo con su corazón. Usted ve cuando alguien está triste. De pronto usted siente esa compasión fluyendo hacia ellos. Usted piensa: *Necesito llevarlos a cenar. Necesito ir a alentarlos.* No lo posponga. No sea un transeúnte. Ese es Dios queriendo que usted traiga sanidad. Hay una lágrima que necesita ser enjugada.

> *¿Está levantando al caído? ¿Está usted restaurando al quebrantado?*

Hace años fui a un restaurante a comer. Era una pequeña cafetería en la que uno pide su comida al frente. Cuando caminé hacia el mostrador vi a este hombre sentado en la mesa a solas. Cuando nuestros ojos se encontraron, asintió con la cabeza hacia mí, y de inmediato sentí compasión por él. Sabía que se suponía que debía alentarlo en alguna forma. Estaba vestido con un buen traje y se veía que tenía una buena economía. Yo traía pantalones cortos y llevaba a mi hijo, Jonathan, conmigo que en ese tiempo tenía unos dos años. Pensé: *No voy a ir a alentarlo. Le está yendo bien.* Lo dejé para después, y lo volví a dejar para después.

Pedí nuestra comida y en el camino a la salida, como el hombre me había hecho una señal con la cabeza, decidí pararme en su mesa. Solo por ser amigable le dije: "Hola. ¿Cómo está?".

Como que se rio y me dijo: "No muy bien. Las cosas están un poco difíciles".

No lo pensé mucho. Simplemente sonreí y le dije: "Bueno, yo sé esto: Va a mejorar".

Me agradeció y me fui. Eso fue todo lo que duró la conversación. Unos meses más tarde, recibí una carta de él por correo. Me dijo cómo había estado en el punto más bajo de su vida en el momento. Estaba pasando por un divorcio y todo su mundo se había derrumbado. Durante meses había estado en depresión. Pero dijo: "Cuando usted me dijo esa afirmación de que iba a mejorar, fue como si algo se volviera a encender dentro de mí". Ese día fue un punto de quiebre en su vida. Salió de la depresión. Recuperó su fuego. Hoy, está avanzando.

Lo que yo quiero que usted vea es que no dije nada profundo. No se me erizó la piel cuando lo dije. Simplemente me tomé el tiempo de mostrarle que me interesaba. No nos damos cuenta de lo que llevamos. Tenemos la fuerza más poderosa en el universo dentro de nosotros. Lo que podría parecer ordinario para nosotros, algo que no fuera la gran cosa, se vuelve

> *Tenemos la fuerza más poderosa del universo dentro de nosotros.*

extraordinario cuando Dios sopla en ello. Puede ser dador de vida. Un simple acto de amabilidad. Un simple abrazo. Palabras de aliento. Dejarle saber a alguien que usted se interesa en él. Eso puede ser la chispa que los encienda de vuelta a la vida.

Abrazos de rescate

En 1995, una joven dio a luz gemelas. Nacieron muy prematuramente. Una de ellas fue diagnosticada con un problema cardiaco severo y no se esperaba que viviera. La política del hospital era mantener a los bebés en incubadoras separadas. Pasaron varios días y una de las bebés seguía empeorando y estaba a punto de morir. Una de las enfermeras sentía fuertemente que las bebés debían compartir la misma incubadora al igual que el vientre de su madre. Después de mucho duro trabajo y mucha persuasión, ella convenció al hospital de que hiciera una excepción a su política y las bebés fueron puestas en la misma incubadora. Durante la noche, de alguna manera, la bebé saludable se las había arreglado para poner su brazo alrededor de su hermana enferma. Para la sorpresa de todos, la salud de la pequeña hermana comenzó a mejorar. Su temperatura volvió a la normalidad. Su corazón se estabilizó. Poco a poco, día tras día, fue mejorando cada vez más. Hoy, ambas de estas jovencitas están perfectamente sanas. Hay una fotografía conmovedora de la pequeña bebé con el brazo alrededor de su hermana; es llamada "El abrazo rescatador".

No siempre vemos lo poderosos que somos. Dios ha puesto sanidad en usted. Sus abrazos pueden hacer que la gente mejore. Sus palabras amables pueden poner a la gente de vuelta sobre sus pies. La Escritura dice: "Las palabras que brindan consuelo son la mejor medicina". Una llamada telefónica, llevar a alguien, invitarlos a cenar, alentarlos en sus

> *"Las palabras que brindan consuelo son la mejor medicina".*

sueños; hay milagros en usted esperando suceder. Algunas personas simplemente necesitan saber que usted cree en ellos. Cuando usted les dice: "Eres maravilloso. Vas a hacer grandes cosas. Estoy orando por ti", eso le puede parecer sencillo, pero para otra persona puede ser dador de vida. Puede ayudarlos a florecer en lo que fueron creados.

Una vez en la Escritura, Moisés estaba en la cima de una gran colina viendo una batalla que se estaba llevando a cabo. Estaba sosteniendo su vara en alto. Siempre que tenía su vara en alto, los israelitas ganaban. Pero la batalla siguió hora tras hora, y se cansó. Y cada vez que bajaba las manos, los amalecitas comenzaban a ganar. Finalmente, Moisés no pudo resistir más. Estaba demasiado cansado. Su hermano, Aarón, y un amigo llamado Hur estaban con Moisés viendo como sucedía todo esto. Ellos podían haber orado: "Dios, necesitamos un milagro. Evita que los amalecitas nos derroten". En lugar de ello, tuvieron esta actitud: *Podemos convertirnos en el milagro.* Se pusieron cada uno al lado de Moisés, y sostuvieron sus manos en alto. Como se convirtieron en el milagro, los israelitas ganaron la victoria.

Hay personas que Dios pone en nuestro camino que nos necesitan para sostener sus manos. No van a ganar por sí mismos. Necesitan su aliento. Necesitan su abrazo rescatador. Necesitan saber que le interesan. Están orando por un milagro. No pierda la oportunidad. Haga lo mismo que Aarón y Hur y conviértase en el milagro.

Vi un reporte en las noticias acerca de una joven llamada Meghan que estaba en su penúltimo año de escuela media-superior y era una corredora estrella de fondo en el equipo de atletismo. En las finales estatales de pista, ella ya había ganado el primer lugar en la carrera de mil seiscientos metros. Y después de eso estaba compitiendo en la carrera de tres mil doscientos metros. Cuando llegó a la curva final, como a unos cincuenta metros de la meta, vio que la chica frente a ella comenzó a tambalearse, entonces sus rodillas comenzaron a torcerse. La chica no podía correr en línea recta y finalmente cayó al piso. Lo que sucedió luego apareció en las noticias alrededor del mundo. En lugar de que Meghan la pasara, viéndolo como la oportunidad de ganarle a la otra corredora, Meghan dejó de correr, fue adonde estaba la chica, la levantó del piso, puso su brazo alrededor de sus hombros y comenzó a cargarla hacia la meta.

La gente en las gradas comenzó a ovacionarlas. No había un solo ojo seco en el lugar. Cuando llegó a la meta, Meghan se volteó para que su oponente pudiera cruzar la meta primero que ella. Técnicamente, ambas deberían haber sido descalificadas, porque no se permite que se toque a otro corredor, pero el estado hizo una excepción y les dio a ambas un tiempo de carrera. Meghan dijo después: "Ayudarla a cruzar la meta fue más satisfactorio para mí que ganar el campeonato estatal".

Su luz resplandecerá

Es excelente recibir un milagro, pero no hay mejor sentimiento que convertirse en un milagro. ¿A quién está cargando? ¿A quién está levantando? ¿A quién está ayudando a cruzar esa meta? Su destino está conectado con ayudar a otros.

Isaías lo dijo así: "Alimenten a los hambrientos y ayuden a los que están en apuros. Entonces su luz resplandecerá desde la oscuridad, y la oscuridad que los rodea será tan radiante como el mediodía". Si usted se encarga de convertirse en un milagro, Dios se va a encargar de darle milagros. Nunca le faltarán sus bendiciones y su favor.

Amigo, usted es la respuesta para la oración de alguien más. Usted puede dar un abrazo rescatador esta semana. Usted puede ayudar a un amigo a cruzar la meta. Usted es el milagro por el que ellos están creyendo. Cuando usted salga cada día, tenga esta actitud: *Soy un milagro esperando suceder*. Si usted vive sin pensar en cómo obtener un milagro, sino en cómo convertirse en un milagro, entonces así como Dios prometió, su luz resplandecerá tan radiante como el mediodía. Su sanidad, su promoción, y su vindicación pronto vendrán.

¡Queremos escuchar noticias suyas!

Cada semana, cierro nuestra transmisión internacional de televisión dándole a la audiencia la oportunidad de hacer de Jesús el Señor de su vida. Me encantaría extenderle esa misma oportunidad a usted.

¿Está usted en paz con Dios? Existe un vacío en el corazón de cada persona que solamente Dios puede llenar. No estoy hablando acerca de unirse a una iglesia o de encontrar una religión. Estoy hablando acerca de encontrar vida y paz y felicidad. ¿Oraría conmigo hoy? Solamente diga: "Señor, Jesús, me arrepiento de mis pecados. Te pido que entres en mi corazón. Te hago mi Señor y mi Salvador".

Amigo, si usted hizo esa sencilla oración, creo que ha "nacido de nuevo". Lo animo a que asista a una buena iglesia basada en la Biblia y que mantenga a Dios como el primer lugar en su vida. Para información gratuita sobre cómo puede crecer más fuerte en su vida espiritual, por favor siéntase libre de contactarnos.

Victoria y yo lo amamos, y estaremos orando por usted. Estamos creyendo que Dios le dará lo mejor de Sí, y que usted verá sus sueños hacerse realidad. ¡Nos encantaría escuchar noticias suyas!

Para contactarnos, escriba a:

Joel y Victoria Osteen
P.O. Box 4600 Houston, TX 77210

O puede encontrarnos en línea en www.joelosteen.com.